高职思政课

问题式专题化教学模式研究

王学利 著

中国教育出版传媒集团

高等教育出版社·北京

内容简介

　　本书是在多项课题和连续 15 年研究与实验的基础上撰写而成,以高职作为一种类型教育为逻辑起点,以习近平总书记关于办好思政课的重要论述为指导,聚焦"如何办好高职思政课""如何办好高职'大思政课'""如何建设全国一流高职马克思主义学院"的学理逻辑和相关实践探索。全书内容涵盖新时代高职思政课问题式专题化教学研究的意义,高职思政课问题式专题化教学模式的学理思考、教学实验,新时代"大思政课"视域下高职思政课时空的三维创新,新时代高职思政课专题化教学模式的推广实验与示范效应,新时代高职马克思主义学院建设的学理思考与实践探索等。

　　本书力图为高职教育自信自强推动思政课改革创新提供有力借鉴,可供职业教育相关教研管理人员和职业院校思政课教师研究和应用参考。

图书在版编目(CIP)数据

高职思政课问题式专题化教学模式研究 / 王学利著
. -- 北京:高等教育出版社,2023.5
　ISBN 978-7-04-060337-8

　Ⅰ. ①高…　Ⅱ. ①王…　Ⅲ. ①高等职业教育 - 思想政治教育 - 教学研究 - 中国　Ⅳ. ① G711

中国国家版本馆 CIP 数据核字(2023)第 062057 号

高职思政课问题式专题化教学模式研究
Gaozhi Sizhengke Wentishi Zhuantihua Jiaoxue Moshi Yanjiu

| 策划编辑 | 叶　波 | 责任编辑 | 周先海 | 封面设计 | 易斯翔 | 版式设计 | 杜微言 |
| 责任校对 | 胡美萍 | 责任印制 | 朱　琦 | | | | |

出版发行	高等教育出版社	网　　址	http://www.hep.edu.cn
社　　址	北京市西城区德外大街 4 号		http://www.hep.com.cn
邮政编码	100120	网上订购	http://www.hepmall.com.cn
印　　刷	涿州市京南印刷厂		http://www.hepmall.com
开　　本	787mm×1092mm　1/16		http://www.hepmall.cn
印　　张	15.5		
字　　数	300 千字	版　　次	2023 年 5 月第 1 版
购书热线	010-58581118	印　　次	2023 年 5 月第 1 次印刷
咨询电话	400-810-0598	定　　价	48.00 元

代　序

我向习近平总书记汇报高职思政课

2019 年 3 月 18 日，习近平总书记在北京人民大会堂东大厅主持召开学校思想政治理论课教师座谈会并发表重要讲话。党的总书记主持召开这个主题的会议，在我们党的历史上是第一次，在中华人民共和国教育史上更是具有里程碑意义的大事件，标志着学校思想政治理论课（以下简称思政课）建设进入新时代。习近平总书记的重要讲话，深刻回答了学校思政课建设一系列重大理论和实践问题，为我们在新时代贯彻党的教育方针、办好学校思政课、努力培养担当民族复兴大任的时代新人、培养德智体美劳全面发展的社会主义建设者和接班人提供了根本遵循。这次会议我作为全国职业院校的唯一发言代表，向习近平总书记汇报了高职院校思政课改革创新和教育部示范性马克思主义学院建设情况。我以"立足新疆高职院校实际扎扎实实讲好思政课"为题，向习近平总书记报告："我生在天津，在新疆从事思政课教学 30 年。新疆高校受'双泛'思想侵害由来已久，我们与'三股势力'的斗争从未停歇。总书记在第二次中央新疆工作座谈会上指出，要在各族群众中牢固树立正确的祖国观、民族观，弘扬社会主义核心价值体系和社会主义核心价值观，增强各族群众对伟大祖国的认同、对中华民族的认同、对中华文化的认同、对中国特色社会主义道路的认同。这为新疆高校思政课教学提出了根本任务。我在思政课教学实践中牢记总书记的要求，力求结合民族地区高职院校办学实际，不断探索讲好讲活思政课、打牢青年学生成长成才科学思想基础的有效经验和做法。"

"我在主持和参与教育部人文社会科学专项课题中，对高职学生的特点和思政课体验式教学进行了深入研究。发现高职学生，尤其是少数民族学生对故事性的东西感兴趣，对纯理论教学很难打起精神。天边不如身边，道理不如故事。针对职业院校学生形象思维能力较强、抽象思维能力较弱这一群体性特征，我以学生喜欢'听故事'为切入点，创新了'以案例为导引，以问题为核心'的探究式专题化教学模式。努力按总书记的要求，让马克思主义

I

说中国话，让课堂有家常话，让基本原理变成生动道理。"

"如何将思政课教材体系转化为解决新疆高职学生思想问题的教学体系，切实解决好学生感不感兴趣、认同不认同、信不信和行不行的问题，是思政课改革的关键。思政课教学不能照本宣科，只有创新教学模式，让学生有体验、有思考，学生才会认同价值导向。例如在'思想道德修养与法律基础'课'绪论'教学中，面对一个29名少数民族学生的教学班，我以发生在和田的一个教育惠民小故事导入：一个维吾尔族老乡为逃避义务教育，给乡政府报告说他的'巴郎子'（儿子）死了；实行15年免费教育政策后，他又去报告说'巴郎子'活了！那么，新时代的变化是什么？学生畅所欲言：从不愿意上学到踊跃上学，从上完初中就回家结婚到现在走进大学课堂；从住'笆子房'（篱笆抹泥的土房）到富民安居房（有卫生间、厨房、锅炉房的砖混结构平房）；从看不起病到得病有农村合作医疗等。最终学生认同了'中国特色社会主义进入了新时代'。新疆要与全国同步进入全面小康社会，实现中华民族伟大复兴的中国梦，决定因素是什么？学生在讨论后认为：根本在人，关键在教育。当前新疆最需要的就是爱国爱疆、担当奉献的社会主义建设者和接班人。这样的教学，学生感兴趣、愿意听、记得住。"

"如何进一步提高思政课教学的实效性，我把主要精力放在两个方面：一是实现实践教学资源与思想政治理论课教学同向同行，协同联动，强化价值认同；二是研发学生自主学习移动终端，破解多元评价的难题，推动学生自主学习和实践教学的协同考核。2017年我主持了教育部全国高校示范马克思主义学院建设重点项目，目前已建成了实践教学3D模拟实训室，研发了'壹网情深'移动学习平台。提高思政课教学质量永远在路上，我将按照总书记'三传播''三塑造'的要求一直努力下去。"

这次会议，我是8个发言代表中习近平总书记唯一提问的发言代表。临别时习近平总书记跟与会代表一一亲切握手，我作了自我介绍，总书记还询问："咱们那个学校在哪个城市？"会后，我讲的"巴郎子"的故事被高校思政课同仁们广为传播，我们研究凝练的高职思政课问题式专题化教学模式创新逐渐被同仁们关注。这一切使我切身体会到国务院《国家职业教育改革实施方案》（后简称"职教20条"）关于"职业教育是与普通教育相区别的一种教育类型，地位同等重要"判断的重大意义。提问表明习近平总书记十分关注职业院校的思政课建设情况，尤其是新疆的思政课建设情况。询问让我感受到总书记对职业院校的思政课教师成长的关怀，对新疆经济社会面貌发生历史性变化的关心。习近平总书记"3·18"重要讲话后，教育部出台了"三巡六创优"的落实措施。随后，我被教育部遴选进入"高校优秀思想政治理论课示范课百人巡讲团"成员，应邀在国家教育行政学院中宣部、教育部第 100 期、102 期和兰州大学承办的第 103 期全国高校思想政治理论课骨干教师研修班，兰州石化职业技术大学承办的全国高职高专思想政治理论课骨干教师培训班等上示范课，做了 60 多场巡讲报告，所到之处我切实感受到习近平总书记"3·18"重要讲话给全国各级各类学校思政课教师带来的鼓舞，深切体会到思政课建设春天的来临，同时，也体会到广大职业院校的党政领导、思政课教师对我报告中"以案例为导引，以问题为核心"的探究式专题化教学模式的关注和认同，以及进一步了解的愿望。在"巡讲"活动中，《中国教育报》2019 年 5 月 10 日头版头条刊发了知名记者蒋夫尔的文章《用活案例讲透大道理——记新疆农业职业技术学院教授王学利》，其中介绍我给新疆农业职业技术学院计算机科学与技术本科班上"思想道德修养与法律基础"课的实况。随后，教育部官网、中国教育新闻网、中国职业技术教育网等网站对该文进行了转载，引发全国职业院校思政课教师的进一步关注。2020 年初，新疆农业职业技术学院入选教育部深化新时代学校思政课改革创新先行试点校，2020 年 9 月 9 日，新疆维吾尔自治区召开第 34 个教师节座谈会，我被邀请代表优秀教师发言，备受鼓舞。同年 12 月，我被教育部聘任为教育部大中小学思政课一体化建设指导委员会专家指导组成员，2021 年 11 月，被教育部聘任为教育部高等学校思想政治理论课教学指导委员会"高职高专思想政治理论课"分教指委副主任委员，中国职业技术教育学会德育工作委员会第三届换届选举为委员会副主任。党和国家的信任让我深感责任重大、使命光荣。我在主持的教育部高校示范马克思主义学院和优秀教学科研团队建设重点项目、全国高校思政课名师工作室（新疆农业职业技术学院）等 8 个课题项目接续研究的基础上，坚持以习近平总书记关于学校思想政治理论课重要论述为指导，总结 15 年来高职思政课问题式专题化教学模式的实践探索经验，以期推动高职思政课改革创新。

由于我对高职思政课教学的研究和认识水平有限，不当之处敬请广大读者批评指正。

王学利

2022 年 8 月

目 录

绪　论

　　高等职业教育（以下简称高职），是我国教育的重要组成部分，包括高等职业专科教育、高等职业本科教育、研究生层次职业教育，是教育发展中的一个类型。伴随着中国的改革开放进程，中国的高职逐渐成长了起来，如雨后春笋般壮大，已发展成为我国高等教育的半壁江山。然而，高职院校大学生思想政治教育的特点很长一段时间没有被作为一个独立的教育类型的一部分引起学者们的关注，只是作为高校思想政治教育的一个部分伴生发展，高职思想政治理论课（以下简称思政课）课程建设话语权不够，改革创新缺乏自信。中共中央宣传部、教育部 2005 年 2 月 7 日关于印发《〈中共中央宣传部 教育部关于进一步加强和改进高等学校思想政治理论课的意见〉实施方案》的通知（以下简称"05 方案"）颁布以来，高校思政课教学吸引了国内一些学者的目光，思政课专题化教学研究取得了一定进展。进入中国特色社会主义新时代，尤其是 2016 年 12 月 7 日，习近平总书记在全国高校思想政治工作会议上发表重要讲话，春风拂煦，如导航灯塔，进一步明确了高校的社会主义办学方向，引领马克思主义中国化最新成果进教材、进课堂、进学生头脑迈出新步伐。同月，中共中央、国务院印发《关于加强和改进新形势下高校思想政治工作的意见》，倡导问题式专题化教学模式，推动思政课改革创新，为高校思政课专题化教学的改革创新指明了方向。党的十九大以来，中宣部与教育部共同启动了马克思主义理论研究与建设工程新一轮教材修订。尤其是 2019 年 3 月 18 日，习近平总书记主持召开学校思政课教师座谈会并发表重要讲话，对办好思政课的意义、思政课教师队伍建设、思政课改革创新和加强党对学校思政课的领导进行了系统的论述，标志着思政课建设迎来了新的春天，进入新时代。2019 年 8 月，中共中央办公厅、国务院办公厅印发了《关于深化新时代学校思想政治理论课改革创新的若干意见》，进一步增强了全国各级各类学校办好思政课的底蕴和底气，标志着高校思政课改革创新进入新起点。2019 年 9 月，教育部推动本科院校全面启动思想政治理论课专题化教学改革，出台了 4 门课程专题化内容设计方案，教育部高等学校思想政治理论课教学指导委员会高职高专分教指委也组织编写"思想道德修养与法律基础"（以下简称"基础"）和"毛泽东思想和中国特色社会主义理论体系概论"（以下简称"概论"）两门课教学基本要求，逐渐形成了高校思政课专题化教学新的研究热潮。高职作为一种独立的教育类型，开启了思政课问题式专题化教学探索的新征程。

一、高职思政课问题式专题化教学的界定

　　"05 方案"实施后，研究者并没有对高校思政课专题化教学概念的界定与具体表述达成共识，而是根据各自的研究目的和研究视角采取了不同词汇，例如："案例式专题"教学

（付洪安等，2010）、"问题"教学（陈学峰，2008）、"专题参与式"教学（高建红，2011）、"专题开放式"教学模式（李霞，2011）、问题式专题教学（张洁，2017）、问题导向式专题教学（郑楠和曲宏歌，2018）、专题式教学（佘双好和艾四林，2019）、问题链式教学法（何秀超，2019）、问题导入式专题教学（黄岭峻，2019）、思政课教学要有问题意识（任大奎，2020）等，并对它们做了自己的界定，完成了各自的研究，拓展了专题化教学研究视野，逐步形成对高校思政课问题式专题化教学研究的不断深入。

总体来说，既有研究对专题化教学的界定大致可以分为两个角度：一个角度是侧重于专题化教学内容研究，强调专题化教学在内容上必须突破章节体系依序授课的教学方式，把整个教学内容进行整合、概括和充实，形成既有前后连接又相对独立的系列专题，以这些专题为依托，开设一些针对性强，内容完整系统的系列专题课的一种教学模式（陈学峰，2008；杨近平，2011；谭希培，2011；贾友军，2012；佘双好、艾四林，2019）；另一种角度偏向于从专题化教学的教学形式来分析，强调专题化教学必须实现专题化教学的方式方法和手段的多样化（赵杰宏，2010；李霞，2011；张洁，2017；郑楠、曲宏歌，2018；何秀超，2019；徐进功，2019；黄岭峻；2019；任大奎，2020）。

仔细辨析可以发现，虽然上述两个角度的专题化教学定义侧重点不同，但实际上都是源于高校思想政治教育目标性、系统性、理论性、针对性、实效性、实践性、生动性、创新性的要求，也正是因为这一点，专题化教学才与传统教学有着明显区别。基于上述认识，笔者尝试给出一个高职思政课问题式专题化教学模式的综合性定义：高职思政课教学团队从落实立德树人根本任务和高职教育人才培养目标出发，依据高校思政课教材和教学标准的基本要求，结合学生思想实际，以解疑释惑为主线，打破原有教材内容框架体系，发挥积极性、主动性和创造性推动教材体系向专题化教学内容体系、知识体系向信仰体系及行为体系的转化，通过创新教学方法、实践教学路径、利用网络教学资源、综合性考核方式等，以实现提高思政课教学思想性、理论性和亲和力、针对性为目标的一种综合性教学实践模式。

二、高校思政课专题化教学的创新背景

进入 21 世纪，国际国内形势发生了深刻的变化，新形势、新环境使高校思政课既面临有利条件，也面临严峻挑战。面对新形势、新情况，大学生思想政治教育还不太适应，存在着不少薄弱环节，削弱了高校思政课的针对性和实效性。在新时代，作为高校思想政治工作主渠道和主阵地的思政课，如何适应新形势，解决新问题和迎接新挑战就成为值得研究的问

题。介于上述种种情况，不少学者提出了专题化教学模式。在探寻专题化教学起源时，国内许多学者从不同角度进行了分析。

（一）国家政策的出台是专题化教学实施的制度支持

大多数研究人员都认为教学改革创新的起因是"05方案"，该文件不仅对高等学校思政课提出了总体要求，而且还为思政课教学改革指明了方向，是实施专题化教学的政策支持。进入新时代，《关于加强和改进新形势下高校思想政治工作的意见》《关于深化新时代学校思想政治理论课改革创新的若干意见》《关于推动现代职业教育高质量发展的意见》陆续出台，并明确提出，坚持立德树人、德技并修，推动思想政治教育与技术技能培养融合统一的工作要求，强调"创新教学模式与方法。提高思想政治理论课质量和实效，推进习近平新时代中国特色社会主义思想进教材、进课堂、进头脑。举办职业学校思想政治教育课程教师教学能力比赛。普遍开展项目教学、情境教学、模块化教学，推动现代信息技术与教育教学深度融合，提高课堂教学质量。全面实施弹性学习和学分制管理，支持学生积极参加社会实践、创新创业、竞赛活动"。思政课改革创新更是得到全方位的政策支持，思政课教学要有问题意识、正确解疑释惑，提高教学质量成为政策导向。

（二）现代思想政治教育的需要是专题化教学模式产生的现实动因

除了政策影响之外，通过查阅相关文献和长期从事思政课教学实践还发现，专题化教学较传统教学之比较优势无疑是学者们认为实施专题化教学的重要原因。

1. 传统高校思政课教学的不足是专题化教学模式产生的现实动因

就传统教材教学内容而言，胜令霞（2011）指出传统思政课教材存在滞后于时代发展和内容单薄问题；安明霞（2012）等人分别就具体学科教材指出传统思政课教材不仅存在内容陈旧，还存在重复多、教学内容杂、跨度大、课时少等问题。

就传统化教学模式而言，胜令霞（2011）认为传统思政课一个教师固定负责一个班的教法，不利于发挥教学资源的整体优势；除此之外，实证研究证实：思政课确实存在教学考试形式单一、教学方法呆板、考核和评价体系不完善等问题（陈元进和李晓勤，2011）。

在高职思政课教学实践中，因高职生生源复杂，理论学习积极性不高，对重理论讲授不感兴趣，如果不进行体验性教学改革，创新教学模式，教学因缺乏亲和力和针对性，实效性会大打折扣。

2. 专题化教学的特质较好满足了现代思想政治教育的需要

在大多数研究者的视野里，专题化教学模式具有自身的特点，这些特点正是专题化教学的优势所在，杨近平从"中国近现代史纲要"学科的角度综合分析了实行专题化教学的理由，他认为，实行专题化教学有利于摆脱教材面面俱到的材料罗列，有利于增强思想政治理论教育功能，有利于提高教师的教学水平，有利于提升大学生的综合素质和能力（张杰，2008；王久高，2009；罗金彪，2012）。在谈及专题化教学对学生的好处时，黄馨结合心理学的相关知识，指出专题化教学是符合学生心理规律认知规律的教学方法；在教学模式上，高建红（2011）指出专题化教学法容易实现师生互动，有助于实现教学互动模式的转变——变"灌输式"教学为"多角度、多层次、多方位互动式"教学。艾四林（2019）认为专题化教学要把握目标性、系统性、理论性、针对性、创新性五个原则，有利于实现教材体系向教学体系、知识体系向信仰体系转化。佘双好（2019）认为专题化教学有利于突破教材知识体系构建，以学生关心的思想理论问题为中心，以系统的专题内容性，回应现实重大关切，具有鲜明的理论性、思想性和针对性、多样性、生动性和系统性。黄岭峻（2019）认为问题式专题化教学有利于提高课堂的趣味性，提高学生自主学习动力，有效发挥教师专业优势，提高教学质量。

专题化教学解决了传统思政课教学问题，使思政课教学真正做到内容上理论性与趣味性的统一，在教学手段教学方法上真正做到稳定性单一化与灵活性多样化的统一，最终实现思政课思想性、理论性和亲和力、针对性的统一。

三、高校思政课专题化教学的效果评价

实施专题化教学后，教学效果如何呢？这是专题化教学不可回避的一个研究问题。在高校专题化教学实践中，学者们从不同角度肯定了专题化教学的优点。

刘文平（2009）结合高职学生的反馈意见和教师的教学体会，着重从四个方面对专题化教学效果进行了详细的阐述：第一，就国家政策而言，专题化教学是对"05方案"的思政课新课程方案教学改革的有益尝试。第二，就课程建设本身而言，专题化教学使教学内容安排灵活化、无重复化，教学主题明确化。第三，就教师而言，本科专题化教学模式减轻了教师负担，发挥了教师专长，有利于形成多学科师资力量的综合优势；高职专题化教学模式，突出问题意识，提高了思政课教学的亲和力、针对性。第四，就学生而言，普通本科院校教师轮流上专题的教学模式可使学生领略不同的教学风格，接触不同教师的思维方式和教学风格，能极大地开阔学生的视野，避免听觉和视觉的疲劳，增加了课堂的趣味性；高职专题化教学模式，则更多地采取体验式教学法，让学生明白为什么学，激发了思政课学习的内生动力。李霞（2011）关于实施专题化开放式教学模式效果的实证研究、薛华（2012）关于高职思政课教学专题化的实施效果的实证研究，从不同侧面确认了专题化教学符合思政课教学目

标的要求、符合学生的特点和教师的要求，可以视为对刘文平关于专题化教学效果研究的一种确认和补充。但李静（2010）的研究做出了有别于刘文平第四点的研究判断，其指出教师流动上课存在着两个弊端：一是教师在每一个班级讲授专题的时间是有限的，因此会出现教师着重在完成自己的教学专题的讲授而疏于其他教学方式，与学生的互动较少；二是每位教师与每个班级学生接触的有限性，一个学期下来学生对于授课的教师没有什么印象，对所讲专题印象也不深刻，感觉教师流动太频繁，授课教师匆匆地来，又匆匆地走；同时授课教师也感到疲于奔波于各个授课班级之中，对授课的学生无法有深入的了解与交流。

总之，一种成功的教学模式需要教师经验的累积、时间的沉淀、知识的拓展。对适合学情的教学模式的建构与完善，是一个长期的课题。高校专题化教学的尝试，不是教学改革的终点，而是探索的起点。问题式专题化教学的研究进入新的发展阶段，要不断拓宽教学改革的新思路，真正实现教育的目标，真正实现教育的转型。高职专题化教学的改革要根据不同类型性教育特点，走有别于本科专题化教学模式的发展道路。

四、高校思政课专题化教学的研究视角和问题

从上述专题化教学的概念区分和效果评价来看，虽然所有研究者都以"专题化教学"为对象，但是在研究视角上，存在着实际差别，其中包含的逻辑不尽相同，当然也存在着未尽的研究问题。

（一）专题化教学的研究视角

就目前的研究而言，呈现出三种视角及取向：一是专题化教学内容研究的视角；二是专题化教学模式研究的视角；三是专题化教学考核方式研究的视角。

1. 专题化教学内容研究的视角

专题化教学内容研究的视角强调教学内容作为专题化教学的一个重要特征，强调内容设计原则在整个教学的意义和作用。通过大量文献阅读发现学者在研究专题化教学内容时大致沿着两条路径，一是宏观路径，二是微观路径，学者们从不同学科出发提出了专题化教学内容设计的原则。

（1）宏观专题化教学内容研究路径

宏观专题化教学内容研究路径认为在研究专题化教学内容时必须处理好：高校4门思政课之间的关系、专题化教学内容与教材体系的关系和专题化教学自身内容的关系。

就专题化教学与其他学科而言，贾友军和李咏宾（2012）在对专题化教学模式的基本要求和特点有了准确认识和分析之后，以"中国近现代史纲要"（以下简称"纲要"）课为

例，指出专题化教学必须遵循整体性的原则，处理好与其他高校思政课（"05方案"所涉课程）之间的关系，认为只有处理好不同学科的内容之间的关系，才能避免教学内容的重复性问题。

就专题化教学内容与教材的关系而言，王庭芳从"概论"课学科的角度提出设置教学体系时，既要紧扣教学大纲，立足于教材，全面覆盖教材每一章的基本知识点；又要跳出教材，不能完全拘泥于教材，有的专题可以涵盖一章的内容或某一章几节的内容。如果说，王庭芳主要强调专题化教学内容设置与教材的关系，那么赵宏杰（2010）的研究则从适应新生学习习惯出发强调了专题化教学内容的顺序与教材之间的关系，即专题的排序要与教材框架基本一致。虽然上述两个学者的强调面不尽相同，但他们都认为各专题的设置都应在全面深刻领会教学大纲和教材内容下进行。

就专题化自身内容整体性而言，学者们均没有明确提及这一问题，虽然贾友军在论文中提及过"纲要"课要注意本身的整体性问题，但也是一笔带过。笔者通过文献发现，大量学者们在具体到学科专题化教学内容设置时，都隐含着对专题化教学自身整体性原则的遵守。进入新时代，艾四林在武汉纺织大学专题化教学研讨会的发言中强调五性原则，其中系统性，即专题各部分之间要有内在联系。

（2）微观专题化教学内容研究路径

微观专题化教学内容研究路径相对于前面宏观研究路径而言，从跨度上并无跨越，认为设计好专题内容是搞好专题化教学的前提，是实施专题化教学的核心根基，强调具体设置专题化教学内容时应该注意遵循的具体原则。

专题化教学内容来源问题是进行专题化教学研究不可回避的问题，袁建勤和勒系琳（2005）最早提出在教学实践中可以采取两个途径进行教学内容信息的收集。一是在教师集体备课中，通过集思广益，在分析当前形势发展变化的基础上确定主题，细化教学内容；二是从学生中来，到学生中去。通过问卷调查、课间、课后的交谈了解学生感兴趣或困扰的问题，综合学生的思想动态的基础上确定专题化教学内容。袁建勤提供了一套专题化教学内容收集方法，以后学者的研究则从更具体的方面提供了内容设置的方法论。赵杰宏（2010）从"基础"课学科角度提出在专题化教学内容设计时要注意现实性要求，选择比较新颖前卫的、现实生活中新出现的问题与动向作为教学内容的材料。胜令霞（2011）、向祚群等（2012）从问题式教学出发提出：在教学内容设计时必须从"是什么""为什么""怎么样"三个方面来进行总体设计。贾友军和李咏宾（2012）从"纲要"课的学科角度提出专题化教学的价值观问题："纲要"课必须坚持马克思主义历史观为指导，教学内容必须遵循正确的政治方

7

向与价值取向，保持科学性与政治性的统一。除上述专题化教学内容涉及原则之外，安明霞（2012）认为专题化教学内容还必须做到两个结合：一是教材的系统性和全面性与教学内容的针对性相结合；二是教材的基本立场、观点的稳定性与时代的发展性和实践的发展性相结合。

2. 专题化教学模式研究的视角

多样化的教学途径是提高教学实效性的关键，对于专题化教学模式的探讨，学者们首先对教学方法进行了有益的探索。陈学峰（2008）基于对问题意识是思政课教学改革与创新的原动力的认识提出：将教材的理论体系问题化、社会热点问题讨论化、专业背景问题专题化、实践问题行动化是改善高校思政课教学的一种行之有效的方法；付洪安和艾志强（2010）认为专题化教学教学方法，要注重课堂教学（讨论、座谈、讲演和比赛）和课下教学（社会调研活动、教学基地、网络教学平台）形式的多样性及其结合；李霞（2011）提出的课堂教学、实践教学、网络教学"三位一体"的开放式教学模式，虽略不同于付洪安的研究，其进一步明确细化了教学方式及操作，但是两位学者都从多样化专题化教学途径提出自己的操作方法，其指出：课堂教学是"基础"课教学的主渠道；实践教学是"基础"课教学的重要环节，作为必修课纳入教学计划，规定学时和学分计入总成绩；网络教学是"基础"课教学的辅助形式，要充分利用学校网络平台，为学生在网上提供"基础"课课程教学大纲、电子教案、多媒体课件、教师教学视频、典型案例题等帮助学生自主学习。

在多样化教学途径研究中，张威（2012）就如何确立学生主体地位、如何调动学生积极性，指出除在教学过程中逐步确立教师讲授、交流研讨、学生上台演讲、即兴辩论等多种课堂教学方式外还必须综合采用案例专题式教学、启发式教学、讨论式教学、模拟式教学方法教学形式，极大地调动了学生参与学习的主动性和积极性，从而提高学生的学习兴趣和学习效率。

在教学实践中，无论是参与式教学还是案例式教学方法或是其他教学方法，在教学形式上不管是启发式、研究式，还是案例式，都需要学生的参与，如果学生不参与或不积极参与，将会出现学生问而不答、启而不发、讨而不言、论而不精，"以教师为主导、以学生为主体"的教学互动变为教师的"独角戏"等尴尬场面，与预期教学效果背道而驰的结果。如何破解这一教学实践中的难题，高质量实施高校思政课新课程方案？旷永青在 2007 年就提出这一难题，同时也指出：推进参与式教学的多媒体化是一个有效的解决路径。所谓参与式教学的多媒体化是指在教学实践中，通过多媒体技术的介入，实现文字、音频、视频、图像等多种手段的互动沟通，给学生一个图文并茂、声像结合、动静相宜的交互平台和内容丰富、形式多样、兴趣盎然、重现力强的学习环境，真正打造基于信息网络技术的全新多维互动课堂，实现高校思政课教学的互动、互学（陈世柏，2005）。它区别于传统的灌输式教学模式，充分体现了思政课理论联系实际的特色。

如果说以前的研究主要从学生主体和完成教学目标出发，那么李静（2010）的研究另辟蹊径，在专题化教学中注意到了专题化教学教师的分工问题，提出小教师组流动教学模式：一位教师准备的专题不仅在自己主管的班级讲授，而且要轮流到别的教师主管的班级去讲授。在教师分工上，胜令霞（2011）进一步指出，可根据师资结构情况的不同采取三种专题形式：一是必讲专题；二是选讲专题；三是自设专题。在完成必讲专题和课时允许的情况下，教师可根据自己的专业特长和学术研究方向自设与课程内容相关的专题，以拓展教学内容的深度和广度。

3. 专题化教学考核方式研究的视角

考评是整个教学实施程序中不可缺少的环节，而且往往起着指导性的作用。要增强实施专题化教学的实效性，就必须建立与专题化教学方式相适应的考评方式，调动学生参与思政课教学的积极性。因此，学者们对此进行了很多的有益探讨。

考试是检查学习情况和教学效果的一种重要方法，但它绝不是唯一的方法。基于这样的认识，很多学者提出专题化教学考核要灵活化、综合化。李昌国（2009）指出：学生成绩考核要实行平时考核和期末考试相结合的原则，平时成绩主要由学生考勤、平时作业和课堂讨论、答问等组成，鼓励学生在课堂上踊跃发言、积极参与课堂教学，调动学生学习的积极性。期末考试采用开卷方式，主要由辨析题、材料题、论述题等主观性试题构成，考查学生理论联系实际分析解决问题的能力。在此基础上，刘志国（2011）提出将社会实践纳入学生考核范畴，实行"平时成绩＋实践成绩＋考试成绩"的综合考核方法，平时成绩占总成绩的20%、实践成绩占总成绩的30%、考试成绩占总成绩的50%。这种多角度的学生考核方式得到很多学者的赞同（李霞，2011；曾立荣，2011；付洪安和艾志强，2010）。曾立荣（2011）指出考核不光包括对学生的考核还包括对教师的考核，对教师的教学评价采取督导、同行和学生结合的模式。督导评价主要完成教学文档等方面的形式考查；同行评价主要完成教学态度和教学能力等实质性考查；学生评价主要是完成教学效果的考查。李霞（2011）从细化教学过程管理的角度出发，提出对教师的考核，应采取教学过程的三级评价机制：一是学校和系部的教学督导组在学期中对每个授课教师进行教学听课并进行评价；二是课程组的每个教师在学期中要听所有其他教师的课并集中进行相互评价；三是学期中学生严格按照精品课程的要求对教师教学进行评价。

综上所述，在专题化教学实施上，学者们从专题化教学内容、教学模式及其考核方式三方面入手提出一些原则和具体的操作。但是无论从哪个角度来阐述专题化教学实施的原则和措施，都无法将这些原则与措施同高校思政课教学目标——实效性相互区隔开来，正是在这一目标下，这些研究逻辑就不是相互孤立存在的。从这个意义上讲，专题化教学应是这三方改革创新共同构成的。

（二）新时代思政课专题化教学需要进一步研究的几个问题

回顾有关高校思政课专题化教学研究工作，不难看到这一领域 17 年以来所取得的长足发展与进步，一方面得益于社会科学学科研究范式的发展，另一方面归因于中国教育改革发展对学术研究提出的一系列挑战。无疑，以上有关专题化教学的研究对后来者研究专题化教学及相关领域具有重要的启示，但是笔者认为，以下几个问题还需要进一步研究。

1. 高职思政课问题式专题化教学的研究

几十年来，高职的思政课研究没有得到足够重视。往往提到高等教育，学者们的视角更多地关注了普通本科教育。笔者参加过的有关思政工作高端学术会议，高职思政课教师寥寥无几，高职院校至少在思政课教学研究方面被边缘化了。而往往提到职业教育，学者们更多地倾注在中职教育上，高职思想政治教育的研究又被边缘化了。全国职业教育的德育学术会议研究的重心几乎都是中职德育。2008 年 8 月，笔者在《思想理论教育导刊》发表《以案例为导引，以问题为核心创新高职学校思想政治理论课教学模式》一文，试图倡导一种具有高职思想政治教育特点的专题化教学模式，全国高职同仁也有一些研究，但总体来看研究和重视的程度还不够。当然，我们也欣喜地看到，党的十八大后，教育部思政司指导的全国高职高专党委书记论坛进一步加强了高职党建和思想政治教育工作的研究和交流；在教育部社科司指导下成立了全国高职高专院校思政课建设联盟，教育部高校思政课教学指导委员会增设了高职高专分教指委；2020 年教育部成立大中小学思政课建设指导委员会专家指导组，高职或研究职业教育思政课专家有 3 名成员，这都表明教育部对高职思政课作为一种教育类型。加强了分类指导；教育部职业教育与成人教育司近年也强化了对高职思政课建设的支持，尤其是随着"职教 20 条"的发布，职业教育进入高质量发展的新阶段，"双高计划"启动后，高职党建和思想政治工作被纳入建设项目，立德树人被列入重点工作，2020 年 9 月，教育部等九部门联合印发《关于印发〈职业教育提质培优行动计划（2020—2023 年）〉的通知》（教职成〔2020〕7 号），为全国高等职业院校联合研究党建与思想政治工作开启了新征程。

2. 高职院校学生思想政治教育特点和规律的研究

如前所述，专题化教学多集中在本科院校，并且集中在专题化教学的客体方面，多以研究教学内容、教学手段、教学方法为主，但是对专题化教学中主体——学生与教师的相关研究颇少或是没有。任何一个好的专题化教学模式，都是离不开教师和学生，他们才是这个专题化教学的组织者、实施者与受益者，作为镶嵌在这一模式里的学生与教师两个活生生的改革创新的主体应是专题化教学研究领域必不可少的研究内容。首先，高职教育人才培养模式、教育理念的变化、学生智能的群体性特征决定了高职思政课专题教学的内容设计、教学模式、实践教学、网络教学、考核方法等具有特殊性；其次，在教学效果评价时，以往的研究只是关注到了学生，根据"大思政课"建设理念，教学效果的评价还应有思政课教师、辅导员、班主任、企业师傅、家长、社区工作人员的话语权；最后，以往关于学生的研究都是内地的学生，虽然新疆高职院校的学生与内地的学生在某些方面具有同质性，但是在更多的方面，他们是具有异质性的，例如少数民族特点、地域社会环境影响等不同，专题化教学针对新疆地区学生的研究还远远不够。2019 年 6 月，笔者在《中国民族教育》杂志发表《立足新疆高职院校实际办好思想政治理论课》一文，试图探索推动思政课改革创新的思路，即要不断增强思政课的思想性、理论性和亲和力、针对性。思想性和理论性是思政课的本质特征。浇花浇根、育人育心，统一思想需要让人心服口服，这就需要理论的彻底性、价值导向的正确性作保证。要解决亲和力和针对性问题，就要因材施教，因事而化、因时而进、因势而新，用活案例讲透大道理，着力解决好给谁教、怎么教的问题。高职作为一种类型教育，教育对象不同于普通教育，高职思政课教学不能照本宣科，更不能单纯讲理论，只有创新教学模式，依事论理，让学生有体验、有思考，学生才会认同故事背后的价值导向。

3. 研究方法中定量研究与定性研究的应用

在本书研究当中我们可以看到定量研究方法的应用。定量研究通过大样本的数据与精细化的模型建构，展现了其研究方法的优越性，但是在专题化教学研究中使用大量的问卷调查会使研究者距离专题化教学实施过程中的主体越来越远，研究工作会显得苍白无力。而定性研究以其翔实的个案资料呈现出实践运行的复杂性和动态性。对此，在进行专题化评价时，应加强定量方法与定性方法的沟通，这样才能既注重了广度又关注到深度，既注重了整体又关注到个体。例如，在有关专题化教学效果研究评估时，目前有少量的学者进行了实证研究，探索增值性评价，而在定性研究上则还没有学者涉及，所以在今后的研究中，应加强定量研究与定性研究的合作，努力探索过程性评价、增值性评价，实现综合性评价。

4. 具体操作化尚待研究

（1）专题化教学的内容要求三贴近的原则，即贴近学生、贴近专业和贴近生活，那么，高职学生感兴趣的点在哪里？什么样的专题化教学内容学生会感兴趣？思政课的价值导向如何落实？怎样把握和处理学生感兴趣与教学大纲政治性之间的关系？如何解决思想性、理论性和亲和力、针对性这两对矛盾？高职思政课问题式专题化教学如何处理好人才培养目标、教学标准、教学内容设计和教学实施报告之间的关系？

（2）目前，高职思政课问题式专题化教学模式还在探索中，不同学者都提出了不同的教学模式，但是到底是什么样的模式更能适应高职学生和教师？如何把习近平总书记提出的"八个相统一"教学原则落地生根，指导高职思政课改革创新？发挥高职思政课是落实立德树人根本任务的关键课程的功能，切实办好思政课，更好地完成高职思政课教学目标是值得我们去继续探索和实践的。

第一章

新时代高职思政课问题式专题化
教学研究的意义

高职教育作为区别于普通高等教育的一个教育类型，是随着我国经济社会发展到一定阶段才出现的。随着我国经济和社会的发展，高职教育经过改革开放 40 多年发展已经成为高等教育的一个重要组成部分，占据了高等教育的半壁江山。在这一发展历程中，高职教育的高等性、职业性、开放性等特点日趋突出。伴随着高职教育发展、专业建设、课程建设体系建设，高职思想政治教育的特点基本形成，高职思想政治教育工作如何适应高职人才培养模式成为高职思想政治教育工作者必须面对的一个新课题。

第一节　高职教育的发展与课程设置

//

中国特色的高职教育横跨了高等教育和职业教育两大领域。高职教育主要面向广大适龄青年，是为他们提供进入高校学习并获得就业技术技能机会的职业技术教育。招收对象主要是应届高中毕业生、中等职业学校毕业生、退役军人、下岗失业人员、农民工和新型职业农民等群体，学制一般为 3 年，最长弹性学制可延长到 6 年，学生毕业后颁发正规的高等学校学历证书。"职教 20 条"颁布，决定试办高职本科，高职教育开始突破专科层次的天花板，类型性日趋明显，标志着作为一种独立的教育类型正在突破层次瓶颈，进入高质量发展的新时代。

一、高职教育的发展史概述

中华人民共和国成立后，尤其是改革开放 40 多年来，我国高职院校起步发展壮大，大体经历了起步、兴起、蓬勃发展、全面提升质量、创新发展五个不同的发展阶段。

1. 高职教育的起步阶段（1980—1989 年）

20 世纪 80 年代初，伴随着我国改革开放的步伐，社会对生产第一线的技术、管理和服务人员从数量到质量都提出了新的更高的要求。探索一条高起点的高等职业技术教育之路，成为我国职业教育战线的一项十分紧迫的任务。为解决地方应用型人才严重匮乏和高等教育资源严重短缺的问题，部分中心城市举办了一批以"收费、走读、不包分配"为主要特点的地方短期职业大学，率先打出了"高等职业教育"的旗帜，标志着我国高职教育的正式起步。1985 年 5 月发布的《中共中央关于教育体制改革的决定》中提出："要大力发展职业技术教育"。首次提到"高等职业技术院校"，并将其定位为高中后实施、有别于普通教育、与行业配套的一种新型教育类型，可以说这是高职教育创立的标志。中央的精神有力地推动了高职教育的发展。到 80 年代末期，职业大学的数量已达到 126 所。

2. 高职教育兴起阶段（1990—1998 年）

1994 年全国教育工作会议提出：通过现有职业大学、部分高等专科学校和独立设置的成人高校改革办学模式、调整培养目标来发展高职教育，并利用少数具备条件的重点中专改制或举办高职班等方式作为补充，即"三改一补"的高职教育基本方针。

1996 年颁布的《中华人民共和国职业教育法》（以下简称《职业教育法》）和 1998 年颁布的《中华人民共和国高等教育法》（以下简称《高等教育法》），正式确立了高职教育的法律地位，推动我国高职教育走上了依法办学的新阶段。《职业教育法》颁布，明确职业学校教育分为初等、中等、高等职业学校教育。高等职业学校教育根据需要和条件由高等职业学校实施，或者由普通高等学校实施，在我国历史上第一次确立了高职教育和高职学校的法律地位。《高等教育法》颁布，进一步明确了高职教育和高职学校在我国高等教育体系中的法律地位。截至 1998 年，我国独立设置的高职院校已有 101 所，招生 6.28 万人，在校生 14.86 万人。到 1998 年底，经国家教委批准独立设置的专科层次高校（包括高专、高职和成人高校）共有 1 394 所。

3. 高职教育蓬勃发展阶段（1999—2005 年）

1999 年，中共中央、国务院在《关于深化教育改革全面推进素质教育的决定》中首次提出"大力发展高等职业教育"。随着当年开始的全国高等院校大规模扩招，以独立设置高职院校迅速增长为主要标志，高职教育得到了蓬勃发展；同时，教育部将原有的高职、高专和成人高校合称为"高职高专教育"进行统筹，以形成培养技术应用型人才的合力。2002年，国务院召开全国职业教育工作会议，明确提出"扩大高等职业教育的规模"；2004 年，《教育部关于以就业为导向深化高等职业教育改革的若干意见》明确了高等职业院校必须坚持的办学方针和培养目标，即以服务为宗旨，以就业为导向，走产学研结合的发展道路，主动适应经济和社会发展需要，以就业为导向确定办学目标，找准学校在区域经济和行业发展中的位置，加大人才培养模式的改革力度，坚持培养面向生产、建设、服务、管理第一线需要的"下得去、留得住、用得上"，实践能力强、具有良好职业道德的高技能人才。2005 年，国务院召开第六次全国职业教育工作会议，进一步要求"高等职业教育招生规模占高等教育招生规模的一半以上"，提出建设百所示范性高等职业院校，高职教育迎来了重要的战略机遇期。据教育部发展规划司公布的数据，从 1999 年到 2006 年，我国高职教育的规模得到迅速扩大，已经占据我国高等教育的半壁江山。

4. 高职教育全面提升质量阶段（2006—2018 年）

2006 年，《教育部 财政部关于实施国家示范性高等职业院校建设计划加快高等职业教育改革与发展的意见》和《教育部关于全面提高高等职业教育教学质量的若干意见》的颁布，标志着国家高职教育政策在强化特色、加快改革、提高质量方面的重点引导。2006 年 12 月和 2007 年 8 月，教育部、财政部先后评选出了首批 28 所和第二批 42 所"国家示范性高等职业院校建设计划"立项建设院校。这些学校的示范性建设带动和影响了全国高等职业院校的改革与发展。示范性高等职业院校建设计划的实施，促进了人才培养模式改革，强化了高职教育模式改革的政策导向，引领高职教育走出一条不同于普通大学的类型之路，高职学校显示出空前活力和勃勃生机。

为贯彻落实《国家中长期教育改革和发展规划纲要（2010—2020 年）》关于建设现代职业教育体系的要求，2011 年教育部《关于推进中等和高等职业教育协调发展的指导意见》要求："以内涵建设为着力点，整体提升职业学校办学水平。……高等职业教育要以提高质量、创新体制和办出特色为重点，优化结构，强化内涵，提升社会服务能力，努力建设中国特色、世界水准的高等职业教育"。该意见还明确指出：要"以经济社会发展需求为依据，坚持以服务为宗旨、以就业为导向，创新体制机制，推进产教结合，实行校企合作、工学结合，促进专业与产业对接、课程内容与职业标准对接、教学过程与生产过程对接、学历证书与职业资格证书对接、职业教育与终身学习对接。遵循经济社会发展规律和人的发展规律，……强化职业教育办学特色，增强服务经济社会发展和人的全面发展的能力。"同年，教育部颁布《关于推进高等职业教育改革创新引领职业教育科学发展的若干意见》，旨在推动体制机制创新，深化校企合作、工学结合，进一步促进高职学校办出特色，全面提高高职教育质量，提升其服务经济社会发展能力。标志着高职教育进入全面质量提升的历史新阶段。另外，该意见对高职思想政治教育质量提出了新要求，提出："坚持育人为本，德育为先。高职学校要把社会主义核心价值体系、现代企业优秀文化理念融入人才培养全过程，强化学生职业道德和职业精神培养，加强实践育人，提高思想政治教育工作的针对性和实效性。重视学生全面发展，推进素质教育，增强学生自信心，满足学生成长需要，促进学生人人成才。"2014 年，习近平总书记专门对职业教育工作作出重要指示，国务院召开全国职业教育工作会议，李克强总理接见会议代表并发表重要讲话，国务院印发了《关于加快发展现代职业教育的决定》。这一系列部署，体现了党中央、国务院对职业教育工作的高度重视，为贯彻落实党的十八大、十八届三中全会精神，加快发展现代职业教育指明了方向、明确了任务、提供了行动指南。高职教育进入有序推进现代职业教育体系建设、激发职业教育办学活力、着力提高人才培养质量、推动职业教育治理创新、建立健全督导评估制度的质量提升阶段。

5. 高等职业教育创新发展的新时代（2019 年至今）

"职教 20 条"明确了全面深化职业教育改革的顶层设计和施工蓝图，是今后一个时期职业教育领域改革的纲领性文件，标志着我国进入推动新时代职业教育大改革大发展阶段。"职教 20 条"是落实习近平总书记关于教育特别是职业教育的重要论述和《职业教育法》的重大举措，是服务现代化经济体系建设、建设教育强国的战略举措，是改善民生和促进就业创业的关键举措，是深化教育领域综合改革的有力举措。"双高计划"提出，集中力量建设一批引领改革、支撑发展、中国特色、世界水平的高职学校和专业群，带动职业教育持续深化改革，强化内涵建设，实现高质量发展。国家启动本科职业教育层次办学试点，2019 年，高职扩招 100 万人（据统计实际扩招 116 万人）；2020 年，高职扩招 200 万人。"百万扩招"对推动高职教育发展带来了新气象，表现为实现了高职教育全覆盖，农民工、退役军人、下岗职工、新型职业农民 4 类人员成为高职教育新生源；开创了高职人才培养新模式，高职院校的人才培养模式由学校为主、企业为辅转变为"企业—学校"模式，采取"半工半读""工学交替""送教上门"等方式，企业岗位需求成为高职院校人才培养模式转变的内在驱动因素，调动了校企合作育人的积极性；激发了校企合作新"动能"，企业由被动合作向主动合作根本转变；激活了学生学习主动性，新四类学生在实践的基础上知道职业技能的重要性，学习目标明确，大大增强了学习的主动性。实施高职"双高计划""百万扩招"，推动深化产教融合、校企合作，推动职业教育高质量发展，加强技术技能型人才培养，提高学生就业能力，为我国高职教育内涵建设和外延发展注入了新的活力。2021 年 10 月，中共中央办公厅 国务院办公厅印发《关于推动现代职业教育高质量发展的意见》，高职教育进入一个建设中国特色现代职业教育体系的新时代。

二、高职课程体系的时代变革

课程是高职院校改革、发展和提高教育质量的关键环节和直接载体，高职院校是通过课程为学生服务、培养高技能人才的，课程是高职学生能力建构的基础和依托，课程是高职学生为未来从业需要而学习的知识、经验、技能的总和。

我国高职教育经过 40 年多的改革发展历程，课程体系大致经历了四次具有历史意义的变革，即普通高等学校学科体系、能力本位体系、工作过程体系和专业群建设体系。当然，也有学者称：我国高职课程体系的改革至今一直停留在对学科体系的改良上，还没有完全摆脱"三段式"课程体系的束缚。何谓"三段式",就是指普通高校学科本位的课程体系,其特点是在一定基础理论与专业理论的基础上,着重向某一专业方向纵深发展,按不同课程类型有明显的阶段划分,通常分基础课、专业基础课、专业课三段,即分为三个阶段实施的课程结构体系,进入"双高计划"时代,以专业群为龙头的课程建设进入新阶段。

其变革有四次:

第一次变革是 2000 年前后,以学科中心理念为导向的课程编制模式和课程设置模式。

这一时期,高职教育的课程编制基本上沿用本科学科系统模式,只是由于学制比本科短,内容上有所压缩而已,人们通常称为"本科压缩饼干"。课程设置模式也是以学科为中心或学科本位理念为指导,以专业知识为主线构建课程体系,通常包括基础课、专业基础课、专业课三部分,即"三段式"课程结构。经过第一次变革,基础课缩减学时,并进行同类课程的适度整合,教学计划中增加了实践教学学时,尤其是实训环节。存在的缺陷是:重知识传授,轻技能训练;理论与实践课程体系并列——"两张皮",没有把职业学习与工作实践有机统一起来,实践课是作为理论课的延伸与补充。

第二次变革是 2000—2006 年,以"能力本位"为指导的课程编排和设置模式。

这一时期,我国开展了借鉴德国"双元制(校企合作)"、加拿大"CBE(能力本位)"、国际劳工组织"MES(模块组合)"等经验引用的改革实验。西方模式以职业导向、能力本位,以职业分析为起点,以开发学生职业能力为核心,以培养学习者的职业技能为目标,注重校企合作、理论联系实际,强调学生学习的自主性。西方课程体系的引入,拓宽了人们的视野,丰富了我国职教课程理论和实践,推动了我国职业教育的教学改革。西方模式的职教课程设计是基于能力而非基于知识,起点是职业分析而非学科分析;职教课程开发程序与我国对比刚好是倒过来的;企业要全程参与人才培养培训的整个过程。

在学习西方模式的同时,2000 年,教育部《关于加强高职高专教育人才培养工作的意见》对以能力为本位的课程体系设置提出了明确要求。该意见提出:高职高专教育培养拥护党的基本路线,适应生产、建设、管理、服务第一线需要的,德、智、体、美等方面全面发展的高等技术应用性专门人才;学生应在具有必备的基础理论知识和专门知识的基础上,重点掌握从事本专业领域实际工作的基本能力和基本技能,具有良好的职业道德和敬业精神。以培养高等技术应用性专门人才为根本任务;以适应社会需要为目标、以培养技术应用能力为主线设计学生的知识、能力、素质结构和培养方案,毕业生应具有基础理论知识适度、技术应用能力强、知识面较宽、素质高等特点;以"应用"为主旨和特征构建课程和教学内容体系。

第三次变革是 2006—2018 年，"工作过程导向"的课程开发与设置模式。

这一时期，采用的"工作过程导向"课程开发理念源于德国，20 世纪 90 年代，德国不来梅大学技术与教育研究所在所长菲利克斯·劳耐尔（Felix Rauner）教授的带领下与德国大众汽车公司合作，提出了基于工作过程的职业教育课程理念和设计方法，称为以工作过程为导向的整体化工作任务分析法（BAG）。此法于 21 世纪初在德国职业教育中推广，随后被引入我国职业教育之中。

2004 年教育部与劳动和社会保障部等联合颁发的《职业院校技能型紧缺人才培养培训指导方案》中提出了"职教课程开发要在一定程度上与工作过程相联系"的课程设计理念。要求职业院校在课程设置上应遵循企业实际的工作任务，并明确提出：职业教育教学改革发展必须建立全新的概念，按照职业教育本身所固有的规律，在引进先进理念和借鉴国内外成功经验的基础上，努力将中国企业的热切期待转化为提高职业教育质量和效益的原动力。着力建立的学习新概念集中体现在教学改革中的三个基本原则上：①强化职业能力培养目标，注意工作经验的积累；②建立具有鲜明职教特色的综合化和案例性课程，关注教学与工作过程的直接联系；③推广行动导向的教学方法，强调学生在教学活动中的中心地位，即按照"工作过程系统化"的模式设计开发课程。于是各职业院校开始探索基于"工作过程系统化"的课程开发与设置模式的改革。

教育部在《关于 2007 年度高职高专国家精品课程申报工作的通知》中指出："基础课要针对高职高专特点，注重与后期专业课内容衔接，适应高技能人才可持续发展的要求；专业课要突出职业能力培养，体现基于职业岗位分析和具体工作过程的课程设计理念，以真实工作任务或社会产品为载体组织教学内容，在真实工作情境中采用新的教学方法和手段实施。"

随着高职教育向内涵式发展转型，多数高职院校的领导者开始意识到高职教育意在培养有知识、有能力、素质高、技能强、能就业、有发展后劲的应用性人才。课程设置要体现高等教育性和职业教育性"双重属性"，满足社会发展要求和学生职业发展的需要，以高中毕业生拥有的学科性知识为起点，以高素质高技能人才为培养目标，既要培养高技能"职业人"，也要培养高素质"社会人"，为提高国民素质作贡献。社会主义经济社会发展对劳动者的素质提出了更多、更高的要求。因此，课程设置不能只考虑专和细，而是要考虑如何使学生在走上工作岗位以后，能跟上时代的发展、职业的变化和社会工作的需要，具备可持续发展能力。

第四次变革是 2019 年以来，"双高计划"中以专业群建设为顶层设计的课程体系模式。

"双高计划"明确提出"聚焦高端产业和产业高端，重点支持一批优质高职学校和专业群率先发展""发挥专业群的集聚效应和服务功能，实现人才培养供给侧和产业需求侧结构要素全方位融合"。伴随着中国经济从高速增长向高质量发展的转型，高职院校发展形势也发生了根本改变，从关注规模扩张转向强化内涵建设时代。高职院校专业群课程体系构建要参照工作体系以及岗位工作任务的逻辑来组织内容，即对接产业或职业岗位的能力需求遴选教学内容，然后根据学习者的认知规律和心理特点将所选内容科学序化形成体系。专业群课程以模块化为单元组织开发，可按照"平台 + 模块""基础 + 平台 + 模块 + 方向"等模式建设，基础或平台类课程培养专业基础能力或通用能力，模块或方向课程培养更具针对性的岗位能力和职业迁移能力。在专业群课程实施上，可采用项目化教学模式，着重将行业企业的优质资源转化成教育资源，将新技术、新工艺、新规范纳入教学标准和教学内容，形成项目平台或资源库。"双高计划"建设时代伴随专业群课程体系的重构与完善，教师的教学资源开发能力和教学设计能力的重要性将进一步凸显，而学生在项目化教学中的自主学习能力和解决实际问题的能力也将日益成为人才培养的关键。如何让每个学生都享有适合的教育，如何为不同层次、不同类型的学生提供个性化、高质量的教育服务，一场新的高职"课堂革命"开始了，这场革命需要强化课堂阵地意识，树立职业教育大课堂理念、优化课程供给、改革教学方法、提升信息化水平。高职院校要改革教学理念和教学方法，坚持以学习者为中心，以学定教，为不同层次、不同类型的学生提供个性化、多样化、高质量的教育服务；要建立产业技术进步驱动课程改革机制，校企联合开展课程建设，及时将新技术、新模式、新标准转化为教学内容，提高课程改革对技术进步的反应速度，不断优化课程资源供给，建设活页式教材；要高度重视企业实习实践教学环节的管理，确保人才培养方案的有效落实；要加快信息技术和课堂教学融合，拓展教与学的时间空间；要采用"翻转课堂"等教学方式，提高学生的学习主动性和专业信息素养；要合理采用虚拟现实、虚拟仿真等手段，有效破解"看不见、进不去、动不了、难再现"的实践教学难题；要加强教学过程数据的采集分析，实时掌握每一名学生的学习状态，服务学生个性化学习需求（任占营，2018、2019）。"双高计划"建设是高职课程建设进入平视世界的时期，高职办学自信空前提升。2021 年，习近平总书记对职业教育工作作出重要指示，他强调，在全面建设社会主义现代化国家新征程中，职业教育前途广阔、大有可为。职业教育发展要坚持党的领导，坚持正确办学方向，坚持立德树人、优化职业教育类型定位，深化产教融合、校企合作，深入推进育人方式、办学模式、管理体制、保障机制改革，稳步发展职业本科教育，建设一批高水平职业院校和专业，推动职普融通，增强职业教育适应性，加快构建现代职业教育体系，培养更多高素质技术技能人才、能工巧匠、大国工匠。与此同时，各级党委和政府要加大制度创新、政策供给、投入力度，弘扬工匠精神，提高技术技能人才的社会地位，为全面建设社会主义现代化强国、实现中华民族伟大复兴的中国梦提供有力人才和技能支撑。习近平总书记关于职业教育的重要指示为新时代职业教育改革发展指明了前进方向、提供了根本遵循。

总之，新时代高职教育改革发展，适应中国国情，凸显中国特色，体现以下几个基本特点：

一是办学方向上要坚持党的全面领导，坚持正确办学方向，坚持立德树人，为全面建设社会主义现代化强国、实现中华民族伟大复兴的中国梦提供有力人才和技能支撑。

二是办学理念上坚持以服务发展为宗旨，促进高质量就业为导向。

三是办学道路上坚持优化职业教育类型定位，推动职普融通，增强职业教育适应性，加快构建现代职业教育体系，坚持职业技术教育与岗位技能培训相结合。

四是人才培养模式上坚持深化产教融合、校企合作，强化工学结合、知行合一，健全德技并修育人机制。

五是人才培养目标上坚持培养更多高素质技术技能人才、能工巧匠、大国工匠，突出劳动精神、劳模精神、工匠精神教育。

"职教20条"颁布，启动"双高计划"建设，高职"百万扩招"，是建设中国特色社会主义高水平高职院校的新起点，课程建设也必然步入新一轮改革创新的新时代。

三、高职思政课的设置与功能定位

教育是国之大计、党之大计，承担着立德树人的根本任务。高职思政课是对大学生进行系统的马克思主义理论教育和思想政治教育的主渠道和主阵地。思政课是打好中国高职教育鲜亮的底色，落实立德树人根本任务的关键课程，发挥着不可替代的作用。开好高职思政课，增强教育的针对性、实效性，把社会主义核心价值观融入人才培养全过程，引导学生增强中国特色社会主义道路自信、理论自信、制度自信、文化自信，是落实好习近平总书记在全国教育大会上提出的"六个下功夫"，用新时代中国特色社会主义思想铸魂育人，努力培养担当民族复兴大任的时代新人，培养德智体美劳全面发展的社会主义建设者和接班人的需要。必须放在世界百年未有之大变局、党和国家事业发展全局中来看待，从坚持和发展中国特色社会主义、建设社会主义现代化强国、实现中华民族伟大复兴的高度来对待。高职思政课建设只能加强、不能削弱，必须切实增强办好高职思政课的信心，全面提升高职思政课的质量和水平。

（一）高校思政课设置历经的五个阶段

改革开放的 40 多年，我国高校思政课不断演进。

1. 1978—1984 年的恢复时期

1978 年 4 月，针对"文化大革命"期间系统的马列主义理论课被取消的状况，教育部办公厅颁布《关于加强高等学校马列主义理论教育的意见》，马列主义理论教育在全国高等学校得以逐步恢复。1982 年，教育部决定在高校开设共产主义思想品德课，并结合新形势对学生进行教育，进一步强化了思想政治教育体系。1984 年，教育部印发的《关于高等学校开设共产主义思想品德课的若干规定》中将"共产主义思想品德"课规定为大学生思想政治教育内容的重要组成部分，成为"两课"中的一个重要方面。我国高校构建了思想教育与马克思主义理论教育相结合的高校思政课程的基本框架，这个阶段被称为政治课程设计的重建或者恢复阶段。

2. 1985—1997 年的实施和发展时期

为适应我国社会主义现代化建设新时期的需要，1985 年 8 月，中共中央颁布《关于改革学校思想品德和政治理论课程教学的通知》，将大学阶段的马列主义理论课程的设置由过去的"旧四门"（"辩证唯物主义和历史唯物主义""政治经济学""中国共产党党史"和"国际共产主义运动史"等课程）调整为"新四门"，即"中国革命史""中国社会主义建设""马克思主义基本原理"和"世界政治经济与国际关系"。对马克思主义理论课程基本构架的说明中，鲜明地提出了对大学生"进行以中国革命史为中心的历史教育""进行马克思主义的基本理论教育""进行中国社会主义建设和改革的理论、政策和实际知识的教育"的要求，突出了对大学生进行历史、理论和现实相结合的思想政治教育的重要思路。国家教委在 1987 年 3 月和 10 月分别发布文件，对思想教育课的课程设置和高校马克思主义理论课作出部署，正式提出具体课程内容。这就是：①马克思主义理论课程："马克思主义原理""中国革命史""中国社会主义建设""世界政治经济与国际关系"（文科开设）；②思想教育课程："法律基础""大学生思想修养""人生哲理""职业道德"。三年制的大专，可以开设"中国革命史"和"中国社会主义建设"课；两年制的大专，可以开设"我国革命和建设的基本问题"课。由此形成了更加贴近社会实际和学生的思想实际的改革开放后思想政治理论课程新方案，简称"85 方案"。

3. 1998—2004 年的规范和发展时期

根据党中央的指示精神，1998 年 6 月，中宣部、教育部联合发出《关于印发〈关于普通高等学校"两课"课程设置规定及其实施工作的意见〉的通知》，形成了思政课"98 方案",确定了新的"两课"课程设置方案,在普通高等学校开设八门课程,即把思想品德课由原来的 5 门调整为 3 门,分别是"思想道德修养""法律基础""形势与政策";对马克思主义理论课作出新的设置,将原"马克思主义原理"改为"马克思主义哲学原理",将原"中国社会主义建设"改为"马克思主义政治经济学原理",将原"中国革命史"改为"毛泽东思想概论",将原"世界政治经济与国际关系"改为"当代世界经济与政治"(为文科学生开设),并且增开"邓小平理论概论"。为了在高校思政课教学中及时体现马克思主义中国化的最新理论成果,2003 年 2 月教育部社政司发布了《关于普通高等学校"两课"教学基本要求修订说明》,将"98 方案"中的"邓小平理论概论"课程再次调整为"邓小平理论和'三个代表'重要思想概论",标志着"两课"教育走上了成熟发展的轨道。

4. 2005—2018 年的科学发展时期

2005 年高校思政课进入开拓创新阶段,在这一阶段,"两课"改称为"思想政治理论课"。这次改革实践的核心是"05 方案"的提出与实施。本方案对高校思政课课程设置作出了新的调整,把"98 方案"规定的 7 门必修课调整为 4 门。将原"马克思主义哲学原理""马克思主义政治经济学原理"整合为"马克思主义基本原理概论"(简称"原理"),其中还补充了科学社会主义内容;将原"毛泽东思想概论""邓小平理论和'三个代表'重要思想概论"整合为"毛泽东思想、邓小平理论和'三个代表'重要思想概论"(简称"概论");将原"思想道德修养""法律基础"整合为"思想道德修养与法律基础"(简称"基础")。课程调整的另一个重要内容是增开了"中国近现代史纲要"(简称"纲要")。同时,开设"形势与政策"必修课和"当代世界经济与政治"选修课。2008 年,教育部办公厅印发《关于将高校思政课"毛泽东思想、邓小平理论和'三个代表'重要思想概论"课程名称调整为"毛泽东思想和中国特色社会主义理论体系概论"的通知》指出,为贯彻落实党的十七大精神,经研究决定,自 2008 年秋季学期开始,将高校思政课"毛泽东思想、邓小平理论和'三个代表'重要思想概论"课程名称调整为"毛泽东思想和中国特色社会主义理论体系概论"。

高校本科思政课的必修课程包括"思想道德修养与法律基础""中国近现代史纲要""马克思主义基本原理概论""毛泽东思想和中国特色社会主义理论体系概论""形势与政策"。高职执行"05 方案",开设 3 门必修课程,即"毛泽东思想和中国特色社会主义理论体系概论""思想道德修养与法律基础""形势与政策"。

5. 2019 年以来的改革创新的新时代

2019 年 3 月 18 日,习近平总书记亲自主持召开了学校思想政治理论课教师座谈会。由中共中央总书记主持召开一类课程的座谈会，这在中国共产党的历史上、中华人民共和国教育史上是第一次，它标志着办好思政课成为习近平治国理政的重要思想的内在组成部分，办好学校思政课的重大意义不言而喻。2019 年 8 月，中共中央办公厅、国务院办公厅印发了《关于深化新时代学校思想政治理论课改革创新的若干意见》（以下简称《意见》）标志着高校思政课建设进入改革创新的新时代。《意见》从深入贯彻落实习近平新时代中国特色社会主义思想和党的十九大精神，贯彻落实习近平总书记关于教育的重要论述，特别是在学校思想政治理论课教师座谈会上的重要讲话精神，全面贯彻党的教育方针，解决好培养什么人、怎样培养人、为谁培养人这个根本问题，坚持不懈地用习近平新时代中国特色社会主义思想铸魂育人的维度，对深化新时代学校思政课改革创新提出意见。《意见》指出：要调整创新思政课课程体系。加强以习近平新时代中国特色社会主义思想为核心内容的思政课课程群建设。在保持思政课必修课程设置相对稳定的基础上，结合各学段特点构建形成必修课加选修课的课程体系。全国重点马克思主义学院率先全面开设"习近平新时代中国特色社会主义思想概论"课。本科阶段开设"马克思主义基本原理概论""毛泽东思想和中国特色社会主义理论体系概论""中国近现代史纲要""思想道德修养与法律基础""形势与政策"，专科阶段开设"毛泽东思想和中国特色社会主义理论体系概论""思想道德修养与法律基础""形势与政策"等必修课。各高校要重点围绕习近平新时代中国特色社会主义思想，党史、新中国史、改革开放史、社会主义发展史，宪法法律，中华优秀传统文化等设定课程模块，开设系列选择性必修课程，高中阶段开设"思想政治"必修课程，围绕学习习近平总书记最新重要讲话精神开设"思想政治"选择性必修课程。高职提出了必修课增加的空间和开设选择性必修课的要求。可见，开设 21 世纪的马克思主义——"习近平新时代中国特色社会主义思想"必修课和选修课，成为中央的明确要求。《意见》提出：统筹推进思政课课程内容建设。坚持用习近平新时代中国特色社会主义思想铸魂育人，以政治认同、家国情怀、道德修养、法治意识、文化素养为重点，以爱党、爱国、爱社会主义、爱人民、爱集体为主线，坚持爱国和爱党、爱社会主义相统一，系统开展马克思主义理论教育，系统进行中国特色社会主义和中国梦教育、社会主义核心价值观教育、法治教育、劳动教育、心理健康教育、中华优秀传统文化教育。《意见》提出，在教材建设上，由国家教材委员会组织统编统审统用，在教材中及时融入马克思主义中国化最新成果、坚持和发展中国特色社会主义最新经验、马克思主义理论学科最新研究进展。同时规定地方或学校可以开设的思政课选修课教材，由各地负责组织审定。这些意见为高校思政课设置、地方课、校本课程开设的改革创新提供了基本政策依循。

2020 年 12 月，中宣部、教育部印发《关于新时代学校思想政治理论课改革创新实施方案》的通知（以下简称"2020 方案"），规定本科课程设置：①"马克思主义基本原理"3 学分；②"毛泽东思想和中国特色社会主义理论体系概论"5 学分；③"中国近现代史纲要"3 学分；④"思想道德与法治"3 学分；⑤"形势与政策"2 学分。在全国重点马克思主义学院率先全面开设"习近平新时代中国特色社会主义思想概论"课，学分按有关要求执行。高职专科课程设置：①"毛泽东思想和中国特色社会主义理论体系概论"4 学分；②"思想道德与法治"3 学分；③"形势与政策"1 学分。这标志着高职专科思政课改革创新取得新成就。方案同时要求 2021 年秋季开学使用新版教材。

围绕实现民族复兴的伟大梦想，进行伟大斗争、建设伟大工程、推进伟大事业实践发展和马克思主义中国化理论创新的进程，我国高校思政课的课程体系经历了五个阶段三次重大改革，形成了"85 方案""98 方案""05 方案""2020 方案"。改革主要涉及学科建设、课程内容体系及教学方法、教师队伍建设、实践性教学环节、考试方式等方面。党的十八大以来，以习近平同志为核心的党中央高度重视高校思想政治工作，强调加强思政课建设，开启了高校思政课教学改革创新的新时代。习近平总书记多次深入高校考察，同师生座谈，给师生回信，对思政课建设作出一系列重要指示和批示，通过改革创新，高校思想政治理论课的学科建设总体而言更趋合理、完善、科学化，课程内容体系逐步完整化、系统化和科学化。高校思政课课程体系的变革是一个与时俱进的过程，不断适应学生思想政治在教育需要的完善过程。

（二）新时代高职思政课的功能

2018 年教育部颁发的《新时代高校思想政治理论课教学工作基本要求》规定："思想政治理论课承担着对大学生进行系统的马克思主义理论教育的任务，是巩固马克思主义在高校意识形态领域指导地位、坚持社会主义办学方向的重要阵地，是全面贯彻党的教育方针、落实立德树人根本任务的主干渠道和核心课程，是加强和改进高校思想政治工作、实现高等教育内涵式发展的灵魂课程。"这进一步明确了思想政治理论课的功能，即巩固马克思主义在意识形态指导地位的重要阵地，是坚持社会主义大学办学方向的重要体现，是培养学生世界观、人生观、价值观的核心课程，是加强和改进思想政治工作的主渠道和主阵地。2019 年 3 月 18 日，习近平总书记在学校思想政治理论课教师座谈会上强调："思想政治理论课是落实立德树人根本任务的关键课程。"新时代思政课目标和任务就是要开展马克思主义理论教育，用习近平新时代中国特色社会主义思想铸魂育人，引导学生增强中国特色社会主义道路自信、理论自信、制度自信、文化自信，厚植爱国主义情怀，把爱国情、强国志、报国行自觉融入坚持和发展中国特色社会主义、建设社会主义强国、实现中华民族伟大复兴的奋斗之中。

高职教育就是以培养数以千万计的高素质技术技能人才为己任的一种教育类型。高职教育如何不辱使命，按照社会经济发展的客观要求，真正培养出高素质的技术技能人才，是高职教育发展到质量提升阶段急需解决的问题。技术技能型人才不仅仅在经济社会发展中具有重要作用，同时本身也是体现我国工人阶级先进性的中坚力量。培养高技能人才具有强化党的阶级基础的政治作用。

高职思政课是高职院校坚持不懈地传播马克思主义科学理论的主渠道和主阵地。马克思主义中国化的最新成果，如何被高职学生接受并内化，是马克思主义基本原理，尤其是习近平新时代中国特色社会主义思想由抽象到具体、由深奥到通俗、由被少数人理解掌握到被广大高职学生所理解和掌握的过程。习近平总书记指出：我们党立志于中华民族千秋伟业，必须培养一代又一代拥护中国共产党领导和我国社会主义制度、立志为中国特色社会主义事业奋斗终身的有用人才。高职院校技术技能人才培养目标、高职教育的价值取向性决定了高职学生必须具有正确的世界观、人生观和价值观，掌握马克思主义科学的理论，具有坚定的政治方向、高尚的道德情操和高度的民族责任感，自愿奉献于建设中国特色社会主义现代化强国的伟大理想，这些都是高职思政课特有的内容和所要完成的主要教学任务。

在培养技术技能人才的发展过程中，自始至终存在着性质与方向的问题。培养什么人、怎样培养人、为谁培养人始终是教育的根本问题，高职思政课在贯彻党的教育方针，培养社会主义事业的合格建设者和可靠接班人方面肩负着神圣的职责。高职思政课的教育教学在传播马克思主义科学理论进程中对学生起着价值导向的作用。社会主义核心价值体系是兴国之魂，决定着中国特色社会主义发展方向，深入开展社会主义核心价值体系学习教育是高职院校的重要政治任务，积极培育和践行社会主义核心价值观，让富强、民主、文明、和谐、自由、平等、公正、法治，爱国、敬业、诚信、友善的理念在高职学生中入脑、入心，落细落小落实，成为日用而不觉的价值导向，引导广大学生树立正确的世界观、人生观、价值观。要坚持依法治国和以德治国相结合，加强社会公德、职业道德、家庭美德、个人品德教育，弘扬中华传统美德，弘扬时代新风，要营造劳动光荣、创造伟大的社会氛围，弘扬劳动精神、劳模精神、工匠精神，要加强和改进高职思想政治工作，注重人文关怀和心理疏导，培育自尊自信、理性平和、积极向上的社会心态。

高职学生的思想道德状况直接关系到未来产业大军的职业道德和综合素质，较之普通高等学校，高职院校培养学生的职业道德素养显得更为重要。在其教育教学过程中运用当代中国的马克思主义来分析社会现状，旗帜鲜明地表明我们提倡什么、反对什么，用科学的世界观、人生观和价值观来教育学生、引导学生、满足学生的精神需求、丰富学生的精神世界，对于他们在面对纷繁复杂的社会现实时不至于迷失方向具有极为重要的意义。高职思政课教育教学中提倡用习近平新时代中国特色社会主义思想凝聚实现中华民族伟大复兴中国梦的磅礴力量，用以爱国主义为核心的民族精神和以改革创新为核心的时代精神鼓舞斗志，用社会主义核心价值观引领风尚，通过思政课的教育教学过程帮助高职学生认识和把握社会发展规律，了解社会发展的内在机理，确立社会发展所必需的规则意识，培养社会发展所要求的道德理念。

推动高职院校坚持不懈地传播马克思主义科学理论，坚持不懈地培育和弘扬社会主义核心价值观，实现学生知行的高度统一。"知"是内化，是学生认同、吸纳马克思主义中国化的最新理论成果，并将其固化为自己的理论素养，铸牢"四个自信"和指导社会实践的价值支撑。如何将全国专科本科统一的教材体系转化为适应高职学生特点、符合职业教育规律和高职学生成长成才规律的高职思政课教学体系是我们内化工作中的关键环节。"行"是外化，是学生将内在的理论素养外化为自主自觉的行为实践的过程。只有将内化的理论素养外化为具体的社会实践行为时，社会主体才能真正达到知行统一。如何利用高职教育社会实践的丰富资源，构建科学的管理、评价机制，让学生在实践中体验，在体验中成长，推进高职院校用习近平新时代中国特色社会主义思想铸魂育人，就必须坚持思政课教学与社会实践相结合的方针，凸现社会实践的教育功能，引导学生积极投身社会实践，坚持"大思政课"的理念。习近平总书记指出，思政课不但要在课堂里讲，还要在社会上讲。要善于推动思政课教学与学生社会实践活动、志愿服务活动结合，让思政课的小课堂和社会大课堂结合，鼓励党政机关、企事业单位等就近与高职院校对接，挂牌建立高职思政课实践教学基地，完善高职思政课实践教学机制，汇聚办好思政课合力，让高职学生在实践中把握当代中国马克思主义的精神实质。而高职思政课建设对于推动高职特色的思政课教学内容体系建设、实践教学模式构建，推进马克思主义入眼入脑入心入行具有重大的理论意义和实践应用价值。

第二节　新时代高职思政课的教学对象

高职教育作为现代职业教育体系的一个重要组成部分，肩负着培养面向生产、建设、服务和管理第一线需要的技术技能型人才的使命。高职思政课教学的目标就是在高职院校传播马克思主义科学理论，终极目的就是让广大高职学生接受马克思主义的基本理论、基本观点，掌握马克思主义分析问题、解决问题的方法，并自觉地用于指导自己行动，确立马克思主义信仰。我们用什么方法对高职学生进行教育效果最好，取决于我们对高职思政课教学对象——高职学生的了解和把握，高职教育的类型性特征、高职学生智能的群体性特征和思想实际，是我们因材施教的基本依据。所以，面对平视世界的一代，如何上好思政课？首先要弄明白给谁教的问题。了解和认识高职教育发展规律，把握高职学生的思想特点和群体性智能的特征，研究学生的个性特征和主体性需求，为他们的思想政治素质的形成和发展创造良好的条件，并充分发挥学生的能动性和积极性，具有重要的现实意义。

一、高职人才培养目标决定了高职教育的类型性

人才培养目标是一定层次教育培养学生的基本方向定位，以及由此决定的学生在接受完该层次教育后知识、能力和素质要达到的规格要求。高职教育是我国高等教育发展中的一个类型，也是我国职业教育体系中的高层次教育，肩负着为经济社会建设与发展培养人才的使命。与普通高等学校人才培养目标有本质区别。普通高等学校一般培养学术型、理论型、研究型人才，高职院校一般培养技术型、技能型和应用型或者工程型人才。高职教育人才培养目标的特殊要求决定了高职教育办学基础条件建设、人才培养方案、课程设置、教学内容、教学模式、学生教育以及评价考核标准等方面都有着不同于其他类型高等教育的特点。

习近平总书记在全国教育大会上的讲话指出，要把立德树人的成效作为检验学校一切工作的根本标准。德智体美劳是一个完整的教育体系，要贯穿到教育教学、办学治校各个环节，学科体系、教学体系、教材体系、管理体系和教师教、学生学都要围绕立德树人的目标，凡是不利于实现这个目标的做法，都要坚决改过来。

建设中国特色社会主义职业教育强国是一项系统工程，其中的关键是落实立德树人根本任务。只有把立德树人贯彻到职业教育事业发展的各方面、各环节，做到以树人为核心、以立德为根本，培养社会主义建设者和接班人，才能真正建成职业教育强国。高职教育推进"三全育人"综合改革，占学校80%的课程是专业课，80%的教师是专业教师，学生80%的时间在学专业课。高职院校必须根据教育部要求实施课程思政工程，使各类课程与思政课同向同行，努力实现职业技能和职业精神培养高度融合，把社会主义核心价值观的要求，做人做事的道理，真善美的种子在专业课中播撒到学生心田。必然要求立足高职人才培养目标和培养模式，实施"盐溶于水"的课程思政改革创新，在培养技术技能的同时，让学生内化技术兴国的理想信念，真正做到以文化人、以德育人，不断提高学生思想水平、政治觉悟、道

德品质、文化素养，做到明大德、守公德、严私德。专业课尚且如此，高职思政课是学校落实立德树人根本任务的关键课，必须理直气壮地围绕服务高职人才培养目标，结合职业教育专业实际、办学特点、办学模式推进思政课教学模式的改革创新。

二、高职生源类型复杂，新时代高职学生学习动力增强

据统计，1998 年我国普通高等学校招生 108 万人，毛入学率仅为 9.8%，自 1999 年起我国高校连年大幅扩招，2004 年招生 400 多万人，全国毛入学率达到 19%，比扩招前翻了一番。到 2018 年，高职学校数量达到 1 418 所，占普通高等学校总数的 40.5%，全国普通高职院校招生 368.83 万人，占普通高等学校招生总数的 46.63%。到 2021 年，全国高等学校 3 012 所，其中高职学校 1 518 所（含职业本科学校 32 所），高职学校本专科招生人数和在校生总数分别占全国本专科高校招生数和在校生总数的 55.60%、45.85%。

进入新时代，有关调查发现，高职院校的学生来源比较复杂，以来自普通高中的学生为主，也有部分来自职业高中、职业中专及技校等。2019 年，教育部联合国家发展改革委、财政部、人社部、农业农村部和退役军人事务部印发了《高职扩招专项工作实施方案》，正式启动面向高中毕业生、退役军人、下岗失业人员、农民工、新型职业农民等群体的高职扩招。据报道，2019 年高职共扩招 116 万人，从各地情况看，部分省份"超额"完成扩招任务。例如，2019 年江西省承担高职扩招任务 4.3 万人，实际扩招 6 万人；山东省承担高职扩招任务 6.8 万人，实际扩招 10.4 万人；甘肃省承担高职扩招任务 1.9 万人，实际扩招 2.3 万人。据报道，江西省高职扩招录取社会人员 4 万人，占高职招生总数的近 1/6。山东省高职院校招收退役军人 4.31 万人、下岗失业人员 1 384 人、农民工 736 人、新型职业农民 5 762 人，在岗职工生源主要来自两个方向：其一是中职应届毕业生；其二是退役军人、下岗失业人员、农民工、新型职业农民等群体。在新疆，高职生源还具有多民族性的特点，生源结构更复杂，一般高职院校少数民族学生占比在 50% 以上。2020 年、2021 年接续扩招，高职扩招推动了各地建立职教高考制度，完善技术技能人才选拔的考试评价体系，提供多样化成长成才途径。与此同时，高职的生源结构也变得日趋复杂，学生差异性较大，坚持"以学生为中心"因材施教，办适合的教育，有利于加快推进职业教育的内涵式发展。生源结构的复杂性给高职教育因材施教带来了挑战，同时，学生学习的内在动力日趋加强，下岗职工、复转军人、农民工、新型农民对技术技能的需求更强烈，通过实践工作岗位的历练，他们更珍惜学习机会，努力学习增强就业创业能力的内驱力也会影响在校其他高职同学，必将整体改变高职院校的校风和学风。

三、高职学生形象思维较强，抽象思维亟待培养

据职业兴趣和职业能力倾向调查显示，高职学生是高等教育对象中的一个特殊群体。他们长于形象思维，短于逻辑思维；实践性智力突出，分析性智力不足；不擅长抽象的概念、原理、范畴等符号化的理论学习，而乐于在情境化的教学环境中学习和掌握程序性知识。他们不喜欢常规的学习方式，而是比较喜欢动态的学习方式。学习和处理事务过程中，受定型思维模式影响较小，大多善于形象思维和发散思维，不擅长逻辑思维，创新思维活跃。

以我们主持的教育部人文社科专项任务课题组织的一项调查为证：

（一）测试对象与方法

我们用瑞文标准推理测验，采用分层随机抽样的方法，在全国选取新疆农业职业技术学院、新疆警官高等专科学校、河南安阳职业技术学院、浙江机电职业技术学院四所高职院校进行调查，其中新疆农业职业技术学院 381 人，新疆警官高等专科学校 214 人，河南安阳职业技术学院 205 人，浙江机电职业技术学院 203 人。我们对高职一、二年级的学生共 1 023 人进行了瑞文标准测验和团体智力测验，共收回有效问卷 1 003 份，有效率 97.6%，其中男生 645 人，女生 358 人；文科生 338 人，理科生 665 人。理科生主要为建筑工程专业、机电一体化专业和冶金技术等专业学生；文科生主要为会计、国际贸易和工商管理专业学生。

瑞文标准推理测验由英国心理学家瑞文（J.C.Raven）于 1938 年创制，在世界各国沿用至今，用以测验一个人的观察力及清晰思维的能力。从 1985 年 10 月由张厚粲成立全国协作组进行中文版修订，由张厚粲、王晓平主修。瑞文标准推理测验按逐步增加难度的顺序分成 A、B、C、D、E 五组，每组都有一定的主题，题目的类型略有不同。从直观上看，A 组主要测知觉辨别力、图形比较、图形想象力等；B 组主要测类同比较、图形组合等；C 组主要测比较推理和图形组合；D 组主要测系列关系、图形套合、比拟等；E 组主要测互换、交错等抽象推理能力。指导语及实施方法按要求进行，规定 45 分钟内完成。测验后，把数据录入电脑进行统计分析。采用 SPSS13.0 统计软件包分别进行统计学处理，并按《瑞文标准推理测验手册》提供的"智力水平分级标准"，对被试智力水平作出 1~5 级评分：标准分（百分等级）等于或超过同年龄常模组 95% 的为高水平智力；在 75%~94% 的为中上智力；在 50%~74% 的为中等智力；在 25%~49% 的为中下智力；在 10%~24% 的为低下智力。而标准分为 5% 及以下的"智力缺陷"者应当不可能考入高校。我们的测验有 4 例 ≤ 5%，应属随意作答，与其他不合格答卷一起视作废卷处理。

（二）测试结果

样本基本情况构成如下所述：总共有学生 1 003 人，其中男生 645 人，占 64.3%；女生 358 人，占 35.7%；一年级学生 543 人，占 54.1%；二年级学生 460 人，占 45.9%；文史类学生 338 人，占 33.7%；理工类学生 665 人，占 66.3%；汉族学生 876 人，占 87.3%；少数民族学生 127 人，占 12.7%。

被试瑞文测验各项均分及百分等级如表 1-1 所示。

表 1-1　被试瑞文测验各项均分及百分等级

	A	B	C	D	E	总粗分	百分等级 /%
均分	11.58	11.37	10.36	10.22	9.86	51.38	50.24
标准差	1.01	1.14	1.28	1.45	2.11	5.26	7.57

被试智力水平分级如下所述：高水平 102 人，占 10.2%；中上水平 248 人，占 24.7%；中等水平 306 人，占 30.5%；中下水平 254 人，占 25.3%；低水平 93 人，占 9.3%。

被试"A+B"与"D+E"成绩比较如表 1-2 所示。

表 1-2　被试"A+B"与"D+E"成绩比较

	A+B	D+E
均分	22.842 7	19.219 3
标准差	1.839 6	2.498 2
	$t=13.217$	$P<0.01$

其中，男、女生"A+B"与"D+E"的成绩差别：男生"A+B"为 23.274 3，"D+E"为 19.851 4；女生"A+B"为 22.361 2，"D+E"为 18.576 1（$t=8.113$，$P>0.05$）。文、理科学生"A+B"与"D+E"的成绩差别：文科学生"A+B"为 21.214 1，"D+E"为 18.851 4；理科学生"A+B"为 19.448 2，"D+E"为 20.116 7（$t=10.276$，$P<0.01$）。民、汉学生"A+B"与"D+E"的成绩差别：少数民族学生"A+B"为 22.531 4，"D+E"为 18.631 7；汉族学生"A+B"为 22.895 2，"D+E"为 19.612 7（$t=5.871$，$P>0.05$）。大一、大二学生"A+B"与"D+E"的成绩差别：大一学生"A+B"为 22.124 3，"D+E"为 18.421 6；大二学生"A+B"为 23.752 8，"D+E"为 19.863 7（$t=12.557$，$P<0.01$）。

（三）分析与讨论

从普通高中按高考分数选入高职和普通本科院校的学生，本质区别是什么？因材施教的原则要求我们努力去了解高职学生的思想基础，发现学生的智能类型，从而扬长避短地去让教育适应学生，以利于更有效地培养高职学生成长、成才、成人。推进高职院校马克思主义科学理论的传播，必须依据高职人才培养目标，以就业为导向，以育人为本，立足学生思想实际，适应学生思维类型，选择教育方法。本调查的目的就是试图尽可能找到高职学生的智力水平和思维特征。本次测量让课题组对高职学生的智力水平和思维特征有了比较清醒的认识，给我们许多有益的启示。

1. 高职学生的整体智力状况

国内外对瑞文标准推理测验的一些应用研究表明：瑞文标准推理测验总得分在调查对象14岁时达到最大值，此后10年保持相对稳定，随后每隔5年以均匀速度下降。本调查对象的平均年龄为21.13岁，应当是瑞文标准推理测验的总得分为最大值的年龄阶段。

从调查可以看出，高职学生的智力水平与同年龄人群的智力水平相当。有近三成半（34.9%）的学生智力处于中上（24.7%）和优良（10.2%）水平，有三成半的学生处于中下（25.3%）和低下（9.3%）水平，中等水平的达到三成（30.5%），总体上处于20世纪80年代前期同年龄常模的中等水平（50.24%）。这个调查结果与我们期待的基本一致。高职学生的智力水平与同年龄人群的智力水平差异不大。

研究表明：瑞文标准推理测验与高考语文、数学和高考总分的相关性也仅分别为0.29、0.54和0.45（这也从另一角度说明，仅凭高考分数来判断学生的智力水平是片面的）。高职学生的智力水平和智力特征还应从其他方面予以研究。同时，影响学业和职业成功的因素是复杂的，智力仅仅是其中一个影响力有限的因素，不少人认为，智力测验所测的是一种能力，而学业和职业成功却可能依赖于其他的能力。

2. 高职学生的思维能力与智力特点

正如前述思维能力是智力的支柱和核心，代表着智力发展的水平。瑞文标准推理测验测量的主要是人的观察力及清晰知觉、思维的能力。从调查可以看出：对于只需观察、比较，更体现形象思维（思维的低级形式）特征的A、B单元，其得分都较高，分别为（11.58±1.01）分和（11.37±1.14）分（满分均为12分），男女生之间也无明显差异，说明高职学生的形象思维发展得较好。但从出现"推理"的C单元开始，得分明显开始下降。越来越体现出抽象逻辑思维能力（思维的高级形式、核心形式）的D、E单元，得分为（10.22±1.45）和（9.86±2.11），将A+B的得分与D+E的得分进行比较，$P<0.01$，其差异性非常显著。这说明，高职学生的抽象逻辑思维能力普遍发展得较差，形象思维能力占主导地位。在男女差异方面$P>0.05$，男女在智力发展水平上面无显著差异。以前我们总认为女生的形象思维能力要强于男生的形象思维能力，而男生的逻辑思维能力要优于女生，但是本研究显示并无显著差异。在文科、理科方面，$P<0.01$，其差异非常显著，理科生的抽象思维能力明显强于文科生，而文科生的形象思维能力明显强于理科生，说明文科生的形象思维能力占据主导，而理科生的抽象思维能力占主导。在民族差异方面，汉族学生和少数民族学生在A+B 的得分与 D+E 的得分上没有显著差异（$P>0.05$）。在年级上大一的学生与大二的学生在 A+B 的得分上没有显著差异，在 D+E 的得分上有非常显著差异（$P<0.01$），表明经过一年在学校的学习和锻炼，学生的抽象逻辑思维能力有所提高。这些告诉我们：充分利用形象思维来实施高职教育会更有效，同时，用形象思维的方法去循序渐进地发展高职学生的抽象逻辑思维能力，可能是提高他们的抽象逻辑思维能力最有效的途径。

第三节　新时代高职学生思想政治教育特点与突出问题

新时代高职思政课教学有其自身的特点及难点，在高校思政课由教材体系向教学体系转化过程中，必须深入研究高职院校学生群体的性格特点、兴趣偏好和思维类型，深入开展高职思政课教学规律和教学特点的研究。把握高职学生思想政治教育的特殊性，遵循高职思想政治教育规律和高职学生成长规律是提升高职思政课教学思想性、理论性和亲和力、针对性的迫切需要。

一、新时代高职学生思想政治教育的特点

在长期的教育教学实践中我们发现高职学生是一个有别于普通高等学校学生的群体性特征鲜明的大学生群体。过去一段历史时期内，高职学生群体表现出自信心不足、纪律意识不强、理论学习兴趣不高等特点，成为高职思想政治教育工作者的共同记忆。走进中国特色社会主义新时代，加强职业教育研究，系统总结中国职业教育发展经验和技术技能人才成长规律，加快构建中国特色职业教育的思想体系、话语体系、政策体系和实践体系，是摆在全国职教工作者面前的一个新课题，如今换一种眼光看高职，分析高职学生的优点和特点，因材施教是符合高职教育规律的科学选择，是贯彻习近平总书记关于教育的系列重要论述的必然要求。我们在研究中总结了高职学生的思想政治教育具有七个特点：

第一，教育对象的类型性。国内外多所职业院校的调查研究表明，职校生在内省智能、

运动智能、观察智能、空间智能等方面具有优势。职业教育的培养对象，智能倾向主要是形象思维。高职教育培养高端技术技能型人才需要提高他们的思想政治素质，同时突出培养他们的动手能力、社会适应能力、自主学习能力和创新能力，综合表现出教育对象的类型性。

第二，教育主体的复合性。职业教育办学方式是产教融合、校企合作、工学结合、德技并修。办学模式现代学徒制和工学交替的学习特点决定了思想政治教育的主体包括学校教职员工和企业的领导、师傅、劳模、学长等，他们共同承担着技能培养和育人的双重职责。

第三，教育内容的职业性。基于职业教育不同行业特点，适应人才培养目标和培养模式的要求，思政课教学内容体系的设计必须服务人才培养目标，结合产业、职业、专业特点和精准分析学情，培养学生的政治素质。思政课教学"三贴近"原则要求突出劳动精神、劳模精神、工匠精神等职业素质培养导向。

第四，教育过程的实践性。在实践中体验、在体验中成长是职业教育的人才成长规律。树立实践性的课程观，坚持以学生体验为中心，将实践的理念融入思政课教学的全过程，充分发挥实践教学的作用，把课堂延伸到社会，做到课内课外相结合、学校企业相结合、品德养成和职业技能教育相结合，突出实践育人、活动育人，让学生在实践中体验、体验中感悟、感悟中养成优良思想政治素质。

第五，教学方法的知行统一性。职业教育提倡合作学习，采取师生互动、生生互动、学生与企业员工互动等方式，教师在做中教，学生在做中学，运用情景式、任务驱动式、案例式、探究式等教学法，采取问题式专题化教学模式等成为思政课的主要模式和方法。

第六，教育途径的多元性。有人说：职业教育身教胜于言教，课外胜于课内，无形胜于有形。鼓励学生走出课堂，走向企业，开阔视野，为全面发展创造更多的机会，让学生在实践中摸索出解决问题的方法和途径。善用"大思政课"理念，指导学生多途径实践体验，最终形成价值认同。

第七，教育评价的全方位性。立足高职人才培养特点和学生行为养成规律，采取个人自评与集体评价相结合、课内评价与课外评价相结合、教师评价与学生评价相结合、学校评价与企业评价相结合、实践教学评价与网络学习评价相结合等的全方位的综合教育评价，倡导利用新媒体技术推动学校、企业、社区、家庭和思政课教师、辅导员、班主任等共同参与的职业院校学生综合素质评价体系，客观记录学生的现实表现，并把评价结果纳入职业学校思想教育测试，有利于促进高职学生知行的统一，促进学生全面发展。

以上七个特点是职业院校思想政治教育最大的实际，要紧密结合这些实际才能有效提升高职思政课的思想性、理论性和亲和力、针对性。

二、新时代高职思政课教学面临的突出问题

党的十八大以来，以习近平同志为核心的党中央高度重视思政课建设，作出一系列重大决策部署，各地区各部门、高校学校采取有力措施认真贯彻落实，思政课建设取得显著成效。尤其是 2016 年全国高校思想政治工作会议以来，教育部不断出台加强和改进思想政治理论课建设的措施，中共中央、国务院印发了《关于加强和改进新形势下高校思想政治工作的意见》。教育部党组确定 2016 年为"高校思政课教学质量年"，派出一批专家深入一线听课、指导，推出一批学生活动。教育部调研报告显示，91.8% 的学生表示喜欢或比较喜欢思政课教师，91.3% 的学生表示在思政课上很有收获或比较有收获。高校马克思主义学院建设如雨后春笋，2016 年底全国高校马克思主义学院有 454 家，其中高职 20 家；到 2019 年 10 月 23 日，全国高校马克思主义学院有 936 家，其中高职 194 家。不到三年时间高职马克思主义学院数量增加 8.7 倍。2019 年习近平总书记主持召开学校思想政治理论课教师座谈会后，教育部党组推出"三巡六创优"（"三巡"活动，即优秀思政课示范课巡讲、思政课建设优秀成果巡礼、思政课建设巡察；"六创优"工作，即思路创优、师资创优、教材创优、教法创优、机制创优、环境创优）的落实办法来解决思政课建设存在的突出问题。2021 年 3 月 22 日，为纪念习近平总书记在学校思想政治理论课教师座谈会上的重要讲话发表两周年，教育部召开习近平新时代中国特色社会主义思想铸魂育人座谈会，系统总结两年来用习近平新时代中国特色社会主义思想铸魂育人的工作成效。时任教育部部长陈宝生同志强调，全党全社会对思政课的认识发生了深刻变化，教育部会同有关部门"给人才、给钱财、给平台、给奖台"，为思政课"量身定制"了全套倾斜支持政策，用习近平新时代中国特色社会主义思想铸魂育人成为教育工作的主题主线；工作体系发生结构性变革，以新目标催生新格局，以先手棋带动一盘棋，大中小幼一体化思想政治工作体系在"八大体系"中率先成形、示范引领；改革创新取得实质性进展，课程建设、教材建设、队伍建设、教学效果取得突破，学生满意度和认同感连创新高，学校思政课的内涵品质日益深厚。然而，我国高职思政课建设基本学习普通高等教育课程建设模式，教育观念还没有根本转变到高职的类型性教育的轨道上来，多数思政课教师还没有弄懂高职类型性的教育要求，没有摸清高职教育规律和特点。高职院校思政课教学实践依然存在以下问题。

1. 新时代高职思政课程体系需要进一步强化高职类型需求

高职院校的办学模式、培养目标、学制、生源等与普通高校是有本质区别的，作为一种独立的教育类型，理应体现高职思政课课程体系的特色，有针对性地根据高职教育教学

的规律和特点进行系统的科学设置。根据"05方案"的要求，高职开设的三门必修课——"毛泽东思想和中国特色社会主义理论体系概论"课、"思想道德修养与法律基础"课和"形势与政策"课，截至目前，与普通高等院校使用同种教材，但高职学生的思维模式、认知水平与普通高校学生存在着较大的差异。尽管专家们对2018年新编统编思政课教材在教材知识体系构建、表述等方面做了改进，且2021年新版思政课教材又有了一些突破，但总体来看，它们仍然是根据普通本科教育的特点和本科院校思政课建设实际要求设计的统编教材，与高职学生在理论基础、思维能力特点、学习能力水平等状况及高等职业教育人才培养目标、办学模式等特殊性要求还存在一定的距离。从整体构建大中小学思政课一体化建设的视角看，高职学生没有系统接受过马克思主义辩证唯物主义和历史唯物主义教育，中国近现代史、中国共产党党史、中华人民共和国国史、改革开放史、社会主义发展史等内容的学习积累基本也是空白，高职思政课教师在教学中，经常遇到学生知识的"真空点"，在把握统一的教材内容与高职学生思想实际、成长成才要求、全面素质提高的最佳结合点方面还存在一定困难。2019年以来的全国职业院校技能大赛教学能力比赛从一定意义上说，为高职思政课改革创新树立了标杆，日趋形成高职思政课"三教"改革的价值导向。但是，如何整合高职思政课教学内容体系，切实避免结构性重复，填补教学内容真空，服务专业人才培养目标，设计专题化教学内容，提高教学针对性，切实提升高职思政课教学思想性、理论性，这是必须应对的现实问题。

2. 新时代高职思政课建设亟待加强党对思政课建设的全面领导

习近平总书记在学校思想政治理论课教师座谈会上强调：办好中国的事情关键在党。加强党对高职思政课的领导是总书记对加强学校思政课建设的根本要求，是推进高职思政课建设的关键，是加强和改进高职思政课建设的根本保障。2019年8月，中共中央办公厅、国务院办公厅印发的《关于深化新时代学校思想政治理论课改革创新的若干意见》明确指出："面对新形势新任务新挑战，有的地方和学校对思政课重要性认识还不够到位，课堂教学效果还需提升，教材内容不够鲜活，教师选配和培养工作存在短板，体制机制有待完善，评价和支持体系有待健全，大中小学思政课一体化建设需要深化，民办学校、中外合作办学思政课建设相对薄弱，各类课程同思政课建设的协同效应有待增强，学校、家庭、社会协同推动思政课建设的合力没有完全形成，全党全社会关心支持思政课建设的氛围不够浓厚。"有的地方和高职院校党委的重视程度还不够，具体表现为：一是在健全高职思政课教学管理部门建设中还存在一些突出问题，如有的学校还是三级机构"教研室"；多数学校成立了思政课教学部，有的部门负责人配1人，或者是一套班子、两块牌子与公共基础部合并；马克思主义学院的机构设置也不平衡，有的是思政部翻牌，仍然是"一个院长七八个兵"，也有的连教研室配备都不到位。二是教师队伍建设问题，办好思政课关键在教师，关键在发挥教师的积极性、主动性和创造性。国家要求高职院校按照1:350尽快配齐思政课教师队伍，但从全国高职院校来看，由于历史欠账等原因，思政课教师短缺仍然是主要矛盾。数量不足导致教师工作量超负荷，没有时间进修和做科研，大班授课引起教学质量下降，教师缺乏成就感，学生没有获得感，领导没有鼓励教师读博的积极性，思政课教师的职业生涯规划与职业素养提升路径不畅。三是思政课的经费支持问题，有的高职院校生均30元的研修经费预算都没有落实，教师实践研修机会很少，有的学校并入专业课教师企业双师型锻炼的方法管理，不了解思政课教师社会服务的特定内涵，导致思政课教师改革创新积极性不高，直接影响高职思政课教学质量。

3. 新时代高职思政课实践教学需要充分利用丰富的社会实践教学资源，实践教学管理缺乏协同育人的理念

高职办学模式产教融合、校企合作、工学结合的特点和优势在思想政治教育工作没有得到体现，没能创造出利用社会实践资源的管理平台和机制。高职思政课实践教学管理方面表现出社会实践定位不准确、标准缺乏系统性设计、多途径实践没有形成有效的育人合力、实践教学评价机制不健全、存在缺位等问题。高职思政课教学面临的矛盾和问题更加突出，如思政课与日常教育目标不一致的矛盾、教学大纲相对稳定与理论实践不断发展的矛盾、理论的学术性与学生困惑的针对性的矛盾、各门课程的独立性与思想政治教育工作整体性的矛盾、各门课程之间的结构性重复与理论内容设计真空的矛盾等不断外现，因此，进一步深化高职思政课实践教学改革是大势所趋。

4. 新时代高职思政课在线开放课建设落后于普通高等教育，优质高职网络课程资源稀缺

2020年初以来的新冠肺炎疫情，不仅对全人类社会治理体系和治理能力是一场大考，对资本主义和社会主义不同制度下的抗疫能力也是一次检阅，我国高职思政课线上教学也从后台走到了前台。全国各级各类学校利用线上教学平台，开展线上教学模式，教学技术和教学水平经历了一次集体阅兵。居家隔离的远程教学工作对精品在线资源开放课的需求迅速攀升，课程建设质量经受了一轮学习者的大面积实验。高职思政课优质在线资源开放课能否体现高职学生的类型性特点，能否满足全国1 400多万高职在校生自主学习的需要，资源稀缺的问题暴露无遗。当然，化危为机，这也对集中全国高职思政课优秀教师加强开展在线资源开放课建设带来了一次契机。如何解决目前高职思政课线上教学的资源需求、线上教学网络基础设施建设尤其是网速问题、线上自主学习评价、教学质量的评估等问题是新时代高职思

政课的新课题。

5. 新时代用国际视野考察发达国家思想政治教育经验，高职思政课教学需要讲求教育方法，研究高职学生个性需求

有人说"资本主义国家就不开思政课"，那是骗人的。笔者参加了教育部 2012 年大学生人文素质与创新能力培养培训团赴德国学习培训。在中国人民大学马克思主义学院陶文昭教授的指导下，在德国的培训、学习和参观使我们认识到：一方面，德国重视对学生的伦理道德教育工作。西方资本主义国家一般都标榜思想自由，似乎不强调学生的思想道德教育，但深入了解德国的实际情况后，我们认为他们同样在进行思想道德教育，关心学生人文素质的养成。不仅德国的政府以各种形式从事思想道德教育，而且德国的教会、政党和社会团体都从各自的立场和利益出发进行相关的道德教育。思想道德教育，尤其是青少年思想道德教育，毋庸置疑是各种政治社会势力争夺的焦点。另一方面，德国重视德育教育方法。一是强调遵守法律政策，依法办事。德国的大中小学思想教育也是整体构建，系统性的伦理道德教育集中在 14 岁以下的学生，对成年大学生主要以自愿的方式在大学选修课程。二是讲究科学。德国伦理道德教育，无论是政府还是其他机构，都力图表明是非强制的。有些课程选择是非强制性的，既可选，也可不选。在所有的教学活动中，都试图以科学的面目出现，以理服人。注意引用康德、歌德等德国历史名人增强说服力。三是注意潜移默化。德国注意将伦理道德教育融入具体的工作之中，注重案例教学。四是提高素质为本。德国是非常重视工程技术的国家，但同时也注重人文素质教育。德国教育中重视人的主动性，启发学生对问题的理解，不强调现成答案，培养学生独立思考、判断能力，在大学中更强调学生的独立思考和独立见解，培育创新能力。

借鉴德国学生人文素质培养的经验，开阔国际视野。高职学生作为现实社会的个体存在，是有见解、有情感、有渴望、有能动精神的人。我们应该重视高职思政课对学生个人的生存、发展、进步等的关系，重视学生的个体差异、个体需要。重视处理好高职思政课课程体系及教学内容的体系性、逻辑性与高职学生所关心的问题，热点、难点问题的关系，克服高职思政课存在的六轻六重倾向：重课堂、轻课外；重知识传授、轻能力培养；重理论、轻社会实践；重说教、轻行为养成；重教化、轻内化；重教书、轻育人。使高职学生认识到接受党和国家主流意识形态与个人成长的直接关系，认识到思政课与自己个人的健康全面发展密切相关，从而克服逆反心理。教育高职学生树立与历史同向、与祖国同行、与人民同在的价值导向，提升高职思政课教学的思想性、理论性和亲和力、针对性。

高职思政课要解决这些问题，思政课教师要自觉根据习近平总书记"六个要"的基本素

质要求，坚定马克思主义信念，树立高职教育理念，掌握高职学生成长中现实思想困惑问题的过程和规律，引导学生将思想政治理论知识学习、马克思主义实践应用能力培养和思想政治素质提高三者紧密结合起来，关注生活、关注社会，创新思政课教学模式，有针对性地进行思想政治教育，提高学生的综合素质和就业能力，切实提升高职思政课的实效性，让思政课成为学生真心喜欢、终身受益的课程。

第四节　高职思政课问题式专题化教学模式研究的意义

　　面对高职思政课教学存在的问题与挑战，实施和推进高职思政课问题式专题化教学模式是高职思政课改革创新的必然要求。高职思政课问题式专题化教学模式相比较传统教学模式而言，可以进一步有效设计高职思政课教学内容体系，使高职思政课教学的理论深度、内容广度更加符合高职学生的可接受度；可以进一步优化教学手段和利用实践教学资源、网络教育资源，提高课堂教学的吸引力和感染力，增强教育的可信度，推动学生的行为体验，有效地实现高职思政课由教材体系向教学体系转化，知识体系向信仰体系、行为体系转化，提高思政课教学的思想性、理论性和亲和力、针对性。

一、高职思政课问题式专题化教学模式研究的理论意义

　　创新高职思政课教学模式，推行问题式专题化教学模式的理论意义在于：

　　1. 贯彻落实党和国家对高职思想政治教育提出的新要求的需要

　　《关于深化新时代学校思想政治理论课改革创新的若干意见》指出，思政课建设要坚持思政课建设与党的创新理论武装同步推进，全面推动习近平新时代中国特色社会主义思想进教材进课堂进头脑，把社会主义核心价值观贯穿国民教育全过程；要坚持守正和创新相统一，落实新时代思政课改革创新要求，不断增强思政课的思想性、理论性和亲和力、针对性；坚持问题导向和目标导向相结合，注重推动思政课建设内涵式发展，全面提升学生思想政治理论素养，实现知、情、意、行的统一；要遵循学生认知规律设计课程内容，体现不同学段特点。这就对高职思政课改革创新提供了基本政策依循，思政课问题式专题化教学为实现以上要求创造了课堂教学内容创新的空间和教学载体。

2. 高职教育"三教"改革的类型性特征对高职思政课的新要求

《职业教育提质培优行动计划（2020—2023年）》提出，要推动习近平新时代中国特色社会主义思想进教材进课堂进头脑。该行动计划强调"以习近平新时代中国特色社会主义思想特别是习近平总书记关于职业教育的重要论述武装头脑、指导实践、推动工作。推进理想信念教育常态化、制度化，落实《新时代爱国主义教育实施纲要》和《新时代公民道德建设纲要》，加强党史、新中国史、改革开放史、社会主义发展史教育和爱国主义、集体主义、社会主义教育。将劳动教育纳入职业学校人才培养方案，设立劳动教育必修课程，统筹勤工俭学、实习实训、社会实践、志愿服务等环节系统开展劳动教育。加强职业道德、职业素养、职业行为习惯培养，职业精神、工匠精神、劳模精神等专题教育。"要创新职业学校思想政治教育模式。该行动计划还强调"遵循职业学校学生认知规律，开发遴选学生喜闻乐见的课程资源，因地制宜实施情景式、案例式、活动式等教法，建设学生真心喜爱、终身受益、体现职业教育特点的思政课程。"这就要求高职思政课教学模式主动适应高职课程改革的潮流，按照高职人才的成长规律，主动把主渠道与日常社会实践、实习对接，积极改革传统教学组织形式，将政治理论知识学习、马克思主义实践应用能力培养和综合素质提高三者紧密结合起来，按照学生成长中出现现实问题的过程和规律，引导学生关注生活、关注社会，有针对性地进行思想政治教育，把职业环境中思想政治教育资源挖掘出来服务于学生综合素质的养成，提高学生就业竞争能力。

3. 坚持服务高质量发展、促进高水平就业的办学方向是高职思政课凸显高职教育特点的新需要

高职院校与普通高校培养目标定位不同，如果高职思政课教学仅仅遵循学科的体系性和逻辑性，忽视高职学生"一线化"的社会需求，脱离高职学生生源复杂及学习基础相对薄弱的实际，求全求多，空洞说教，就难免因缺乏针对性而减弱实效性。高职思政课教学必须结合高职教育的特点，以树立正确的世界观、人生观、价值观教育为核心，以服务高质量发展、促进高水平就业为导向，突出职业道德教育和创新创业意识的教育、劳动精神、劳模精神、工匠精神教育。本着立意要高、起点要实的育人原则，在教学内容上，把树立坚定正确的政治方向放在首位，将理想信念教育、弘扬民族精神教育和公民道德教育与学生未来的职业生涯结合起来，引导学生树立正确的择业观、创业观；并且结合实践，探索贴近学生专业的新思路、新途径。这样，就会使思政课的导向价值和动力价值得以充分体现，精神价值和物质价值统一，无疑会更好地展现出理论学习的魅力。

4. 坚持与时俱进，树立职业教育新理念是高职思政课改革创新的哲理依据

高职的培养对象，与普通高等学校的培养对象相比，在智能结构、智能类型方面存在着群体性本质的区别，一般来说，高职院校培养对象主要具有形象思维能力突出、抽象思维能力有待培养的特点。我们根据高职培养对象的特点，突破传统的以抽象思维培养为特点的智能教育理念，凝练了高职智能教育新理念。高职教育理念是高职思想政治教育教学改革创新的哲学指导思想，是反映高职育人规律的思想精髓。加强和改进高职思想政治教育，切实提升高职思政课的思想性、理论性和亲和力、针对性必须以教育理念转变为先导。

二、高职思政课问题式专题化教学模式的实践意义

高职思政课是落实立德树人根本任务的关键课程，是引导、帮助大学生树立正确的世界观、人生观、价值观，树立中国特色社会主义共同理想和共产主义理想，坚定对中国特色社会主义道路自信、理论自信、制度自信和文化自信的主渠道。经过 15 年的研究与实验，我们认为：高职思政课问题式专题化教学模式是解决思政课教育教学矛盾和提高思政课教学"三性一力"的有效途径。

一是实施问题式专题化教学，坚持以案例为导引，能够激活教材，让教学内容体系贴近专业、贴近生活、贴近社会，提升高职思政课课堂学习的深度、广度、厚度和温度，提高学生的学习兴趣，增强教学的亲和力，诱发学生发散思维，增大课堂教学的知识容量，扩大学生的视野，丰富学生的知识，最终提升高职学生的思想政治素质。

二是实施问题式专题化教学，坚持问题导向，推动教材体系向教学体系有效转化，便于学生在分析问题的过程中掌握教材的基本理论观点，让学生学习理论联系思想、社会生活实际，将理论与实际"接轨"，始终能感受到"为什么"学。体验式教育既有利于学生对知识的掌握，又有利于提升学生对社会问题的分析判断能力，增强教学的针对性。问题式专题化教学是当前高职思政课改革创新的发展方向，能引导学生关注现实的政治、经济和社会问题，学习过程始终充满学习的驱动力。

三是实施问题式专题化教学，坚持探究式教学方法，能使学生在探究学习中得到锻炼和加强，培养学生的协作精神，同时更好地实现教师的主导性和学生的主体性的统一，使学生获得会学习、会生活、会做人的态度和能力。有利于在探究学习中培养学生信息收集和处理的能力，使学生沿着不同的方向、不同的角度、全方位、多层次地去思考，提升解决问题的发散思维能力，培养学生的创新能力、判断能力。

实施问题式专题化教学实验表明，该模式有利于提高学生学习积极性。问题式专题化教

学模式，为学生创设案例情景材料，能激发学生的学习兴趣和热情，核心问题能提高主动自主学习的内驱力，采用探究式教学法能培养学生的创新能力和实践能力，有利于提高思政课教学质量。实施问题式专题化教学，是高职教育"课程革命"中课堂教学模式改革的一种探索，对于培养高职学生创新意识和实践能力，坚持以学习者为中心，发挥学生的主体作用，提升思政课教学的思想性、理论性和亲和力、针对性，打造让高职学生真心喜欢、终身受益的思政课有积极意义。

三、高职思政课问题式专题化教学模式的推广意义

一项成功的教育教学改革，它的价值应体现在对于同类学校，至少是一个大的区域，乃至全国某个学段具有经验的可复制性，即可称为有推广意义。高职思政课问题式专题化教学的推广意义在于：

1. 坚持以案例为导引、以问题为核心的探究式专题化教学思路是适应新时代高职学生特点的改革创新实验

我们在教育部课题研究中，从学生"爱听故事"形象思维强的群体特点出发，坚持以案例为导引，突出问题意识，探索在学生自主学习基础上，平等交流、探讨的教学文化，服务素质教育，努力做到"准、新、活"的课堂设计思路，用活案例讲透大道理。准：就是在重视高职学生特点的基础上，要树立问题意识，通过网络问卷、与辅导员或班主任沟通、与学生交流等多种方式，准确详细地了解班级专业的特点、学生的知识水平与学习能力等学情，找准学生存在的困惑、热点、难点问题，做到有的放矢。新：就是贴近学生专业实际、贴近学生学习生活、贴近社会生活选择教学案例、理论素材，让学生感受到理论鲜活的生命力。活：就是因专业不同、因班级而异设计教学方案，采取灵活多样的教学方式，综合运用知识竞赛、辩论、演讲、学生试讲、讨论等教学手段，利用多媒体教学手段，既可突出教学重点，也拓宽了学生的视野，使学生感到理论教学并非只是陈旧呆板，而是富有时代感和感染力。采用多元综合教学评价法，实施过程性评价，探索增值性评价，充分发挥学生学习的主动性、积极性。从而做到因事而化、因时而进、因势而新，最终达到因材施教的目的。

2. 是破解高职思政课教学知行分离难题的迫切需要

提高高职思政课教学的针对性和实效性是长期以来高校思想政治教育工作者不懈探索的主题。高职思政课教学难题是知行分离。破解难题关键是如何实现由教材体系向教学体系的转化，由教学体系向信仰体系的转化，由信仰体系向行为体系的转化，形成知、情、意、信、行的有效转化。推动高职思政课问题式专题化教学改革创新，构建一套既体现党和国家

高职人才培养目标要求，又贴近高职学生思想实际的指导性的高职思政课教学内容体系。从我们课题组的测评结果看，高职学生智能类型具有形象思维能力强而抽象思维能力有待培养的群体特征，具有鲜明的职业性特点，加上新媒体时代，抖音、B 站、微信、微博等给高职学生带来海量的信息，及社会上形形色色的思想观念，学生必须直面错综复杂的社会生活和网络世界。同时，高职教育体系的开放性，也给高职思政课教学带来新的挑战，学生经常赴企业实习、实训，有的学校是把学生送到企业后，放任自流，形成"缺德"的教育环节。如何适应校企合作、工学结合的办学模式，适应学徒制、扩招生提出的个性学习诉求，需要高职思政课与日常思想政治教育途径二者的融合发展，把高职思政课与学生日常思想教育的内容体系、活动途径和管理模式有机结合，破解高职思政课教学知行分离难题。提高高职思政课教学的针对性和实效性，是解决日常思想教育无序化，实现思政课问题式专题化教学、提高教育效能的需要，对此，我们树立"大思政课"理念，创新高职问题式专题化教学模式，做了拓展实践教学和网络教学创新的积极尝试。

3. 是整体构建高职"大思政课"育人体系，形成教育合力的需要

构建高职"大思政课"育人体系，需要树立"三全育人，五育并举"的理念，落实"十育人"要求，思政课作为课程育人的领航工程，需要其他九个育人途径的协同才能取得良好的育人效果。高职"大思政课"工作体系是以满足社会发展需要和受教育者发展需要的统一为出发点，在遵循受教育者思想品德和身心发展规律的基础上，构建育人体系诸要素之间的协同关系，使之协调相应、配合得当、形成合力，以引导教育者掌握思想政治工作规律，提高育人能力，从而促进受教育者思想品德及整体素质全面发展的一种教育模式。如何构建高职"大思政课"工作体系，提高高职思想政治工作的针对性和实效性，要关注高职思想政治工作的目标、内容、途径、方法、管理、评价的整体统一，关注学校、家庭、企业相互联系、相互作用的整体合力，当然也应当包括高职思政课与日常思想教育的协同。尤其关注专业技能教育与思想政治教育的统一、德技并修，落脚点是关注学生德智体美劳的全面发展。整体构建高职"大思政课"工作体系，目标在于形成育人合力，促进学生全面发展。

第二章

高职思政课问题式专题化教学
模式的学理思考

增强高职思政课教学的思想性、理论性和亲和力、针对性是高职思政课改革创新追求的根本目标，实现教材体系向教学体系的有效转化是高职思政课提高针对性、增强实效性和教学质量的必然途径。如何转化？形成什么样的教学体系？这是我们需要回答的关键问题。实践证明，改变传统的按照教材章节目顺序单纯增减教材内容、改变教学方法、增加学时等，还是不能从整体上使教学质量发生根本改变。只有创新教学模式，实施问题式专题化教学，遵循高职思想政治教育规律，结合高职学生群体智能特点，对教育理念、教育原则、教学目标、教学内容、教学方法、教学过程、教学评价等进行整体的一体化设计，合理利用高职实践教学资源和网络教学资源，以学生的思想困惑为主线，确定专题教学内容的重点和掌握教学对象的动态，才能全面推进高职思政课问题式专题化教学模式的科学发展。

面对全国统一的高等学校思政课教材，如何适应高职教育校企合作、工学结合、德技并修的人才培养模式，适应高职课程建设的走向，根据高职学生的特点，解决高职学生的思想困惑，回应焦点、热点问题，增强思政课教学的针对性和时代性，提高吸引力，增强实效性，我们创新了高职思政课"以案例为导引，以问题为核心"的探究式专题化教学模式。此模式以全国高校思政课统编教材为基础，根据高职人才培养目标，结合高职学生的思想现状和实际问题来整合学习内容，设计教学专题，使专题式教学既遵循教学大纲的要求，能够突出教材的重点、难点问题，又与学生的思想实际密切相连，以问题为核心，采用探究式教学方法，选择教学手段，利用网络资源，设计实践教学内容和考核方式，使其达到自主学习培养习惯、案例激发兴趣、创设疑问诱发思考、探究学习认知明理、综合考核推进知行统一的教育设想。

第一节　高职思政课问题式
专题化教学的目标

//

培养什么人、怎样培养人、为谁培养人，是教育的根本问题。习近平总书记明确要求，我们办的是社会主义教育，要培养社会发展、知识积累、文化传承、国家存续、制度运行所要求的人，培养一代又一代拥护中国共产党和我国社会主义制度、立志为中国特色社会主义奋斗终身的有用人才。这是我们办好高职思政课的逻辑起点，高职院校必须始终做到"四个坚持不懈"，牢牢把握中国特色社会主义高职办学的方向，坚持教育为人民服务、为中国共产党治国理政服务、为巩固和发展中国特色社会主义制度服务、为改革开放和社会主义现代化建设服务，真正做到为党育人、为国育才。高职思政课问题式专题化教学也必须围绕贯彻落实党的教育方针，做好"四个服务"，这也是确立高职院校思政课教学目标的重要依据。

一、实现高职教育的人才培养目标

高职教育人才的培养目标是培养生产、建设、管理、服务一线需要的高技能人才。由于一段历史时期，我国高职院校普遍投入不足，一度出现重技能训练、轻素质培养的办学倾向。社会主义现代化建设要求从业者不但拥有产业发展的新技术新技能，更需要适应现代化大生产的职业精神、工匠精神、劳模精神。培养高职学生的职业道德、职业素质、职业能力等可持续发展能力，这也是党和国家、社会及广大家长的新期待。

那么，如何才能实现高职教育人才培养目标呢？高职思政课问题式专题化教学模式与普通高校的区别在哪里？笔者认为，在教学方法上就如同我国古代道家学派代表人物老子与庄子教学方法的区别。受周朝政治制度的影响，身为史官，老子的思想来源于周朝政治制度所蕴含的观念。教育方法就是可以直接讲一些大道理，因为老子善于抽象思维，一是一、二是二，说明白就行了。而生活在战国时期的庄子则与之不同，庄子从对道的认识出发，提出顺应自然、积极"无为"的教育主张。庄子认为好的教育应该是以顺应、保护人的自然本性为目的，而不是试图去改变，甚至扼杀它。教育就是去掉外在人为的因素，回归人的自然本真。在教育过程中更应关注个人，关注个体自身，在协调个体的自我关系方面发挥作用，使个体在精神上获得自我发展、自我完善，获得精神上的愉悦和享受。因此，庄子选择了依事说理、依事论理、寓教于乐、寓教于情的教育方法。什么叫依事论理？就是习近平总书记说的"因事而化"，就是以讲事实为主，从事实里分析出某种做人做事的道理。相同的教学模式可以采用不同的方法，对于普通本科院校的学生可以直接从概念、判断、推理入手，但对于高职学生必须转换方法，我们没有权利选择学生，但我们能选择适合学生的教学方法。清华大学刘书林教授讲课举例，庄子为了讲明白一个辩证的道理，往往是把笔墨放在讲故事上，《庄子·山木》中，开篇讲述了这样的一件事：他有一天带着学生到乡下考察，路过了一片山林，看到一个砍树的人把又高又大又直的树砍倒了，但是有一棵大树他不砍。庄子的学生就问这个砍树的人，为什么不砍？砍树的人就说："你看不见吗？那个树长得歪歪扭扭的，砍了也没用。"庄子马上召集学生说："你们看见没有？这就是一个道理，这棵树就是因为不成材才保全了自己的性命，成材的全被砍掉了。"接着庄子带着学生继续走，天色晚了，就准备住在前面的朋友家，明天再继续走。庄子敲开了朋友的大门，朋友一看庄子带着这么多高材生来非常高兴，跟家人说马上杀一只大雁改善生活，家人不一会儿回来问："我们家就剩两只大雁了，一只会叫，一只嗓子哑了不会叫，要杀哪只呢？"朋友就说杀不会叫的。家人就把不会叫的大雁杀了炖着吃了。庄子的学生看到这样一个现象困惑不解，就说："白天在山林那个地方，树因为不成材保全了性命，成材的则被砍掉了；今天晚上大雁的情况截然相反，会叫的、有才能的保全了性命了，不会叫的被杀掉了。我们为人处世的时候要走树的道路还是走大雁的道路？"他们觉得很是矛盾。最后，庄子告诉他们："事无定规，与时俱化。"

庄子所说的意思就是，衡量事物的标准不是一个，别拿一个固定的标准到处乱套，要根据时间、地点、情况的不同而运用不同的标准来看问题，具体情况要具体分析，到什么山上唱什么歌、看菜吃饭、量体裁衣。

清华大学刘书林教授在一次专题报告中也分析并肯定地说："庄子所处的时代，他所采取的教育方法值得我们借鉴，今天绝对不能像老子那样说一不二，一句话就是一个道理，说完就完了，那不行。要像庄子这样，要解释，依事说理，按照事物本来的面貌来说清道理，这才能行。……在庄子生活的年代，大家不愿意简单接受一些大道理，不喜欢听道理的说教，他们对宣传的一些大的道理都表示怀疑的态度。庄子为什么能成功呢？因为他顺应了当时新的历史环境、新的群众思想接受的特点，把自己的风格改成依事说理，首先给你讲很多故事，讲很多很具体的故事，让你听了以后觉得是这么回事。"最后他点出了这个故事的结论：庄子这个教育的办法就是适应了新的态势。

习近平总书记在全国高校思想政治工作会议上指出，有人说："天边不如身边，道理不如故事。"现在的高职学生接受新思想的特点就有点像庄子遇到的社会环境下的学生，而不太像老子遇到的社会环境下的学生，因此，面对世界百年未有之大变局、意识形态斗争纷繁复杂的时代背景，高职思政课问题式专题化教学除了与普通本科学校的共性，在内容的选取与整合上要注意避免教材的重复，探索大中小学思政课一体化构建，提高高职思政课教学的思想性、理论性以外，还要研究给谁教、贴近现在学生的思维特点。采取体验教育方法，更能使他们心悦诚服、愉快地接受真理。高职思政课教学内容的设计，必须根据高职教育人才培养目标，结合高职学生的知识基础、学习习惯、思维特点、专业特性等学情，因材施教，选择合适的教学方法、教学手段和考核方法，运用教学做合一的行为导向，或任务引领的方法，发挥好高职教育社会实践资源丰富的优势。目前，全国职业院校技能大赛教学能力比赛，要求大家提供人才培养方案、教学标准等就是这个学理导向。所以，倡导高职思政课问题式专题化教学模式，用"自主学习、案例为导引、问题为核心、合作探究、实践体验、综合考核"的方法开展专题化教学活动，就是主张依据人才培养目标选择教学案例、依事论理、突出问题主线等，这样有利于实现高职教育的人才培养目标。

二、促进高职学生思想政治素质的提高

党的十八大以后，发展素质教育被摆在突出位置，随着社会经济的发展，也对高职学生的综合能力提出了现实要求。习近平总书记强调，高校党委要把立德树人作为中心环节，把思想政治工作贯穿教育教学全过程，把人才培养作为最重要的工作，围绕学生、关照学生、服务学生，努力实现全程育人、全方位育人，切实解决重教书轻育人、重智育轻德育、重科研轻教学的现象，不断提高大学生思想水平、政治觉悟、道德品质、文化素养，让学生成为德才兼备、全面发展的人才。高职学生的思想政治素质是指思想水平、政治觉悟、道德品质、文化素养等符合时代特征的基本品质，是高职学生政治观、人生观、价值观、道德观、法治观的综合体现。在学生的综合素质中，思想政治素质是灵魂，居于各种素质之首，它对造就 21 世纪高素质技术技能型人才起着引导和保证作用。高职学生思想政治素质的高低，关系到能否培养出拥护中国共产党的领导、立志为中国特色社会主义现代化事业奋斗终身的技术技能型人才，关系到社会主义现代化建设的成败，关系到国家的兴衰、民族的复兴。

习近平总书记在学校思想政治理论课教师座谈会上强调，青少年阶段是人生的"拔节孕穗期"，最需要精心引导和栽培。我们办中国特色社会主义教育，就是要理直气壮开好思政课，用习近平新时代中国特色社会主义思想铸魂育人，引导学生增强中国特色社会主义道路自信、理论自信、制度自信、文化自信，厚植爱国主义情怀，把爱国情、强国志、报国行自觉融入坚持和发展中国特色社会主义事业、建设社会主义现代化强国、实现中华民族伟大复兴的奋斗之中。《国务院关于大力发展职业教育的决定》提出，职业教育要把德育工作放在首位，全面推进素质教育。坚持育人为本，突出以诚信、敬业为重点的职业道德教育。《职业教育法》第四条指出，实施职业教育必须贯彻国家的教育方针，对受教育者进行思想政治教育和职业道德教育，传授职业知识，培养职业技能，进行职业指导，全面提高受教育者的素质。2021 年全国职业教育大会提出，要加大劳动精神、劳模精神、工匠精神的培养。可见，职业道德教育、职业指导与专业技能培养，劳动精神、劳模精神、工匠精神的培养同为高等职业教育人才培养工作的重要内容，学生的思想政治素质成为高职思政课教学目标的重要组成部分。

中国职业技术教育学会教学创新工作委员会调研 90 家制造企业后得出，"团队合作精神""职业道德和工作态度""胜任目前工作能力""相关专业知识"（按提及次数从高到低排

序）是技能型人才应具备的基本素质和能力。吉林省面向行业企业开展的高职学生职业素质与核心能力调查结果表明，目前高职毕业生在综合素质方面普遍存在的问题有：心理素质不够好，时间观念不够强，没有脚踏实地的敬业精神，缺少工作责任感，缺少对企业的关注和忠诚，缺乏团队合作精神，独立解决问题能力差，等等；而企业关注员工职业素质与核心能力要素中，重要性被排在前三位的是"敬业精神""责任意识""奉献意识"，"专业技能"只排在第六位。

高职学生的思想政治素质是学生综合能力培养的核心和灵魂，是学生德智体美劳全面发展的结果，这种综合素质的养成既是高职学生对自身素质提高的认同与渴求，也是高职学生诸种素质在教育活动中的自然融合。思想政治素质的培养不仅纳入了整个素质教育的目标视野，也是素质教育在教育过程中的具体体现。我们常说高职教育要提高学生的综合素质，综合素质培养的着眼点不仅仅是某种职业技能的训练与提高，更重要的是社会关系与社会能力的培养与发展，让高职学生真正成为有见解、有情感、有追求、有生命律动的建设人才，最终实现高职学生思想水平、政治觉悟、道德品质、文化素养的四个提高。

三、提升高职思政课教学的思想性、理论性和亲和力、针对性

习近平总书记在学校思想政治理论课教师座谈会上指出，推动思想政治理论课改革创新，要不断增强思政课的思想性、理论性和亲和力、针对性。这对新时代推动思想政治理论课改革创新提出了明确要求、作出了最新部署，为加强高职思政课建设指明了前进方向、提供了重要遵循。新时代高职思政课改革创新目标，就是要做到习近平总书记提出的"三性一力"，有学者概括为提高"四度"，即提升高职思政课的高度、深度、温度、效度。

在思政课教学改革创新的实践中本科名校的专家教授和高职院校思政课教授往往各执一端。普通高等学校，尤其是名校的专家、教授有一种观点认为思政课不能讲"低了"，强调"内容为王"，要突出"思想性、逻辑性、系统性"，认为要通过思政课教学内容改革增强思政课的思想性和理论性；强调思想性和理论性是一堂好的思政课的基本特征和衡量思政课好不好的重要标准，是思政课教学内容改革和优化的重要指向。这些要求是正确的，但也有的专家因此否定高职思政课对教学方法改革的追求，认为"小视频"在教学中无效、思想政治教育专业不是科学，不认同高职体验教育方法的一些探索；另一种倾向是高职思政课教师面对思政课课堂教学的一种尴尬局面，如有人说高职"老师的悲哀是讲完了学生还没睡醒，学生的悲哀是睡醒了老师还没讲完。"面对高职学生对纯理论的东西不感兴趣的冷场，高职思政课的教师们被倒逼着想出了一系列办法，如让学生表演小品、看微视频、

模拟生活场景、与师傅视频连线、学生讲课、辩论赛，等等，使出浑身解数，就是为了提高亲和力、突出针对性，本来因材施教的努力也无可厚非，但也有些老师在思政课教学中忘了初心，丢掉了思想性，淡化了理论性，所以被专家听课后批评：高职思政课成了"杂耍"讲的心灵鸡汤可能会成为"毒鸡汤"。2019年，某地首届高校思政课教学竞赛，笔者应邀当评委，有机会观摩了本科和高职院校思政课教师的同台竞技，在教学实践中看到了普通本科院校和高职思政课教学风格的区别。笔者的体会是普通本科学校的教师讲课逻辑性、学理性明显高于高职，但亲和力、针对性不如高职思政课。高职思政课教师一上场就是另一番风景，时刻不忘学生，故事讲得生动形象、兴趣盎然，但教学设计的学理性、逻辑性弱于普通本科学校的教师。所以，笔者认为，习近平总书记的讲话源于高校思政课教学实践，高瞻远瞩、切中时弊，从辩证法的思维高度给我们指出了两对矛盾相统一的要求，那就是思政课改革创新既要有"高度"和"深度"，也不能没有"温度"和"效度"。正如有的专家提出的"以价值引领增强思政课的思想性；以逻辑思维增强思政课的理论性；以人格魅力增强思政课的亲和力；以问题为导向增强思政课的针对性"，"三性一力"一个目标也不能少。

新时代呼唤新担当，新使命期待新发展。新时代高职进入创新发展时期需要更好的思政课。办好高职思政课，推动高职思政课问题式专题化教学模式的改革创新，归根结底就是要增强高职思政课的思想性、理论性和亲和力、针对性。做到思政课要因事而化、因时而进、因势而新、用活案例讲透大道理，实现因材施教，给高职学生合适的教育。通过专题化教学内容改革增强思政课的思想性和理论性，通过以案例为导引，以问题为核心的教学手段和教学艺术的创新增强思政课的亲和力和针对性。高职思政课只有找准穴位、创新方法，让学生有实践、有体验，才能增强亲和力和针对性，从而激起信不信的共鸣、解决行不行的问题。

第二节　高职思政课问题式专题化教学的原则

大学生思想政治教育原则是在大学生思想政治教育的实践中形成的，贯穿于大学生思想政治教育全过程，是开展大学生思想政治教育活动必须遵循的具体指导思想和基本要求。高职思政课问题式专题化教学的原则，是指在推进高职思政课问题式专题化教学实践中，处理各种矛盾必须遵循的准则。

一、用习近平新时代中国特色社会主义思想铸魂育人

1. 坚持不懈地传播马克思主义科学理论是坚持社会主义办学方向的根本要求

习近平总书记在 2016 年庆祝中国共产党成立 95 周年大会上指出："马克思主义是我们立党立国的根本指导思想。背离或放弃马克思主义，我们党就会失去灵魂、迷失方向。在坚持马克思主义指导地位这一根本问题上，我们必须坚定不移，任何时候任何情况下都不能有丝毫动摇。"习近平总书记强调，意识形态工作是党的一项极端重要的工作，是为国家立心、为民族立魂的工作，关乎旗帜、关乎道路、关乎国家政治安全，事关党的前途命运，事关国家长治久安，事关民族凝聚力和向心力。党的十九届四中全会决定指出，要"坚持马克思主义在意识形态领域指导地位的根本制度""把坚持以马克思主义为指导全面落实到思想理论建设、哲学社会科学研究、教育教学各方面。"坚持不懈地传播马克思主义科学理论，事关举什么旗、走什么路、培养什么人的方向性问题，是高职思政课改革创新必须坚持的基本原则。

2. 坚持用马克思主义中国化的最新理论成果武装高职学生头脑是高职思政课的主要功能

马克思主义是发展的、开放的科学理论，其最鲜明的理论品格是与时俱进、开拓创新。习近平新时代中国特色社会主义思想是马克思主义中国化最新成果，是当代中国马克思主义、21 世纪马克思主义。科学的理论体系、坚定的理想信念、深厚的精神情怀是用习近平新时代中国特色社会主义思想铸魂育人的基本内容。铸魂育人既要抓好正能量灌注，也要防止负能量侵袭。进入中国特色社会主义新时代，我们与敌对势力之间固根与拔根的较量、铸魂与蛀魂的拉锯一刻也没有停歇。以美国为首的西方势力把我国发展壮大视为对其价值观和制度模式的挑战，加紧炒作所谓"中国崩溃论""中国威胁论"，加紧实施网上"文化冷战"，加紧对我们搞"和平演变""颜色革命"。美国等西方国家竭尽所能对我国从战略上围堵、发展上牵制、形象上丑化，在人权、宗教、地区分裂等问题上寻衅滋事、煽风点火，不遗余力将矛头引向党的领导和中国特色社会主义制度，如新冠肺炎疫情暴发以来，美国等西方国家更是公开搞病毒污名化、甩锅、索赔，借我国香港公布国安法，抛出所谓《维吾尔人权政策法案》，强行关闭我国驻休斯敦总领馆，在南海、台海军事挑衅等一系列造势施压。互联网已经成为意识形态领域斗争的主战场，一些错误的思想思潮在网上与我方争夺阵地、争夺人心、争夺群众，给高职学生思想政治工作带来严峻挑战。在新时代，坚持和巩固马克思主义指导地位，最重要的就是坚持和巩固习近平新时代中国特色社会主义思想指导地位。新时

代、新思想，习近平新时代中国特色社会主义思想坚持运用马克思主义立场观点方法，以全新视野深化了对共产党执政规律、社会主义建设规律、人类社会发展规律的认识，以全新思想理念回答了坚持和发展什么样的中国特色社会主义、怎样坚持和发展中国特色社会主义，围绕为中国人民谋幸福，为中华民族谋复兴，为世界人民谋大同，推进伟大社会革命和党的自我革命，为党和人民提供了强大精神动力，为建设新时代中国特色社会主义提供了科学行动指南。

3. 用习近平新时代中国特色社会主义思想铸魂育人是思政课改革创新的基本要求

习近平总书记在学校思想政治理论课教师座谈会上指出，要用新时代中国特色社会主义思想铸魂育人，引导学生增强中国特色社会主义道路自信、理论自信、制度自信、文化自信，厚植爱国主义情怀，把爱国情、强国志、报国行自觉融入坚持和发展中国特色社会主义事业、建设社会主义现代化强国、实现中华民族伟大复兴的奋斗之中。习近平新时代中国特色社会主义思想，是党和国家必须长期坚持的指导思想，也是新时代高职院校铸魂育人的总纲领和总遵循。

二、落实立德树人的根本任务

1. 立德树人是高职院校的根本任务

习近平总书记强调，高校思想政治工作关系高校培养什么样的人、如何培养人以及为谁培养人这个根本问题。"高校立身之本在于立德树人"。要坚持把立德树人作为中心环节，"把立德树人的成效作为检验学校一切工作的根本标准，真正做到以文化人、以德育人，不断提高学生思想水平、政治觉悟、道德品质、文化素养，做到明大德、守公德、严私德。要把立德树人内化到大学建设和管理各领域、各方面、各环节，做到以树人为核心，以立德为根本。"有专家提出：用习近平新时代中国特色社会主义思想铸魂育人重点就是要遵循马克思主义和中国梦铸牢信念信仰、社会主义核心价值观铸塑价值共识和中国精神铸就精神家园的整体铸魂逻辑。高职教育立德树人关键是培养拥护中国共产党的领导和中国特色社会主义制度，立志为中国特色社会主义事业奋斗终身的有用的技术技能型人才。我们培养的应用型技术技能人才，应该拥有对中国特色社会主义的道路自信、理论自信、制度自信、文化自信，而这"四个自信"需要我们对社会主义核心价值观的认同作支撑。人无德不立、国无德不兴，育人的根本在于立德，这个德就是社会主义核心价值观，它既是个人的德，也是国家的德、社会的德，所以习近平总书记要求我们教育学生"明大德、守公德、严私德"。

2. 思政课是落实立德树人的关键课程

思政课是落实立德树人根本任务的关键课程，是高职思想政治教育的主渠道和主阵地，承担着塑造灵魂、塑造生命、塑造人的历史重任。原教育部部长陈宝生指出："思政课的对象是'人'，是在人的头脑中搞建设、在人的成长过程中搞建设。思政课的关键是'思'，缺少思想魅力就缺少课程感染力，立德树人关键在于用习近平新时代中国特色社会主义思想铸魂育人。思政课的重点是'政'，讲政治是具体的，思政课要牢牢把握坚持和发展中国特色社会主义这一改革开放以来党的全部理论和实践的主题。思政课的载体是'课'，思想加政治等于思政课，要实现二者有机融合，在融合中实现理论与实践的结合，最终通过课程体现出来。"我们要给学生心灵埋下真善美的种子，引导学生扣好人生第一粒扣子，就必须找到高职思政课新的"打开方式"，解决好线上与线下、课内与课外的联动，要充分利用新媒体新技术，创新方式方法，开展社会实践活动；必须按规律办事，做到因事而化、因时而进、因势而新，增强亲和力、时代感和吸引力。我们研究怎样培养人，需要明确"教什么"，更要清楚"给谁教"和"怎么教"。在使用国家统编教材的前提下，"给谁教"和"怎么教"是高职问题式专题化教学改革的核心课题，但更高层面的是必须瞄准"培养什么人"和"为谁培养人"的目标。

3. 思政课落实立德树人根本任务就是要坚持不懈培育和弘扬社会主义核心价值观

社会主义核心价值观是社会主义核心价值体系的内核，体现社会主义核心价值体系的根本性质和基本特征，体现社会主义的本质要求。培育和弘扬社会主义核心价值观是凝魂聚气、强基固本的基础工程。高职思政课肩负着立德树人、培养社会主义合格建设者和可靠接班人的责任使命。

一个国家的文化软实力，从根本上说，取决于其核心价值观的生命力、凝聚力、感召力，核心价值观是一个民族文化软实力的灵魂。培育和弘扬核心价值观，有效整合社会意识，是社会系统得以正常运转、社会秩序得以有效维护的重要途径，也是国家治理体系和治理能力的重要方面。美国重视社区教育、公民教育旨在传播它的核心价值观。德国柏林州也重视伦理道德教育，在小学7—10年级就加强伦理道德教育，旨在传播德国社会的价值共识，维护社会秩序。中国古代私学、科举考试都以"四书""五经"做教材，将礼义廉耻的核心价值观作为考试内容。古今中外的历史和现实都表明，构建具有强大感召力的核心价值观，关系社会和谐稳定，关系国家长治久安。习近平总书记指出，高校要始终坚持以马克思主义为指导，全面贯彻党的教育方针，做到"四个坚持不懈"，着力把正确的政治方向、价值导向，贯穿到立校办学、育人育才全过程。赢得青年就赢得未来。青年大学生是国家的前途、民族的希望，实现中华民族伟大复兴的中国梦，离不开广大青年，离不开社会主义核心价值观的培育和践行。高职院校只有坚持不懈地培育和弘扬社会主义核心价值观，引导广大师生做核心价值观的坚定信仰者、积极传播者、模范践行者，才会有越来越多有理想、有追求，有担当、有作为，有品质、有修养的高素质人才更好地服务于社会主义现代化建设。要坚持把习近平新时代中国特色社会主义思想融入思政课课堂教学和课外实践活动的全过程，增强高职学生的理论认同、政治认同、情感认同，切实做到真学真懂真信。高职思政课问题式专题化教学的改革目标就是讲活马克思主义、讲好中国特色社会主义理论、讲透习近平新时代中国特色社会主义思想、讲实中华民族伟大复兴中国梦，引导学生树立正确的世界观、人生观、价值观，增强"四个自信""五个认同"，进一步坚定马克思主义信仰、共产主义远大理想和中国特色社会主义共同理想，培养担当民族复兴大任的时代新人。

三、遵循"八个相统一"教学原则

贯彻习近平总书记在学校思想政治理论课教师座谈会上的重要讲话精神，认认真真教好高职思政课，关键是坚持以辩证的思维来看待思政课的改革发展，用"八个相统一"的原则来推动高职思政课问题式专题化教学的改革创新。

1. 坚持政治性和学理性相统一

在高职思政课教学实践中，有一种倾向是有的思政课教师过于强调政治性而忽视学理性，或者因为本身马克思主义理论相关专业理论基础不扎实，表现为课堂上只讲政治上的大道理，空话套话满天飞、照本宣科，有点像毛主席形容的山间竹笋"嘴尖皮厚腹中空"，讲不清楚大道理背后的历史逻辑、理论逻辑和现实逻辑，面对学生的疑惑束手无策，说不出所以然；另一种倾向是有的高职思政课教师强调所谓"价值中立"，过于注重学理性而淡化政治性，讲课中貌似逻辑推演很严密，但缺乏鲜明的政治立场，教学中实际上放弃了思想理论对学生价值取向和政治方向的正确引导，学生因为没有生活体验，也只是口服心不服。

习近平总书记强调，思政课教学必须坚持政治性和学理性相统一。政治引导是思政课的基本功。强调思政课的引导功能，并不是要把课讲成简单的政治宣传，而是要以透彻的学理分析回应学生，以彻底的思想理论说服学生，用真理的强大力量引导学生。这表明我们党对思想政治教育规律的认识提高到了一个新境界，辩证思维达到了新高度。政治性和学理性是存在着明显差别的两个范畴，这是我们研究政治性和学理性相统一原则的基本前提。我们讲"统一"，就是讲辩证的统一、矛盾的统一。这对矛盾是思政课改革中客观存在、发展过程中本身固有的矛盾。高职思政课教学不能丢掉政治性讲学理性，因为讲政治是思政课的本质属性，无论是通过讲故事、讲历史还是讲理论的方式讲思政课，都要体现思政课的政治引导功能。同时，也不能丢掉学理性讲政治性，要时刻记着给"谁"讲，讲思政课不能独断，想当然地轻易下结论，要让学生有体验、有思考的过程。更不能武断，必须尊重规律、坚持真理、遵循学理、以理服人。马克思说："理论只要能说服人，就能掌握群众；而理论只要彻底，就能说服人。"高职思政课问题式专题化教学，首先要坚持政治性与学理性的统一，达成坚持道义的制高点和真理的制高点的高度契合。也就是说，思政课教师既要站稳立场，坚持"四个服务"，自觉肩负起学习研究宣传马克思主义、培养中国特色社会主义事业建设者和接班人的重大任务，理直气壮讲好思政课；又要以理服人，用学术思维讲政治，所讲的理论、观点、结论要经得起学生各种"为什么"的追问，要把思想理论的本质精髓和其中蕴含的逻辑关系悟透讲清，把习近平新时代中国特色社会主义思想讲明白，在坚定理想信念、端正价值理念、涵养道德观念上下工夫，使学生不断坚定中国特色社会主义道路自信、理论自信、制度自信、文化自信。

2. 坚持价值性和知识性相统一

在高职思政课教学实践中有一种倾向是把思政课当知识课上，教师上课讲知识、学生死记硬背知识、考试考知识，最大的弊端就是学生学而不信、知行分离。有的学生思政课考试 90 分，却在社会生活中是非颠倒、价值观扭曲，大错不犯、小错不断；另一种倾向是重价值观教育、轻理论知识学习。如疫情防控期间有思政课教师反映一个问题，某学院学工部门招收志愿者负责校园测体温、做引导员，不少同学踊跃报名为同学服务，这本是正确的实践育人导向，但是思政课网课一节也不上，其理由是网课时间与服务冲突。期末学工部门打报告给没上课的学生申请思政课成绩，马克思主义学院犯难了，任课教师不同意，认为可以认可实践教学评价成绩，但是不可以代替思政课的理论学习。我们该如何认识这些问题？马克思主义学院坚持了思政课的知识性，忽视了价值性，没有解决好学生的价值观认同问题；学工部门认识到了思政课的价值导向性，重视实践性，忽视了思政课课堂传授的知识性，没有搞明白这门课理论知识是靠一节又一节课理论教学的学习积累形成的。

习近平总书记在学校思想政治理论课教师座谈会上明确指出："要坚持价值性和知识性相统一。思政课重在塑造学生的价值观，这一点必须牢牢抓住。强调思政课的价值性，不是要忽略知识性，而是要通过满足学生对知识渴求加强价值教育，只有空洞的价值观说教，没有科学的知识做支撑，价值观教育的效果也会大打折扣。当然，在思政课教学中也不能只强调知识性，不能为了应付考试让学生死记硬背知识点，而不注重对学生价值观的引导。学生有兴趣才会记忆，这种记忆是牢靠的，没有兴趣死记硬背就是死知识。"这一论述深刻阐明了思政课教学过程中价值性与知识性的辩证关系。具体表现就是思政课一方面是通过满足高职学生对知识的渴求来塑造思想灵魂，从而达到价值观引导之目的；另一方面，知识在塑造价值观中发挥着基础性的支撑作用，是坚定政治信仰、培塑灵魂的基石。习近平总书记关于价值性与知识性相统一的论述，将这对矛盾提升到思政课教学规律的高度，为推动高职思政课问题式专题化改革创新提供了基本依循。

3. 坚持建设性和批判性相统一

在高职思政课教学实践中"三尺讲台有纪律""课堂讲授有规矩"。这个统一要求，在机制上杜绝了个别教师将教学内容随意取舍、脱离教学目标、"我的地盘我做主"。统一性要求本身没有问题，但是把事情绝对化问题就出现了。有一次我代表新疆维吾尔自治区高校思政课教指委去一所院校听课，有个教师在讲《思想道德修养与法律基础》教材的爱国主义部分。课后我跟老师交流，我问她："这堂课讲树立正确的祖国观、民族观、社会主义核心价值观时，你为什么不针对新疆'三股势力'蛊惑的错误的祖国观、民族观进行批判，然后再'立'正确的祖国观、民族观呢？"老师回答："不敢讲！因为我们内部规定思政课只能讲正面的故事，不能举反面的例子，否则就会被通报批评。"我体会这其实是对思政课教师的不信任的表现。习近平总书记指出："思政课教师掌握着课堂的主导权和话语权，一定要自觉弘扬主旋律，积极传递正能量。遵守纪律，不意味着不能讲矛盾、碰问题。有的教师怵于思政课的意识形态属性，担心祸从口出，总是绕开问题讲、避开难点讲。只要坚持正确的政治方向，立足于引导学生坚定理想信念，全面客观看问题，就不用担心在政治上出问题。要给教师充分的信任，不抓辫子、不扣帽子、不打棍子。"要充分发挥思政课教师的积极性、主动性和创造性，我们倡导高职思政课问题式专题化教学模式，就是要突出问题意识，正视客观矛盾，把学生的困惑作为教学的重点和难点。毛泽东在《湖南农民运动考察报告》中向农民宣传破除迷信时写道：

我的话是：

"信八字望走好运，信风水望坟山贯气。今年几个月光景，土豪劣绅贪官污吏一齐倒台了。难道这几个月以前土豪劣绅贪官污吏还大家走好运，大家坟山都贯气，这几个月忽然大家走坏运，坟山也一齐不贯气了吗？土豪劣绅形容你们农会的话是：'巧得很啰，如今是委员世界呀，你看，屙尿都碰了委员。'的确不错，城里、乡里、工会、农会、国民党、共产党无一不有执行委员，确实是委员世界。但这也是八字坟山出的吗？巧得很！乡下穷光蛋八字忽然都好了！坟山也忽然都贯气了！神明吗？那是很可敬的。但是不要农民会，只要关圣帝君、观音大士，能够打倒土豪劣绅吗？那些帝君、大士们也可怜，敬了几百年，一个土豪劣绅不曾替你们打倒！现在你们想减租，我请问你们有什么法子，信神呀，还是信农民会？"

毛泽东的报告在这里成功使用了先"破"后"立"的教学方法，他说得农民都笑起来，没有文化的农民都听懂了。

习近平总书记在学校思想政治理论课教师座谈会上强调，要坚持建设性和批判性相统一。思政课的任务是传导主流意识形态，建设性是根本。同时，彻底的批判精神是马克思主义的本质特征，马克思主义就是同各种错误思潮的不断斗争中开辟前进道路的。思政课要在传播马克思主义立场、观点、方法的基础上用好批判的武器，直面各种错误观点和思潮，旗帜鲜明进行剖析和批判。马克思主义是科学理论，但真理和谬误是相比较而存在，相斗争而发展的，这是真理发展的规律。正如毛泽东所言，"正确的东西总是在同错误的东西作斗争的过程中发展起来的。真的、善的、美的东西总是同假的、恶的、丑的东西相比较而存在，相斗争而发展。……这种斗争永远不会完结。这是真理发展的规律，当然也是马克思主义发展的规律。"（《毛泽东选集》第5卷，第390页），我们强调坚持建设性，就是要坚持全面发挥思政课的主渠道作用，唱响主旋律、弘扬正能量，传导主流意识形态，坚持不懈地传播马克思主义科学理论；同时，必须拿起批判性的武器，将马克思主义的立场观点方法贯穿到思政课教学的全过程，做好理论斗争、舆论斗争，旗帜鲜明地批判各种错误观点和思潮，引导青年学生正确评价社会现象，褒良贬劣、去恶扬善。要坚持建设性和批判性的统一，能够让高职学生在纷繁复杂的大千世界中分清什么是对的、善的、美的，甄别各种事件、现象、观念、思潮，从而健康成长。高职思政课问题式专题化教学模式创新，要坚持"破"和"立"有机统一，在教学实践中，我们要敢于"破"，直面错误思潮，我们最终的目的不在于"破"，而在于"立"，确立学生的马克思主义信仰，在于更好地加强其建设性。

4. 坚持理论性和实践性相统一

高职思政课教学实践中最薄弱环节和突出的问题就是出现学生知行分离。高职人才培养模式是产学融合、校企合作、德技并修、教学做合一，高职思政课教学改革创新也要遵循"知情意信行"认知规律，坚持学思用贯通、知信行统一，学思践悟、真信笃行。习近平总书记多次号召我们向王阳明学习："知之真切笃实处，即是行；行之明觉精察处，即是知。……知行工夫，本不可离""知是行的主意，行是知的功夫；知是行之始，行是知之成。"

习近平总书记强调："推动思政课改革创新要坚持理论性和实践性相统一。思政课用科学理论培养人，遵循不同学段学生的认知规律，把马克思主义基本原理讲清楚、讲透彻。同时马克思主义是在实践中形成并不断发展的。要高度重视思政课的实践性，把思政小课堂同社会大课堂结合起来，在理论和实践的结合中，教育引导学生把人生抱负落实到脚踏实地的实际行动中来，把学习奋斗的具体目标同民族复兴的伟大目标结合起来，立鸿鹄志，做奋斗者。"这一重要论述为推进思政课改革创新提供了基本依循。我们倡导"知行合一"，将思政课改革创新根植于中华优秀传统文化知行合一的思想沃土中，就是强调理论性和实践性的辩证统一。高职思政课问题式专题化教学模式，只有真正贯彻理论联系实际，有针对性、有说服力地回答社会实践发展提出的难点、疑点问题，才能激发起学生理论学习兴趣。例如 2020 年 6 月，教育部要求广泛开展党史、新中国史、改革开放史、社会主义发展史专题教育活动，只有在历史与现实、国际与国内的对比中，引导学生深刻认识中国共产党为什么"能"，马克思主义为什么"行"，中国特色社会主义为什么"好"，才能达到教育高职学生坚持中国道路、弘扬中国精神、凝聚中国力量的目标。高职思政课也只有坚持与高职学生思想生活实际、成长成才要求、综合素质提高的要求相结合，才能有效调动他们对思政课学习的积极性。2021 年 3 月，习近平总书记提出"'大思政课'，我们要善用之。"倡导"大思政课"理念，高职思政课教学讲好脱贫攻坚故事、乡村振兴故事、抗疫故事、抗洪故事等，集中彰显了爱国主义、集体主义、社会主义精神，展现了坚韧不拔的民族精神深厚底蕴。在高职思政课教学实践中我们只有把思政小课堂同社会大课堂结合起来，利用好身边的实践教学资源，讲好人民至上"中国故事"，学生有体验、有思考，才会认同中国特色社会主义制度的显著优越性，才能达到很好的育人效果。

5. 坚持统一性和多样性相统一

2017 年，我去部分高职院校听课和调研，发现高职思政课教学管理实践中有一种倾向，有的高职院校加强管理、统一标准、统一计划、统一教案、统一课件，甚至连教学案例都是全校统一的；另一种倾向是有的思政课教师教学有随意性，讲课摆脱教材要求、信马由缰、我的讲台我做主、教学不按计划，对自己感兴趣的、有专业优势的内容想讲多长讲多长，遇到自己陌生的就少讲或者不讲。我们观察分析其本质：前者强调了统一性，忽视了多样性；后者强调了多样性，忽视了统一性。两者没有很好地贯彻国家对思政课的统一性与多样性相统一的要求。所谓统一性，是指思政课的目标、任务、内容、教材等要有统一要求，它规定着思想政治教育的根本方向、目的意义、基本标准等；多样性，指的是思政课的形式、方法、手段、路径等应丰富多彩、多种多样。坚持多样性原则在高职思政课教学实践中表现为教师根据不同的地域特点、不同的时代背景、不同的专业学生群体，进行多样化教学探索，发挥创造性，因事、因时、因势施教，摒弃高高在上的说教，潜移默化地达成教学目标。

习近平总书记指出，推动思政课改革创新要坚持统一性和多样性相统一。思政课的教学目标、课程设置、教材使用、教学管理等方面有统一要求，但具体落实要因地制宜、因时制宜、因材施教，结合实际把统一性要求落实好，鼓励探索不同方法和路径。思政课教师在教学中要把统编教材作为依据，确保教学的规范性、科学性、权威性，同时也不能简单照本宣科。教材给出的是教学的基本结论和简要论述，要让不同类型的学生都爱听爱学、听懂学会，需要做很多创造性工作。要在教学过程中进行多样化探索，通过多种方式实现教学目标。高职思政课程的内在属性决定了统一性的主导地位，把握统一性，尊重多样性，在二者协同发展中追求教学价值目标的统一性。

6. 坚持主导性和主体性相统一

高职思政课教学中有一种表现，有的思政课教师教学中出现自言自语、自娱自乐，学生与教师互动明显不在一个频道的现象，我的观察是教师确实发挥着主导性作用，但忽略了学生的主体性；另一种表现是教师迎合学生的兴趣，组织体验性教学活动，学生的表现看似场面热烈、兴趣盎然，最后发现教师成了旁观者、局外人，一堂课下来感觉教师忘了思政课的初心，失去了政治引导功能，我观察认为学生的主体作用得到了彰显，但忽略了教学的主导性。

习近平总书记指出：推动思政课的改革创新要坚持主导性和主体性相统一。思政课教学离不开教师的主导，同时要坚持以学生为中心，加大对学生的认知规律和接受特点的研究，发挥学生主体性作用。一些思政课堂运用小组研学、情景展示、课题研讨、课堂辩论等方式教学，让学生来讲，这有利于发挥学生主体性作用。教师要做好画龙点睛工作，加强引导和总结提炼。要教育引导学生多读马克思主义经典著作、当代中国马克思主义理论著作、中华优秀传统文化典籍等。要开出书单、指出重点，让学生正确理解经典著作，掌握马克思主义精髓，感知中华文化魅力，避免教条主义、本本主义，避免一知半解误读马克思主义。高职思政课问题式专题化教学必须坚持主导性和主体性相统一，高职思政课教学离不开教师的主导作用，也必须加大对高职学生群体智能和认知特点的规律性研究，创设情境、提出问题，调动学生主体性作用。要避免只强调教师的主导性，以教师为中心的一言堂，教师唱"独角戏"，学生启而不发、不参与教学的尴尬场面，实现向以学习者为中心的转变，注重发挥学生的主体性作用，通过创设课堂情境提升学生的参与度，使思政课成为学生表达真实思想、发现认识矛盾、实现思想碰撞与纠偏的时空，使思政课真正变成发现学生的思想问题、有针对性地解决问题，进而提高思政课的思想性、理论性和亲和力、针对性。

7. 坚持灌输性和启发性相统一

在高职思政课教学实践中，往往一提"灌输性"，大家就容易与教师唱"独角戏"的满堂灌的教学方法联系起来，认为灌输就是强灌输、硬灌输、"填鸭式"、大水漫灌式的大班教学模式。其实，这是对马克思主义灌输原则和方法的曲解。灌输理论最早是由俄国革命家普列汉诺夫提出的观点。列宁在领导俄国革命的过程中，结合新的实际，把蕴含在马克思、恩格斯的有关文献中的思想阐发出来，把考茨基等人对"灌输"的论述进一步系统化、理论化，并进行了新的理论创造，形成了科学的、完整的"灌输论"观点体系，使之成为马克思主义的重要原理。毛泽东很好地发展了灌输的思想。例如，毛泽东在上述《湖南农民运动考察报告》中所言，他破立结合破除了农民的迷信观点，灌输了无产阶级革命理论，成功地运用了灌输性和启发性相统一，让农民明白了要改变自己的命运，不靠走好运，靠的是革命运动。灌输就是输送、注入的意思，是我们党的宣传工作的重要历史经验，也是党的宣传工作的基本原则和方法，在今天主要指通过各种方法，不断地向大学生传播马克思主义理论的一个教育原则。坚持思想教育的启发性，就是坚持以学生为中心，创造性引导学生自我教育、自我反思、自我比较、自我提高的教育方法。

习近平总书记在学校思想政治理论课教师座谈会上明确指出，要坚持灌输性和启发性相统一。灌输是马克思主义理论教育的基本方法。列宁说："工人本来也不可能有社会民主主义的意识。这种意识只能从外面灌输进去。"让学生接受马克思主义，离不开必要的灌输，但这不等于搞填鸭式的"硬灌输"。要注重启发式教育，引导学生发现问题、分析问题、思考问题，在不断启发中让学生水到渠成得出结论。这里面，会讲故事、讲好故事十分重要，思政课就要讲好中华民族的故事、中国共产党的故事、中华人民共和国的故事、中国特色社会主义的故事、改革开放的故事，特别是要讲好社会主义新时代的故事。讲故事，不仅老师讲，而且要组织学生自己讲。这一重要论述，站在辩证思维的高度，既肯定了灌输作为思想教育的一个基本原则的科学性，告诉我们思政课只能加强、不能削弱的合理性，又矫正了教育方法，肯定启发式教学方法的科学地位，否定了照本宣科、不讲方法的"填鸭式"教学方法。更重要和高明的是强调了两者的统一性，让我们科学认识原则和方法的辩证关系，强调了新时代思政课体验式教育的重要性，讲好故事，因事而化、因时而进、因势而新，用活案例讲透大道理的重大意义。

8. 坚持显性教育和隐性教育相统一

在高职思想政治教育的实践中，一段历史时期出现重专业课教学轻人文思想教育的情况，好像职业教育就是专业教育、技术教育、就业教育，思想政治教育可有可无，办好思政课面临要钱没钱、要人没人的状况,一度出现思政课教学部门、思政课教师、思政课被边缘化的危险。正如时任教育部部长陈宝生指出的:"目前德育存在'软、浮、虚、乱、散'问题。软,说起来重要,做起来次要,甚至不要;浮,看似活动多、场面大、热热闹闹,但没有入脑入心;虚,内容空泛,没扣住学生特点,没有很好解决学生思想深处问题;乱,家长、校外机构和一些社会组织思政观念薄弱,忘了公益性;散,政府、学校、社会各方面力量还不集中,合力还不够。"同时还有一种现象,党和国家强调思政课的重要性,结果个别高职学校管理者一提到学生思想问题就认为是思政课的事,好像跟学校里其他的部门、其他的人、其他的课毫不相干。认为学生思想出了问题、行为出了问题,都是因为思政课没上好导致的,考核也要与思政课教学部门挂钩。其实这两种倾向都是片面的。习近平总书记在全国高校思想政治工作会议上指出,所有课堂都有育人功能,不能把思想政治工作只当作思想政治理论课的事,其他各门课要守好一段渠、种好责任田。要把做人做事的基本道理、把社会主义核心价值观的要求、把实现民族复兴的理想和责任融入各类课程教学之中,使各类课程与思想政治理论课同向同行,形成协同效应。习近平总书记在厦门市当副市长时给厦门海洋职业技术学院有个题词"春风化雨,桃李满园",题词反映了他对职业院校思想政治教育的大格局观,学校思政教育要坚持全员全程全方位育人,既要抓好思政课程,又要抓好课程思政。既要抓好思政课这些具有显性教育特点的教育达到春风化雨的效果,又要挖掘其他课程和教学方式中蕴含的思想政治教育资源,做好隐性教育,达到"润物无声"的教育效果。

习近平总书记在学校思想政治理论课教师座谈会上指出,要坚持显性教育和隐性教育相统一。思政课要做思想政治教育的显性课程。有人提出把思政课变成隐性课程,完全融入其他人文素质课程中,这是不对的。我们办中国特色社会主义教育,就是要理直气壮开好思政课。同时,要挖掘其他课程和教学方式中蕴含的思想政治教育资源,实现全员全程全方位育人。既要有惊涛拍岸的声势,也要有润物无声的效果,这是教育之道。这一论述站在辩证思维的高度,强调二者的统一性。有专家阐述得非常有道理:统一性,既包括思政课的主导性显性教育,也包括课程思政的主体性隐性教育;既包括思政课教师的主导性教育者,也包括学校学工干部、党政干部、辅助人员等群体的教育者;既包括课程育人这一显性教育,也包括科研育人、实践育人、文化育人、网络育人、心理育人、管理育人、服务育人、资助育人、组织育人等隐性教育,在隐性教育中挖掘思政教育的资源,实现思政教育的功能,通过"大思政课""十育人"体系的有效结合和相互支撑实现全员全程全方位育人。坚持显性教育和隐性教育相统一的原则,是习近平总书记跳出思政课看思政课,用系统的观点,为思想政治教育改革创新、形成育人合力指明了改革的根本方向。

第三节 高职思政课问题式专题化教学的途径与方法

毛泽东说过："我们不但要提出任务，而且要解决完成任务的方法问题。我们的任务是过河，但是没有桥或没有船就不能过。不解决桥或船的问题，过河就是一句空话。不解决方法问题，任务也只是瞎说一顿。"高职思政课问题式专题化教学的途径和方法就是进行专题化教学遵从的程序和采取的手段和行为方式的总和。

一、树立高职"大思政课"育人理念

加强和改进高职思想政治教育，切实提高思政课的思想性、理论性和亲和力、针对性必须以树立科学的理念为先导。习近平总书记关于"大思政课"育人理念的提出，是站在办好思政课的战略高度系统思维、协同育人的重要论述。习近平总书记着眼于思政课建设的最新历史方位和实践要求，进一步明确了新时代思政课改革创新的着力点，蕴含着新时代思政课建设的实践之基、思想之源、创新之本，充分体现了马克思主义教育理论的本质要求，是对"怎样培养人"这一重要问题的再回答、思政课建设规律认识的再深化和思政课教育视野格局的再拓展，是习近平总书记就办好思政课提出的又一重要思想观点，为深化新时代学校思政课改革创新提供了行动指南、指明了前进方向。根据高职培养对象的特点，我们突破传统的以学科教育为特点的教育理念，树立了符合高职学生实际的高职教育新理念。

1. 树立高职"三全育人、五育并举"的教育理念

培养什么人，是教育的首要问题。我国是中国共产党领导的社会主义国家，这就决定了我们的教育必须坚持马克思主义在意识形态的领导地位，必须把培养德智体美劳全面发展的社会主义建设者和接班人作为根本任务，培养一代又一代拥护中国共产党领导和我国社会主义制度、立志为中国特色社会主义奋斗终身的有用人才。高职院校的一切工作，都要围绕服务和服从于立德树人这个中心，坚持"三全育人、五育并举"。习近平总书记"3·18"重要讲话指出"在大中小学循序渐进、螺旋上升地开设思政课非常必要，是培养一代又一代社会主义建设者和接班人的重要保障。人的成长、成熟、成才不是一蹴而就的，而是一个渐进的过程，就跟人的生理发育一样，所以要把这几个阶段都铺陈好"。所以，我们要坚持办好

学校的思政课，既要抓好"思政小课堂"，又要树立"大思政课"育人理念，一是思政课要向其他课程延伸，在专业课教学中教会学生做人做事的道理，融入社会主义核心价值观的要求，把真善美的种子种在学生心田，有学理逻辑地有机融入课程思政，让所有专业课程与思政课同向同行；二是要向社会实践教学领域延展，充分利用职业院校丰富多彩的社会资源和社会实践活动，让思政小课堂与社会大课堂相结合；三是要向网络空间延展，主动占领网络空间，新时代无人不网、无处不网、无时不网，不能让"思政课"成为学校的"单曲独奏"，要充分整合网络空间的力量、资源。网络是意识形态斗争的主阵地，如何上好平视世界一代的'大思政课'"，必须打造"移动"的思政课堂，实现"面对面"与"键对键"的无缝对接；四是要让日常思想政治教育与思政课同频共振，实现显性教育与隐性教育的结合；五是高职院校思政课要用习近平新时代中国特色社会主义思想铸魂育人，坚持社会主义核心价值观主线，"三全育人、五育并举"，构建"十育人"体系，贴近企业需求、适合学生的特点，培养学生学习兴趣，在体验式学习中提高学生的思想道德素质、辩证思维能力和解决问题能力。

2. 高职教育"教学做合一"教育理念

构建高职思政课问题式专题化教学模式，是基于职业教育产教融合、校企合作、工学结合的办学实际，如何德技并修？习近平总书记号召我们向王阳明学习，王阳明倡导知行合一。陶行知提出"教学做合一"，这是陶行知生活教育理论的精髓，他认为"教学做是一件事，不是三件事。我们要在做上教，在做上学""事怎样做就怎样学，怎样学就怎样教。"邓小平说，学习马克思主义要精、要管用。我们学习马克思主义也是这个道理，离开做无法实现知行统一，要坚持在学中做、做中学、边做边学、边学边做。

3. 高职教育探究性教学理念

中国特色社会主义进入新时代，高职思想政治教育的内容也要与时俱进，用习近平新时代中国特色社会主义思想铸魂育人。面对新情况、新问题，教师在研究中教学，在教学中研究；学生在学习中研究，在研究中成长。教师在研究中提高理论修养和教学水平，学生在研究中掌握科学的学习方法，教学相长，才能真学、真懂、真信、真行马克思主义真理，提高思想道德修养、心理素质和团队合作学习的能力。

二、构建高职"大思政课"的思想政治教育途径体系

《关于加强和改进新形势下高校思想政治工作的意见》提出了坚持全员全过程全方位育人（简称"三全育人"）的要求。2017年12月，教育部党组全面落实全国高校思想政治工

作会议精神，提出全面实施高校思想政治工作质量提升工程。推动《高校思想政治工作质量提升工程实施纲要》贯彻落实，全面统筹办学治校各领域、教育教学各环节、人才培养各方面的育人资源和育人力量。提出了一体化构建课程、科研、实践、文化、网络、心理、管理、服务、资助、组织等"十大"育人体系，打通育人"最后一公里"。这说明党的十九大后，我们党对高校"三全育人"体制机制的构建达到了一个新的高度，提升了思想政治工作科学化水平。作为高职思政课教师必须深刻理解，准确把握，树立全局观念，在"十育人"体制机制建设中找准定位，精准发力。高职院校党委需要推动高职思想政治教育的目标、内容、途径、方法、管理、评价的整体构建，需要关注学校、家庭、企业、学生相互联系、相互作用，促进学生德智体美劳的整体全面发展，坚持立德树人、德技并修，推动思想政治教育与技术技能培养融合统一，尤其关注高职学生技术技能与思想政治素质的协调发展问题，促进学生素质教育的发展。在此基础上提出整体构建高职"大思政课"工作途径体系、促进大学生全面发展的新思路。如何整体构建适应高职学生思想政治教育特点的高职"大思政课"工作体系，新疆农业职业技术学院在教育实践中进行了积极的探索。具体表现如下。

第一，统筹推进课程育人。马克思主义学院根据高职学生群体智能特点，创新问题式专题化高职思政课教学模式。坚持"以案例为导引、以问题为核心"设计完善思政课问题式专题化的教学内容体系，采取探究式的教育方法、实践教学的协同途径、综合化的考核方式，构建高职思政课教学体系。同时，学校探索活动育人模式，创设了高职德育活动课。这是一种面向全体学生的日常教育模式，以解决学生思想实际问题为中心，将社会主义核心价值观教育的日常教育专题化、生活化、日常化、具体化，实现了日常教育的有序化、科学化，它贯穿学生在校学习、生活全过程，将课堂延伸到校园生活、岗位、企业、社会。它是一门教会学生做人的学生思想品德养成课。具有在课程定位上体现了养成性，在内容设计上体现了职业性，在教育方式上体现了实践性，在教育过程上体现了体验性，在学习方法上体现了探究性，在考核方式上体现知行统一性，在教学手段上体现时代性（信息化），在教学效果上体现成果性等八个特点。德育活动课"月月有主题，周周有活动，课课有体会"。实验表明，组织开展设计好专题教育活动有利于提高高职学生国家通用语言水平，有利于提高各民族高职学生的语言表达能力、认识问题和分析问题的能力；有利于学生个人思想品质的养成；有利于推动对各民族学生社会主义核心价值观教育的落细落小落实，推进"五观""五个认同"教育；有利于培养和弘扬社会主义核心价值观，铸牢中华民族共同体意识。德育活动课由专业课教师、辅导员、班主任承担教学任务，人人都兼班主任，个个都上德育活动课，是课程思政的雏形与启蒙。在人人肩负育人责任的基础上，2017年12月，学校启动了课程思政工程，让占课程总数 80% 的专业课和专业课教师承担起立德树人的使命，把思政课的价值导向延伸到专业课程教学中做强课程思政，让各门课与思政课同向同行，形成协同效应。

第二，着力加强科研育人。学校创新思想政治教育科研育人模式，在研究中提升学校的育人品格。学校重视思想政治教育科研工作，构建了教师在研究中工作、在工作中研究，学生在学习中研究、在研究中成长的高职思想政治教育科研模式。如学校 2006 年 2 月率先在高职院校成立了二级机构思想政治教育研究所，具体负责学院思想政治教育研究工作。全国高职高专党委书记论坛主任委员会秘书处、全国高职高专思政课建设联盟副会长单位、教育部大中小学思政课建设指导委员会专家指导组成员单位、教育部高校思想政治理论课指导委员会"高职高专思政课"分教指委副主任单位、中国职业技术教育学会德育工作委员会副主任单位、新疆职业院校党建和思想政治工作创新发展中心、新疆职业院校思想政治教育研究会、新疆职业院校"大思政课"建设和创新联席会等 8 个科研和社会服务机构先后挂靠（或依托）思想政治教育研究所、马克思主义学院开展工作。学校师生思想政治教育研究课题数量逐年增长，成果获奖面越来越大。通过开展思想政治教育科研培养了一大批既懂职业教育规律，又懂思想政治教育规律的教师队伍。教师在研究中成熟，发挥着脚手架功能；学生在研究中成长，成为健康快乐、全面、可持续发展的主体。从领导到教师、从员工到学生，都参与思想政治教育研究，大家共同研究学生德育工作的热点、难点问题，教师在工作中研究、在研究中工作，提高了教育水平；学生在学习中研究、在研究中成长，养成了良好的综合素质。高职思政课教学科研管理部门和任课教师必须给专题化教学在自己所处的"大思政课"工作体系网络中找准定位，做好横向沟通、对接，提升自己的教育合力，进而增强高职思政课专题化教学的实效性。

第三，扎实推动实践育人。学校构建新疆高职实践育人体系，实施实践育人工程，培养高职学生的思想政治素质和职业品格。参加实践锻炼有利于提高学生的劳动观念，有利于磨炼学生的意志毅力、培养学生融入社会的能力，有利于训练学生严格遵守职业纪律的习惯、养成良好的职业道德。如学校创新了"三下乡"社会实践育人模式、勤工助学社会实践育人模式、"社会实践周"社会实践育人模式、实习实训社会实践育人模式、"青年志愿者"社会实践育人模式、创新创业实践育人模式等多途径社会实践育人新模式，形成了高职实践育人体系。在实践中利用"壹网情深"——新疆职业院校"大思政课"移动学习平台，采用云空间技术等网络技术手段，制定可操作的程序、制度，推动实践教学考核评价体系和方式创新，构建推动学生"五育并举、德技并修"的机制是高职实践育人体系深入研究的方向和趋势。

第四，深入推进文化育人。学校构建民族团结教育文化润疆工程。习近平总书记在第三次中央新疆工作座谈会上强调"要以铸牢中华民族共同体意识为主线，不断巩固各民族大团结。新疆自古以来就是多民族聚居地区，新疆各民族是中华民族血脉相连的家庭成员。要加强中华民族共同体历史、中华民族多元一体格局的研究，将中华民族共同体意识教育纳入新疆干部教育、青少年教育、社会教育，教育引导各族干部群众树立正确的国家观、历史观、民族观、文化观、宗教观，让中华民族共同体意识根植心灵深处。要促进各民族广泛交往、全面交流、深度交融。要坚持新疆伊斯兰教中国化方向，实现宗教健康发展。要深入做好意识形态领域工作，深入开展文化润疆工程。"这为我们构建团结稳疆、文化润疆工作提供了基本依循。学校开设选择性必修课"简明新疆地方史教程"，日常教育开展"三进两联一交友"、民族团结一家亲活动。民汉学生同住一间宿舍，同在一个班级，一起学习、一起劳动、互相帮助，认亲结对子、团结一辈子。文化润疆开花结果。

第五，创新推动网络育人。加强工作统筹，建设高校思想政治工作网，打造信息发布、工作交流和数据分析平台，加强高校思想政治工作信息管理系统共建与资源互享。强化网络意识，提高建网用网管网能力，加强师生网络素养教育。如学校开设微信公众号积极宣传学校教学、科研、社会服务、文化传承、党团活动的信息，网络影响力始终保持全国高职院校前列。马克思主义学院研发"壹网情深"APP，致力于做好全疆职业院校学生网络自主学习服务工作。

第六，大力促进心理育人。学校构建心理健康教育模式，培养学生阳光健康的心理素质。高职学生的健康包含有生理、心理和社会行为三方面，其中身心平衡、情感理智和谐是学生健康必备的条件。心理健康教育是以增进心理健康水平、促进学生个性健全发展为目的的教育活动。根本目标是充分挖掘学生的心理潜能，培养其良好的心理素质，促进人格和谐发展，增强他们的社会适应能力，从而最大程度地实现其人生价值。学校创新和构建心理健康教育模式，开展了大学生心理健康教育和心理咨询辅导，引导大学生健康成长。组织对新生进行心理素质测评，加强心理咨询辅导工作和心理干预。组织辅导员参加国家心理咨询师培训，并获得国家心理咨询师职业资格认证。各分院建立心理健康咨询辅导站，教师积极参加心理健康教育志愿者服务，主动为社会提供心理健康服务。在因疫情校园封闭管理期间，心理健康咨询服务及时解决学生心理困惑，进行心理干预，帮助学生健康成长，提高了心理健康教育的针对性和实效性。

第七，切实强化管理育人。学生教育管理是学生健康成长的日常思想教育的重要组成部分，把规范管理的严格要求和春风化雨、润物无声的教育方式结合起来，加强教育学生遵守学校章程，完善校规校纪，健全自律公约，加强法治教育，全面推进依法治教，促进教育治理能力和治理体系现代化。强化科学管理对道德涵育的保障功能，大力营造治理有方、管理到位、风清气正的育人环境。

第八，不断深化服务育人。让学校的宿管、食堂大师傅、保安门卫、水电工、图书管理员等教辅人员都承担起育人职责，把解决实际问题与解决思想问题结合起来，围绕师生、关照师生、服务师生，把握师生成长发展需要，提供靶向服务、增强供给能力，积极帮助解决师生工作学习中的合理诉求，在关心人、帮助人、服务人中教育人、引导人。

第九，全面推进资助育人。学校立足新疆实际，把"扶困"与"扶智"、"扶困"与"扶志"结合起来，建立国家资助、学校奖助、社会捐助、学生自助"四位一体"的发展型资助体系，构建物质帮助、道德浸润、能力拓展、精神激励有效融合的资助育人长效机制，实现无偿资助与有偿资助、显性资助与隐性资助的有机融合，形成"解困—育人—成才—回馈"的良性循环，着力培养受助学生自立自强、诚实守信、知恩感恩、勇于担当的良好品质。

第十，积极优化组织育人。学校立足高职学生思想实际，开展学生党的启蒙工程持续研究与推广实验，破解了高职党建难题。结合高校意识形态领域的反分裂、反渗透工作复杂的情况，做实以对中国共产党认同为目标、以"四史"教育为内容的党的启蒙教育活动。同时，构建"五进"工程，即学生党建进班级，凝心聚力促学风；学生党建进社区，服务学生做表率；学生党建进社团，引领风尚强素质；学生党建进企业，校企合作育人才；学生党建进网络，跨越空间不断线。推动党的教育在空间上全覆盖、时间上全天候的全程教育实验，探索学生党员、入党积极分子发挥先锋模范作用，提高政治鉴别力和综合素质，构筑反分裂、反渗透防线，促进新疆高职学生全面发展的有效路径，并建章立制、推广实验。

在高职院校"后示范"建设和"双高校"建设时代的教育实践中，切实强化管理育人、全面推进资助育人、不断深化服务育人体制逐步健全，学校形成了"三全育人"（十育人）、五育并举（德智体美劳）的"大思政课"育人格局，开创了思政课领航、"十育人"协同的和谐局面，形成了协同效应。

三、新时代办好高职"大思政课"需要正确处理好几对关系

高职思想政治教育走进新时代，习近平总书记关于学校思想政治工作的重要论述激发了思想政治教育创新的活力，我们要跳出思政课小课堂看思政课的改革创新。有的专家不同意思政课做加法，认为高校思政课教师的负担已经很重了，做好课堂教学就可以了；也有的管理者认为高校思政课还是传统的一根粉笔、三尺讲台、教师主角的传统教学模式好，反对高

校思政课的教学方法改革创新。高职思政课改革创新面临方方面面的阻力。作为思政课教师必须树立全局观念，必须正确处理好与其他教职员工、与学生的关系。

1. 正确处理高职思政课教师与其他教职员工的关系

学校是教会学生做人、做事的地方，立德树人是学校的永恒教育主题。"培养什么人，怎样培养人，为谁培养人"是高职院校必须认真解决好的关于办学方向的根本问题，必须正确处理高职思政课教师与其他教职员工的关系。

第一，要深刻理解"大思政课"的理念，避免走入两个认识误区。

一是正确理解思政课的领航地位，不能认为思政课是万能的，但削弱思政课是万万不能的。习近平总书记指出，思政课是落实立德树人根本任务的关键课程，具有其他课程不可替代的功能，只能加强、不能削弱。培养"德智体美劳"全面发展的社会主义合格建设者和可靠接班人，把"德"放五育之首，并非单纯强调德育，更不是唯"德"独尊、唯思政课至上，而是强调在德智体美劳全面发展的基础上，要更加关注学生的思想政治素质，关注学生的人格健全和发展。习近平总书记指出，思想政治工作从根本上说是做人的工作，必须围绕学生、关照学生、服务学生，不断提高学生思想水平、政治觉悟、道德品质、文化素养，让学生成为德才兼备、全面发展的人才。但同时必须清楚，思想政治工作不仅是思政课教学部门的事，所有部门如政工部门、学工部门、后勤服务部门、学校保卫部门都有育人职责，服务育人、管理育人强调的就是这个内涵，所有课程都有育人功能，各门课程都要守好一段渠、种好责任田。学生在校学习 80% 的课程是专业课、80% 的时间在上专业课；全院 80% 的教师是专业课教师，全体专业课教师都有育人责任，这就是课程思政的价值。思政课领航，也只有其他部门、其他教职员工与思政课同行同向，才能形成协同效应，达到立德树人的目标。二是不能把全员育人（管理育人、教书育人、服务育人）等同于"三全育人"。全员育人比起把思想政治工作仅当成思政课教学部门、政工部门、学工部门的事情的认识，是一种在教育理念和思想政治工作实践上的进步。但若只有教育主体有育人职责，在教育内容和功能上的整体性上没有科学规划，就很难达到理想的教育效果。事实上，行政管理者并非只有在管理过程中才是育人的，专业课教师也并不只是在课堂上传授技术技能时育人。学生生活的全过程、全方位都需要有人指导，谁能担当这个重任？辅导员、班主任做了大量的工作，但仅靠这个群体是远远不够的。生活中的学生，业余时间需要看书，图书管理员为他们提供服务；去食堂吃饭，食堂的厨师、服务员要给他们提供服务；宿舍的水龙头坏了，水电工师傅要给他们提供服务；半夜生病了，宿舍值班的宿管员要给他们提供服务；去企业实习，工人师傅要为他们提供指导服务，等等。而这些服务质量好不好，他们是不是以学生为中心、把学生当亲人、有没有育人的自觉性，就直接关乎育人的实效。"三全育人"的真正含义需要每个教职员工深刻理解。

第二，要全员肩负育人职责，不能停留在认识上，要落实在工作中，还必须解决好体制和机制的问题。

一是要肯定教职员工育人的工作价值。在"三全育人"方面，新疆农业职业技术学院在国家示范院校建设时期，制定了院领导"六个一"育人工程，即院领导联系一个党总支、党支部，联系一个二级学院，联系一个班级，联系一个学生宿舍，联系一名积极上进学生，联系一名待进步学生；教职员工"四个一"育人工程，即一个教职员工联系一个学生宿舍，联系一个班级，联系一名积极上进的学生，联系一名待进步学生。党的十八大以后，尤其是新疆维吾尔自治区党的第九次代表大会以后，全区学校统一推行"三进两联一交友"活动，即全体教职员工进班级、进食堂、进宿舍，联系家长、联系学生，同学生和家长交朋友。在几年的教育管理实践中形成了操作运行和考核评价制度。有了好的制度，还需要职能部门确立"学生为中心"的工作理念，一切为了学生、为了一切学生、为了学生的一切，进行机制创新，在肯定工作实效、评价工作价值方面有所作为。人人都有育人责任、个个都有荣辱之心，干什么工作、在哪个岗位都需要承认其工作价值。工作做得好了、做得实了就为"三全育人"打造了持续发展的动力机制。

二是要处理好思政课教师与共青团干部、学生处干部、辅导员、班主任之间的关系。正确处理二者之间的关系，实质上就是要解决两支队伍信息互通、考核互用、教育互补的问题。长期以来思政课教学和日常思想教育活动各自为政，思政课教师研究从事思政课理论教学，团委、学生处、辅导员、班主任等抓日常思想教育活动，未能形成教育合力。二者如何结合？新疆农业职业技术学院做了实践探索，搭建"党政工团学口"例会制度、"学工口"例会制度、班主任例会制度，通过周周例会，使主渠道与主阵地的教育有效对接与互补。其中，最关键问题是如何处理好两支队伍的关系，形成信息沟通顺畅、评价考核互用、教育活动互补的机制和平台，最终形成思政课领航，其他队伍同向同行、同频共振，形成育人协同效应。

三是教职员工要自觉肩负起育人职责。新疆农业职业技术学院在60多年的办学历史上，形成了"特别能吃苦、特别能战斗"的工作品质，彰显了"艰苦奋斗、开拓创新、敢于担当、追求卓越"的学院精神，教职员工每个人都积累了在育人方面的工作经验，有着自己深刻的体会。

2. 正确处理高职思政课教师与学生的关系

高职思政课问题式专题化教学模式，其重心是问题意识。问题从哪里来？只能从学生中来。如果师生关系处理不好，学生的问题不会自然跑到教师的脑子里去。教师的教学发现不了问题，或者问题找不准，教学改革就成了无源之水、无本之木，不掌握准确的学情，教学也就无的放矢，做不到因材施教。教学失去了针对性，自然也就谈不上实效性。如何正确处理师生关系：

第一，师生之间要建立一种平等的人格关系。例如，我曾经偶然在学院帖吧看到一个学生的帖子，题目是《老师，请你口下留情！》，读后引起久久的反思。

原帖内容：

今天，在一个问题的讨论上我和老师发生了分歧。本来这不是一件很稀奇的事，在高中的课堂上是常有的现象。但是，今天它却不一样。老师坚持他的观点也就罢了，但他最后对我甩了这样一句话：你基础这么差，又这么笨，怎么考到农校来的？

细细地想了一下：我什么时候落后到这个地步了？我的高考有点戏剧化：忘涂一门课程成绩的答题卡，就这样我本来可以考510分的成绩变成了470分，所以我就来到了农校。老师，我真希望你能口下留情，或许在知识方面我不如你渊博，但是请你不要侮辱我。我的基础不差，我也不笨，我不想再和你讨论学术方面的问题了，永远也不会了，你的素质让我不敢恭维。

作为一名老师，传道授业解惑是你的职责，"为人师表"要先学会怎么去做人。你面对的是无数的学生，你有很多的机会可以一句话来感动学生一辈子，当然你也可以抓住这个机会，去伤害一个学生一辈子！

你的一句话你可以不在意，但是我们学生会。我们正处于19、20岁的年龄，人生观、价值观都处于定型期，你的一言一行有的时候真的可以影响到我们。

那些素质有所欠缺的老师们，请你们口下留情好吗？因为我们是和你一样地位平等的学生，我们是人！谢谢！

我深刻反思：这帖子说明了什么？说明学生有一种对平等探究问题的渴望，教师却固守着传统的方法不放。于是冲突、矛盾、不和谐的教学关系引发学生的对抗心理，教学效果可想而知……高职思政课教学实践中也存在某些教师对传统教学模式的过分依赖问题。表现为：一方面固守传统讲授法，用这种方法维护着在思政课教学中的师道尊严，阻碍了教师对生动活泼、符合新时代特点和学生身心发展特点的新方法的有益探索，导致思政课亲和力不强、针对性不高、实效性低下；另一方面固守着一种"居高临下"的教育姿态，无视学生作为受教育者应有的尊严、自主发言的权利，忽视学生主体意识的发展和培养，导致学生较为严重的逆反心理。我带领团队开始探索思政课教学新模式时，就非常注重师生关系的调整。2018年4月，我带2017级高职会计与审计班，在准备新疆维吾尔自治区首届高校思想政治理论课教学竞赛时，感受到和谐的师生关系激发出学生创造力的一次教学体验。在长期的传统教学模式的教学实践中教师的主导作用被强化，学生的主体作用被弱化，甚至有教师把学生作为证明自己有才华的点缀。在这次参赛的过程中，我一直注重调动学生的积极性，从教学方案的设计到教学内容的取舍、从案例的选取到交流的形式，同学们都提出了不少合理建议，使我们在自治区高校思想政治理论课观摩中展示了课堂教学原生态的教学风采，体会到了在教学中师生平等交流、民主讨论、和谐的师生关系对于提高学习实效的重要意义！大赛观摩活动结束后，学生给我的QQ留言："老师，很感谢这学期您能够教我们，您的到来让我明白很多道理，说实话，我挺佩服您的。您的教学新颖、独特，讲学内容丰富。您在我们眼里，和蔼可亲、谦和、有亲和力。在学生面前严肃的老师，往往学生不愿意接近他。这次到新疆师范大学，您的讲课很成功，我也看到了，在课堂中每一位同学都很努力，认真听课、积极发言。不足之处就是我们的观摩课时间超了2分钟。下课后，我们大家在想会不会影响成绩，所以闷闷不乐！周五课代表告诉我们，我们得了第一，全班同学欢呼、高兴啊！老师，您也一定很开心。可以说老师您的教学模式和成果得到了认可，恭喜您老师！"学生的留言让我很欣慰，同时也让我明白了一个道理：学生亲其师，才能信其道，一定不能忘了我们的思政课给谁教。另一位同学给我留言："老师，这次的参赛我们都做得很好，都很认真。好久都没有这么仔细听完一堂课了。感觉真的很不错。通过这件事让我们明白：想要得到更多就必须比别人付出更多。天上不会掉下馅饼。救死扶伤是医生的天职，教书育人是老师的天职，不做假账是会计的天职。带一颗良知的心上岗，为你为我为大家；带一颗良知的心做人，会把别人连同自己都感动！"什么叫教学相长，我体验得真真切切，我深刻地体会到了习近平总书记提出的要坚持主导性与主体性相统一原则的真谛。

第二，师生之间要建立民主的班级文化生态。要精心营造民主、公正、公平的氛围。我在高职班主任工作实践中，于2011年3月的一次民主选举的班会上做过一次尝试。班会的主题：班级民主生活——让提名者夸夸候选人。我说："同学们！今天的班会课任务之一是评选本学期优秀团干部和优秀团员。团干部1个指标、优秀团员5%，全班2名。学习成绩要求都达标，平均75分以上。怎么选才能公开公平公正？我的建议，海选，让大家提名！候选人在黑板上公示、晒晒，鼓励同学们夸夸候选人。"结果，夸奖者实事求是、发自内心，被夸者也是脸上笑开了花。我发现效果很好，候选人顺利在提名者中以差额的形式诞生，再经公开举手投票结果就出来了。当然，用激励效应培养学生之间、师生之间的人际关系是一个长期的过程。

第三，向优秀思政课教师学习，在最美思政课教师身上汲取力量。如全国最美思政课教师、上海交通大学教授施索华老师，"她的手机 24 小时为学生开着，电子信箱里全是学生的问题和问候。上课、讲座、交谈、回复学生来信、组织学生开展社会实践……她把自己的时间和精力全部交给了学生。她知道对大学生进行思想政治教育不能局限于三尺讲台，从星期一到星期日，学生们永远可以在第一时间里找到她，对学生从不说'不'是她的信条；她崇尚学高为师、身正为范，多年来她潜心钻研、大胆创新，她用散文诗般的语言来诠释思政课的内容；她对学生动之以情、晓之以理，她的课深受学生的欢迎，她深受学生爱戴，无论是在课内还是课外，她都是学生最信任的良师益友。"

我校曾请来施索华教授为全校教职员工作了《教学有章教法无常——思想政治理论课教学理念与教学方法的渗透与融合》的专题报告。听后大家都叫好！好、激动、感动、感慨、感染，用哪个词形容都合适。从师生关系的角度，我们该向施教授学什么？

在与施教授的交流和思维碰撞中，感受最深的是要处理好师生关系：

一是要向施教授学做人、学做教育工作者。她是思政课教师？是辅导员？是班主任？是母亲？怎么定位都合适。五加二、白加黑，一天 24 小时全天候解决学生的思想困惑，与学生交流。铸魂育人是她工作永恒的主题。

二是要向施教授学精神，学习改革创新的精神。思政课改革怎么改？多年来大家只改方法、强调教学技术创新。面对统编教材的语言范式两难，一不敢越雷池一步，二照本宣科没有创造性地把教材体系向教学体系转化，结果学生对这门课没有真爱，自然也就没有真信、真行。而施教授创造性地拆分教材要求，按照教材精神有针对性地创新教学内容体系进行专题化教学，给我们用成功的案例展示了改革带来的丰收的喜悦！一种自誉为麦田守望者的喜悦。

三是要向施教授学教学方法、学教学手段、学教学语言。她把抽象的真理形象化、把高深的理论生活化、把章节平铺的内容问题化、让情感拉近历史与现实的距离、让文化变成无处不在的新鲜空气、让网络"熨平"师生之间的代沟、让诗一般的语言如水一般润物无声：真理有了力量、信仰不再飘在天上、困惑变得豁然开朗、行动有了方向，真心喜爱、终身受益不再是梦想！

做思政课教师不再无为无位，我们不再是为了生存而应付，不再为碌碌无为而懊恼。广大师生都明白这门课是一门科学，我们做的事是一项崇高的事业，我们在用毕生精力创作一

73

首充满哲理的优美诗歌，我们思政课教师是名副其实的学生灵魂的工程师。2019 年高职思政课建设进入新时代，习近平总书记春天里的问候，带着春风，似一股暖流，温暖了普天下思政课教师的心。

第四节　高职思政课问题式
专题化教学的评估
//

高职思政课评估，就是通过科学反馈，对高职思想政治教育的过程和效果进行实事求是的分析，做出定性定量的评价。它主要是解决评价思想政治教育做得怎么样的问题。高职思政课评估环节是一个完整的思想政治教育过程必不可少的组成部分。对于思想政治教育而言，人们总是要依据一定的标准，或肯定、或否定、或赞赏、或批评，高职思政课的评估是客观存在的，有其自身的特点与规律。

一、评估的地位和作用

习近平总书记在学校思想政治理论课教师座谈会的重要讲话中明确提出，思政课教师的"六个要"标准、提高"三性一力"教学改革目标和思政课"八个相统一"的教学原则。这是对长期以来学校思政课建设经验、规律的科学概括，是新时代思政课改革创新的根本遵循，也为思政课教师和思政课评估提供了基本依循。《关于深化新时代学校思想政治理论课改革创新的若干意见》进一步提出"切实改革思政课教师评价机制"，要求"严把政治关、师德关、业务关，明确与思政课教师教学科研特点相匹配的评价标准，进一步提高评价中教学和教学研究占比。"教育部《普通高等学校马克思主义学院建设标准（2019 年本）》把马克思主义学院建设评价标准进一步修订，明确把"三性一力""以学生获得感为评价导向""八个相统一"写进马克思主义学院教学改革和教学评价要求。2021 年 11 月，教育部印发《高等学校思想政治理论课建设标准（2021 年本）》。新时代高校马克思主义学院、思政课建设和思政课教师的评估有了基本政策依据。高职院校思想政治教育评估是准确把握高职院校思想政治教育工作进展情况的最便捷的途径，是及时发现和解决高职思想政治教育工作困难的最有效的方法，是科学制定高职院校思想政治教育工作规划的最客观的依据，是正确引导高职思想政治教育工作顺利开展的最有力的保障。

1. 高职思想政治教育评估是推动整个高职思想政治教育科学发展的动力

高职思想政治教育评估是高职思想政治教育工作系统的一个重要组成部分，是高职思想政治教育过程不可缺少的一个环节。思想政治教育过程具有周期性的特点，每一个周期都由起始和终端等阶段组成。收集高职学生思想状态、难点、热点等思想信息是思想政治教育的起始阶段，而进行高职思想政治教育评估是其终端阶段。缺少这个终端环节就不可能构成高职思想政治教育的完整过程。一般来说，前一个周期的目的是否达到、方法是否有效、结果是好还是坏，都直接关系到下一个周期的开端，以致对学校思想政治教育全过程产生影响。高职思想政治教育评估在思想政治教育的总过程中是一个承上启下的环节，通过评估可以帮助高职思想政治教育工作者分清哪些是积极因素、哪些是消极因素、哪些是成绩、哪些是问题，而发现问题是高职思想政治教育改进和创新的前提和基础。

2. 高职思想政治教育评估是进一步加强和改善高职院校思想政治教育工作的科学依据

科学的评估工作能帮助高职思想政治教育工作者正确认识自己的教育劳动和劳动成果、科学评价思想政治教育的实效性，即分析思想政治教育投入与产出的比例问题，评价自己的劳动效能。首先，建立一套完整的科学的评估标准和制度，能帮助广大高职思想政治教育工作者客观地评价自己的工作，正确认识工作中的差距，探讨形成差距的客观原因，激励先进、鞭策后进，调动广大高职思想政治教育工作者的积极性、主动性和创造性。其次，科学的评估可以帮助高职思想政治教育工作者认清自己教育的理念、目标、内容、原则、途径、方式、方法等是否符合高职教育对象的实际，是否偏离改革方向，学生是否有获得感。这样，高职院校的领导就可以根据评估的结果、反馈的信息来调整学校的部署和安排，制订出切实可行的计划，组织思想政治教育工作者贯彻与实施，进而提高高职思想政治教育的针对性和实效性。

3. 高职思想政治教育评估是高职院校思想政治教育科学化的根本要求，也是高职思想政治教育科学研究的内在需要

高职教育作为一种教育类型，其思想政治教育有自己的特殊的研究对象和固有的规律性，有着与普通高等院校思想政治教育不同的基本特点。对高职院校思想政治教育进行科学的评估，能够帮助我们认识高职思想政治教育工作已取得的实际成果，认识高职思想政治教育工作中的必然联系，有助于启发我们自觉探索取得成果背后的客观原因，自觉地研究高职大学生思想政治教育的特点和客观规律，探索高职思想政治教育工作的正确途径和科学方法，丰富高职思想政治教育的经验，对提升高职学生思想政治教育的科学化水平有积极的促进作用。

二、评估的内容与方法

2018 年，教育部印发的《新时代高校思想政治理论课教学工作基本要求》对教学质量评价提出了明确要求，强调"要建立健全多元评价机制，采用教师自评、学生评价、同行评价、督导评价、社会评价等多种方式，对教师教学质量进行综合评价"。高职思政课问题式专题化教学实效性的实现和评价过程，是一个思想政治教育影响力生成、接受、内化、体验与评价选择的复合过程。包括三个维度：一是高职思政课教师是否把握思政课问题式专题化教学活动的规律，并按照高职学生的思维特点、思想、行为方式、可持续发展需求，有计划、有步骤地实施高职思政课问题式专题化教学；二是高职学生是否认同和接受思政课教师通过问题式专题化教学形式传授的思想政治观点、立场和方法及内容信息，并内化为自己的世界观、人生观、价值观及道德行为准则；三是高职思政课问题式专题化教学活动是否推动了高职思政课教学改革创新，带动了高职学生日常思想教育活动、实践教学活动、网络教学活动的开展，进一步按照党和国家、社会、家长期待的对于人才培养目标发展，并使高职思想政治教育效果呈现全面、协调、可持续的发展趋势。

根据高职思政课问题式专题化教学评估实施主体和组织形式的不同，高职思政课评价的内容可以划分为四种类型：一是高职思政课管理主体的评价，包括领导评价、专家评价和课程教学管理人员和学团干部评价；二是高职思政课教育主体评价，包括教师自我评价和同行评价；三是高职思政课学习主体的评价；四是高职学生用人主体的评价。

对高职思政课问题式专题化教学如何进行评估，实质上是一个方法论问题。高职思政课问题式专题化教学的评价是一个动态的过程，需要在一定的时空环境下了解受教育者过去、现在的思想品德状况，并分析其未来的发展趋势，在纵、横向的比较中全面、客观地作出评价。高职思政课教学评估过去存在指标概念化、评估主体一元化、评估方式程式化、评估方法简单化、评估手段单一化和评估机制不够灵活、评估结果处理不当等诸多问题。针对存在的问题，高职思政课问题式专题化教学如何评价，我们要继承教育者的评价方法，但同时应该更多地使用受教育者的自我评价和同伴互评的方式，充分调动受教育者评价的积极性、主动性，使受教育者参与评价标准的确定、评价方法的选择、评价信息的取得、评价结果的解释等一系列评价活动。

高职学生相互评价是获得思想政治教育信息的一条重要渠道，因为平时学生在一起相处的时间较多，相互了解也较深，便于清楚看到高职思政课问题式专题化教学在同学们思想、行为上引起的变化，发现同伴的优点与缺点。进行学生互评时得到的信息一般来说较真实具体。一方面，高职学生通过自我评价，使他人对自己的评价发生作用，而他人对学生个体的评价，最终还要通过学生自己的再评价而实现；另一方面，通过自我评价，高职学生能激发学习动机，学会自我控制，更好地理解目标，看清进步情况，调整学习方案，尤其是发展自己的语言表达能力、组织能力，提升自己的心理素质、自信心和创新能力。高职学生形成了一定的课程评价能力，学会了如何评价学习、认识自我，将有力地促进他们由被动学习向自主探究、自主学习、协作学习和团队学习的转变。高职学生作为受教育者，对高职思政课问题式专题化教学的态度、内容、方法、效果都有切身的感受，最有资格对教师采取高职思政课问题式专题化教学的情况进行评价，从而做到教学相长。

三、评估的改进与发展

高职思政课问题式专题化教学评价涉及对高职思政课的要素、过程及效果的评价。归根到底，涉及高职思政课满足个人和社会发展需要的价值判断，所以，涉及的相关主体也是多方面的。多种评价主体相结合才能对高职思政课教学效果作出全面、科学的评价。高职思政课问题式专题化教学评价可以向以下几个方面改进和发展。

从单一评价向教育评价主体多元化方向改进，以达到客观全面的评价效果。高职思政课问题式专题化教学评价要把思政课任课教师、辅导员、班主任、企业师傅等教育主体的评价、学生自评、学习小组评价、同学互评、社会实践管理者评价、企业评价、网络学习评价等综合起来。

从知识考核评价取向向推进高职学生综合素质养成的方向改进，发挥教育评价的导向功能；从情商培养的角度改进，强化非智力因素的培养。高职思政课问题式专题化教学的吸引力就是高职思政课教学把高职学生的注意力、兴趣、情感、思想观念等吸引到教学所传播的内容上来的力量。它是一个由高职思政课专题教学目标的吸引力、教育主体的吸引力、教育内容的吸引力、教育方法的吸引力、教育载体的吸引力和教育环境的吸引力等要素构成的有机系统。高职思政课教师要遵循人际吸引规律，大力培育人格魅力、切实提高职业素质、提升语言艺术水平、提高吸引注意能力，以增强高校思想政治教育吸引力。问题式专题化教学评价要把学生的兴趣培养、能力培养等作为评价的重要内容。

从注重过程评价与结果评价的结合、促进知行统一的导向方面改进。当前高职思想政治教育质量和实效性评价主要是针对教育结果的认知性评价，过分注重以完成工作任务及单一的考试（核）成绩评定为评价标准，而对于教育过程中学生的非智力活动，特别是高层次的认知能力和情意能力评价重视不够，这就在一定程度上制约了评价教育功能的发挥。美国教育家布鲁姆认为："教育评价的目的是改善和优化教育过程。"对学生品德的评价也不例外，同样应对德育的过程具有导向性。做好日积月累的过程评价、量化考核，有利于培养学生的学习习惯，教会学生自主学习、合作探究的学习方法，提高学习能力，学会表达、协作，学会运用马克思主义的立场、观点和方法分析和解决问题。

利用现代网络技术和新媒体，推动时时、事事的全过程评价，探索增值性评价。网络是一种学习资源，要树立把它作为开展高职思想政治教育教学的平台的理念，利用它的开放性、自主性，调动学生的积极性，创立教师、学生、企业一体协作学习的新环境，使课堂学习延伸到课外，使封闭型的教学模式成为开放型的教学模式，开辟一条共同学习的通道，锻炼高职学生信息收集、语言表达、相互协作的能力。网络将现实中校企之间的距离缩短为零，教师、企业与学生之间可以利用新媒体突破时空限制进行学习交流。

适应网络学习时代的发展，克服高职学生思想政治教育评价中的种种弊端，探索能够真实、全面、科学地反映学生个性特征的思想政治教育评价办法。利用新媒体技术实现高职思政课问题式专题化教学过程性评价，可以准确收集学情数据，教师、企业指导老师、同学可以根据学生个体的日常表现，及时记录大数据为学生画像，为在教育过程中因材施教和增值性教育评价提供依据，准确掌握每个学生进步的增值系数，调动每个学生学习的积极性。增值性评价有利于避免教师思想政治教育评价中主观臆断，避免教师期末单一完成学生评价的片面性、笼统性。利用网络技术综合性评价有利于解决校企之间由于联系不便，沟通不及时，没有专门的时间、空间和人员，思想政治教育评价操作性差、效果不好、脱离学生思想实际的矛盾。由于互联网络的快捷性、共享性等优势，使真正的开放式的思想政治教育立体网络及时评价成为可能。

第三章

高职思政课问题式专题化教学
模式的教学实验

　　"给谁教和怎么教？"的问题是高职思政课的永恒课题。对于如何实现高校思政课教材体系向高职思政课教学体系的转化，再由教学体系转化为信仰体系、行为体系，2007 年 9 月，新疆农业职业技术学院启动了思政课专题化教学改革。改革实验的第二年，我成功申报了新疆维吾尔自治区高职高专院校思想政治教育科研规划项目"以就业为导向的高职思想政治理论课专题化教学改革的研究与实践"（HXDY-2008-024），开始新的理论探索与实验。围绕高职思政课专题化改革创新，展开了从高职学生群体特征、体验教育规律、高职思政课专题化教学模式，到实践教学、网络教学、课程思政等方面的具体探索。2009 年我主持自治区高校思政课重点课程"思想道德修养与法律基础"课建设，2012 年我主持新疆维吾尔自治区职业院校"十二五"思想政治教育科研规划课题重点项目"高职院校思想政治理论课专题化教学模式改革深化研究与推广实验"（项目批准号：XJGZDY002）课题接续研究，2013 年我主持教育部人文社会科学研究专项任务项目（高校思想政治工作）"高职院校学生思想政治教育的特点和规律研究"（项目批准号：13JDSZ2093）的研究工作。以课题研究为动力，高职思想政治理论课专题化研究与实践向纵深发展，以习近平总书记关于思想教育的重要论述为指导，研究实验工作进入新时期。2017 年 7 月我主持了教育部高校示范马克思主义学院和优秀教学科研团队重点项目"职业院校思想政治理论课实践教学研究"（项目编号：17JDSZK047），进一步开展思政课实践教学模式和网络教学模式研究，2021 年我主持 2020—2022 年高校思想政治理论课建设项目"全国高校思政课名师工作室（新疆农业职业技术学院）"（项目批准号：21SZJS65010995），高职思政课问题式专题化教学模式的研究与推广实验成为接续研究和探索的主题。

第一节　高职思政课问题式专题化教学的总体设计

　　提高人才培养质量是社会经济发展对高职教育的根本要求，是新时代高职教育提质培优的本质内涵。随着高职教育人才培养目标、模式和课程体系的改革和完善，高职思想政治教育如何适应高职教育改革的新形势，努力提高思政课教学的思想性、理论性和亲和力、针对性成为一个新课题。我在 15 年研究与实验的基础上，主张推广高职思政课问题式专题化教学模式。

一、创新高职思政课问题式专题化教学模式的主要依据

一是高职学生智能类型的特殊性。心理学研究表明：人类的智能是多样的，在智能的结构和类型方面存在很大的区别，总体上可分为抽象思维和形象思维两大类。不同的智能倾向，对知识的掌握也具有不同的指向性。通过不同的教育和自身的学习，可成为研究型、学术型和技术型、技能型两类不同领域的人才。国家社会科学基金"十一五"规划教育学重点课题"以教育技术促进学校教育创新研究"的结论表明：从智能类型上看，职业院校学生较多的是具有较强的形象思维能力，对涉及经验、策略方面的过程性知识具有较强的掌握能力，对专业实践比较感兴趣，而对概念、原理方面的陈述性知识和纯理论的课程内容兴趣不高。我们开展的教育部人文社科专项任务课题也证明了这个结论在高职教育范围内的准确性。高职学生的这一特点是我们探索高职思政课教学新模式的逻辑起点，高职思政课问题式专题化教学模式，能适应高职人才类型性特点的因材施教的本质要求。

二是高职课程建设的实践张力。肩负着培养面向生产、建设、服务和管理第一线需要的技术技能人才使命的高职教育，服务区域经济与社会发展，将"工学结合"作为基本人才培养模式，而把工学交替、任务驱动、项目导向、顶岗实习作为基本教学模式，在国家示范性高等职业院校建设时期加大课程建设与改革力度。进入"双高计划"建设时代，新构建的课程体系和教学内容，以增强学生职业能力为目标，将职业岗位所需的关键能力培养融入专业教学体系之中，已经成为高职课程建设的总体发展趋势。

这一课程改革趋势要求坚持用习近平新时代中国特色社会主义思想铸魂育人，坚持德技并修，服务专业人才培养目标创新高职思政课教学模式，其中的一个关键环节就是应以问题为中心、以提升学生思想政治素质为目标。这一新的教学模式有利于把职业环境中思想政治教育资源充分挖掘出来，按照学生成长中出现现实问题的过程和规律，引导学生将政治理论知识学习、马克思主义实践应用能力培养和思想政治素质提高三者紧密结合起来，关注生活、关注社会，有针对性地进行思想政治教育，提高学生的思想政治素质和就业、创业能力。

二、高职思政课问题式专题化模式的教学设计

切实提升高职思政课的思想性、理论性和亲和力、针对性，创新专题化教学模式，有很多工作要做，经过多年探索与实践，我们认为，主要应包括以下几个方面：

（一）以专题化为单位组织贴近生活、贴近学生、贴近职业教育的教学内容体系

要根据专业人才培养目标、课程标准、立足教材要求，选择专题教学内容，围绕专题教学内容设计具体教学方案，制作多媒体课件、微课。这样组织的教学内容关注学生现实生活中存在的热点、疑点、难点问题甚至要细化到分专业选择教学案例。教师因所教专业不同，教案也因事而化、因时而进、因势而新。这样立足于学生实际和社会实际问题，以归纳法思维路向，围绕教学大纲和课程标准，提炼和确立专题化课堂教学内容，并以案例为导引、以问题为核心的探究式教学法对教学内容进行精心组织编排，形成适应形象思维群体特征突出的学生学习习惯。这样可以更加突出高职思政课教学体系的科学性、前瞻性和时代性，提高高职思政课教学的针对性，激发学生学习兴趣，调动思政课学习的积极性、主动性。

（二）采取以案例为导引、以问题为核心的探究式教学方法

我们在实践中以案例激趣、问题驱动，提高亲和力和针对性。在自主学习的基础上，通过师生互动的合作探究，共同深入分析问题，化解疑难困惑。学生通过写体会、调研、演讲、辩论、讨论交流、视频影片观摩、听教师指点等自主学习和合作探究等过程，不但掌握了课程的基本知识，而且提高了用马克思主义的立场、观点和方法分析、解决问题的能力，表达能力和心理素质等。这有利于培养学生的探索精神、创新品格和实践能力，达成对思政课思想性、理论性的目标追求。

（三）以案例为导引、问题为核心设计实践教学内容

实践教学是高职思政课课堂教学的重要组成部分，社会实践也是课堂教学向课外的有效延伸。学生在课堂理论教学中会经常产生困惑，只有在社会实践中体会、感悟，才能解惑。在教学内容的设置上根据高职学生的需要，联系现实生活和社会中各种背景，教育学生在做中学、学中做，使实践教学形成课内、课外和校内、校外的全方位实践育人机制。在教学过程中注意做到组织形式要务实、要符合高职特点，不图形式的轰轰烈烈。如在笔者学校，不仅要利用好中国德育馆（新疆馆）和思政课实践教学3D虚拟体验中心这样的课内校内实践资源解疑释惑，还可以利用"壹网情深"移动学习平台这样的评价手段，引导高职学生在半工半读、勤工助学、假期打工、社会调查、军训、社会劳动、实习实训等活动中有较多的时间和社会接触，让他们在教师引导下带着问题下去，回到课堂交流，有利于他们在实践中发现问题、在讨论中解决问题，最终牢固树立"四个自信"，提高思想政治素质。

在实践教学管理上，还应善用系统思维的方法，善用"大思政课"，把高职思政课教学与专业教学相结合，与日常教育相结合，树牢"三全育人、五育并举"的理念，打造"三全育人"的机制，把高职思政课的社会实践活动任务与党委、团委、学生处的社会实践活动同

时部署，分别考核，最终形成了教育合力，使学生在学中做、做中学，在实践学习中做到了真学、真懂、真信、真用，顺利实现思想政治教育的内化和外化。

（四）以案例为导引、以问题为核心开发网络教学资源，增强专题化教学的效果

在实践中注意把教育技术运用到课堂教学中，根据教学内容，采取各种形式的融媒体手段，以便更好地适应高职学生的实际。针对学生长于形象思维的心理特点，组织制作微课、影视、动漫、图画、文字等多种形式的新媒体专题教学资源，建设问题库、案例库和在线开放课程，拉近学生与社会的距离、现实与历史的距离，把抽象的问题形象化，将概念、判断、推理描述的问题直观化，提高了学生学习探究的兴趣，增强了教学效果。

（五）改进知行统一的综合性评价方法

为了进一步提高思政课教学的"三性一力"，我们改变传统的评价方式，采取知行合一的综合性考核方法，也就是从理论学习、实践学习、网络学习和行为表现等多方面进行考核，把学生的学习过程与目标考核相结合，方式上采取学生自评、互评，辅导员、班主任和教师导评相结合进行，突出能力考核。具体操作上分为日常学习考核和结业综合考核。日常考核的做法就是在组织学生自主学习、合作学习、实践学习、网络学习的过程中，由学习小组和教师依据日常学习、生活表现和学习数据反映的学习成果进行考核，日常学习考核占考核成绩的40%。综合考核，就是学习小组、课代表、班主任、任课教师根据平时考核记载和结业论文成绩综合起来进行评价，积极探索增值性评价考核。

总之，通过15年坚持问题式专题化教学模式，以案例为导引、以问题为核心的探究式专题化教学思路，我们很好地实现了思政课从教材体系向教学体系的转化，从教学体系向解决大学生思想问题的能力素质培养体系的转化，提高了思政治课的"三性一力"。

第二节　高职思政课问题式
专题化教学的具体实施

笔者以主持新疆高校思政课重点课程"思想道德修养与法律基础"（2021年秋季学期更名为"思想道德与法治"）建设为教学实验的起点，适应高职学生思想政治教育的特点，创造性地开展了"思想道德与法治"（以下简称"德法"）课由教材体系向教学体系的转化。带领教学团队从课程的特性和高职学生思想实际出发，积极推进了高职问题式专题化教学

模式的探索。

一、问题式专题化教学是实现思政课教材体系转化的突破口

（一）基本思路

一是依据"德法"课统编教材领会国家要求，联系新疆少数民族地区高职学生思想实际，摸排高职学生认知的难点、热点问题。突出问题意识，以揭示高职学生思想矛盾为驱动力，设计核心问题，贴近职业、专业、岗位要求整合教学内容，提高教学内容设计的针对性，推动"德法"课教学由教材体系向教学体系转化。

二是把握高职学生的思想政治教育特点，遵循入眼是学生入脑、入心、入行的前提的认知规律，选择教学方法：①精选贴近高职学生专业实际的具有挑战性的教学案例，激发学生的学习兴趣；②创设能启发学生发散性思维的疑问，激发学生学习动力；③设计探究式教学方案，引导学生自主学习，强化实践教学活动，推动师生教学互动，增加情感体验过程；④采取现代心理学和多媒体信息化等教学手段，突出活动体验，化抽象为形象、变间接为直接。最终，推动"德法"课教学由教学体系向信仰体系转化。

三是改革单一的评价方式，根据教学内容和实践资源，设计全方位的综合考核方式。引导学生在实践中体验、在体验中形成信念并付诸行动，推动"德法"课教学由信仰体系向行为体系转化。

（二）"德法"课程建设实践中需要注意的问题

一是在实践中不断调整教学内容的设计方案。根据人才培养目标，依据教材要求，在教学内容上编排为16个专题、48学时，既体现国家要求、贴近新疆实际，又突出高职特点、解决突出问题。修订后的专题是：专题一"顺应时代需要，勇做时代新人"；专题二"领悟人生真谛，增长人生智慧"；专题三"直面人生矛盾，成就出彩人生"；专题四"点亮理想的灯，补足精神之'钙'"；专题五"树立科学信仰，放飞青春梦想"；专题六"传承中国精神，养我中华正气"；专题七"情系爱国爱疆，甘于奉献担当"；专题八"求大同认公理，信奉知行合一"；专题九"信核心价值观，奉行修齐治平"；专题十"学习道德理论，认识道德本质"；专题十一"传承传统美德，弘扬革命道德"；专题十二"投身崇德向善，修养道德品质"；专题十三"认知我国法律，把握本质功能"；专题十四"全面依法治国，建设法律体系"；专题十五"维护宪法权威，加强实施监督"；专题十六"树立法治思维，提升法治素养"。在教学实践中反复检验，修订纲目，形成了新的教学标准、电子教案、课件、微课体系和评价办法等成果。

二是专题化教学方法选择要突出学生的主体地位，坚持因材施教、教学相长的教育原则，倡导探究式教学方法。在实践中倡导以案例导向为导引，以问题为驱动，在自主学习的基础上，通过师生互动的合作探究，共同深入分析问题，化解疑难困惑。学生通过微课、体会、调研、演讲、辩论、讨论交流、听教师指导等自主学习和合作探究等过程，不但掌握课程的基本知识，提高运用马克思主义的立场、观点和方法分析、解决问题的能力，而且合作学习水平、口头表达能力和心理素质等也不断提高，探索精神、创新品格和实践能力也得到培养。

三是专题化教学案例的使用要突出针对性，有利于激发学生的学习兴趣，调动其学习的积极性、主动性。以案例为导引，以问题为核心的专题化教学的关键是选择案例、创设课堂学习情境，不仅要关注学生现实生活中存在的热点、疑点、难点问题，而且要细化到不同专业选择教学案例，教师因所教专业不同，教案也应各具特色，例如以讲授职业规范提升职业素质为例，园林专业、会计专业、水利工程专业、畜牧兽医专业的职业道德规范会不同，教师准备的案例、学生的调研结果都要贴近专业。这样立足于学生专业实际和高职生活实际，以归纳法思维路向围绕教学大纲，提炼和确立专题课堂教学内容，可以更加突出高职"德法"课程在不同专业教学体系的科学性、前瞻性和时代性。

二、推动所有实践教育活动与思政课教学同向同行，形成协同效应

习近平总书记指出："要用好课堂教学这个主渠道，思想政治理论课要坚持在改进中加强，提升思想政治教育亲和力和针对性，满足学生成长发展需求和期待，其他各门课都要守好一段渠、种好责任田，使各类课程与思想政治理论课同向同行，形成协同效应。"高职院校思想政治教育工作存在着突出问题：工作中暴露出"德法"课教学实践性不强，日常德育实践活动的理论支撑不足的缺点，知与行相分离。理论教学由马克思主义学院负责，实践教育活动由学生处、团委组织，"德法"课教学和日常德育实践活动属于各自独立的运行体系，相互之间没有沟通机制，教育没能形成合力。按照统一的教育目标，统筹高职思政课与日常德育实践活动，推动实践教育活动与思政课同向同行，形成协同效应，是思政课教学部门和学生工作部门两支队伍的共同期盼。

高职院校日常德育活动如何规范化、系统化、科学化是高职院校团委、学生处的一个实践难题。在研究与实验的基础上，新疆农业职业技术学院创新了一种学生喜闻乐见的日常思想政治教育模式——高职德育活动课。它遵循高职学生思想政治教育特点和成长成才规律，设计专题教育活动内容模块，每个模块以解决学生思想实际问题为中心，以课堂德育活动为

纽带，贯穿学生在校学习、生活全过程。学生将自己在校园学习生活、企业见习实习、社会实践等领域遇到的思想问题带进课堂交流、探究。德育活动课的突出特点是职业性、实践性、体验性，它使校园、企业、家庭、社会都成为育人的重要场所，它突出体现了高职教育在实践中体验、在体验中成长的德育规律，是一门在新疆高职院校推广的、面向全体学生的日常德育活动必修课。作为一门教会学生做人的日常思想政治教育活动课，为推动"德法"课程实践教学理念更新，统筹马克思主义学院与学生处、团委等学校教育力量与资源，提升教育合力，提供了有效的载体和路径。

在"德法"课教学与日常思想教育协同育人的设计理念指导下，统筹学校实践育人活动，以高职德育活动课为载体，把"德法"课教学与日常德育活动相结合、对接与互补，有利于提升教育合力。具体地说：

一要整体设计教育活动内容，找准理论教学和德育实践教育活动的契合点。即把"德法"课教学的关于思想、道德与法律问题的理论思考与德育活动课中凝聚的相关实践教育活动体验紧密联系。德育活动课发现新的现实问题，探究学习且创设实践体验活动，形成对"德法"课程教学理论学习的心理需求，提升"德法"课教学的针对性；"德法"课程教学培养学生理性思维能力和正确的思想、道德与法律价值观念，积蓄德育活动课的正能量。德育活动课成为连接"德法"课理论教学和高职德育实践教学活动的有效桥梁，学生通过社会实践活动体验，可以增强对真理的认知，强化对社会主义道路、理论、制度、文化的自信，进而转化为行动的正能量，有利于促使学生把知识内化成自身行为的标准和价值尺度。

二要在教育教学管理上为"德法"课与日常德育活动的协同育人创造客观条件。高职德育活动课作为日常思想政治教育的校本课程，每学期由教务处统一下达教学计划，有规定的时间、统一的教学依据（《高职德育活动课读本》），由辅导员、班主任承担教育任务，团委有严格的考核办法。同时，"德法"课实践教学成绩的考核和认定也需要学工部门和教务处的评价制度作保障。

三要在德育活动课中普遍采用探究式教育方法，推动"德法"课的教学方法改革。高职德育活动课要求月月有主题、周周有活动、课课有体会。德育活动课中教师与学生共同探究、平等交流，教师了解学生的所需所想，掌握学生在思想上、学习上、生活上、情感上所遇到的困惑问题。学生从热点、难点和困惑问题出发来进行学习探究，积极投身于社会实践去体验，在实践学习中总结升华。学校统筹学工部、团委、实训基地等部门管理的社会实践资源，利用"壹网情深"云空间提供专题学习信息、完成实践学习体会提交和批阅，使"德法"课教学活动突破时空局限,扩大了实践教育活动的范围和学习评价空间,推动了"德法"课的教学方法改革与创新。

三、采用综合性考核方式是推动问题式专题化教学改革的指挥棒

高职思政课建设是一个系统工程,考核评价是课程建设的重要组成部分,也是一个重要的教学环节,不能只靠思政课教师单独完成工作,而要依靠教务处、督导室、学工部、团委的支持与配合,还要动用辅导员、班主任、学生干部等教育力量全员参与,才能做到全员、全天候、全过程、全方位考核学生,引导学生知行统一,促进学生良好学习、生活习惯的养成。实践教学途径的拓展与评价的创新还要依托"壹网情深"云空间技术的支撑,以学生手机、计算机终端作为保障,调动学生参与的主动性。

考核评价方式是高职思政课教学改革的指挥棒。针对课程过去采取单一的知识性考试,知行分离、不全面、不客观的问题,我们把德育活动课的知行统一的评价方法导入思政课,把学习目标与学习过程考核相结合,把自评、互评和教师评价相结合,校内评价与企业评价相结合,重视课内学习与实际生活表现的一致性,探索课堂学习与企业实习体会评价的关系,突出能力考核和全方位评价。"壹网情深"移动学习平台为二者都设计了探究式学习的若干环节,给学生留下思考的空间,形成一个集作业、课堂笔记和评价于一体的学习载体。考核分为专题学习考核和结业综合考核。专题学习考核,就是在组织学生自主学习、合作学习、实践学习的过程中,由学习小组和教师依据日常学习、生活评价在"壹网情深"移动学习平台生成记录、反映的学习成果进行的过程考核。结业综合考核,就是学习小组、课代表、班主任辅导员、任课教师、团委、学生处根据平时社会实践考核记载和结业论文成绩综合起来进行的评价。把学生的知与行综合起来进行评价,有效地推动了社会主义核心价值观的落细落小落实,是鼓励学生知行统一的动力源。

同时,思政课考核中要重视现代网络技术的运用与推广。随着云空间技术的出现,师生全天候交流、实名制无纸化学习和适时考试评价成为可能,使"三全育人"的理念和设想有了技术支撑。"壹网情深"移动学习平台利用云空间存储技术的创新必然带来思想政治教育学习空间技术的革命,使高职思政课教育教学手段现代化,实践教学中的网上作业提交、批量阅览、时时记录、及时评价成为现实,从而把"三全育人"工作落到实处。

总之,通过上述三方面探索,我们创造性地开展了高职思政课教材体系向教学体系的转化、教学体系向信仰体系的转化、信仰体系向行为体系的转化,使思政课教育教学手段和效果达到新的水平和境界。

第三节　高职思政课问题式专题化教学的案例举要

//

　　高职思政课专题化教学改革，包含本科层次"毛泽东思想和中国特色社会主义理论体系概论""思想道德与法治""中国近现代史纲要""马克思主义原理""形势与政策"课，新疆加开选择性必修课"简明新疆地方史教程"；专科层次"毛泽东思想和中国特色社会主义理论体系概论""思想道德与法治""形势与政策"课，新疆加开选择性必修课"简明新疆地方史教程""马克思主义原理"共5门课程。2007年我曾担任"思想道德修养与法律基础"课教研室主任，主持自治区高校思政课重点课"思想道德修养与法律基础"（以下简称"基础"）的建设任务，2019年与现任"基础"课教研室主任一起主持"基础"在线资源开放课建设，组织新疆11所高校30位教师组成课程建设团队和课程教学团队，在研究中工作、在工作中研究，在理论探索的基础上，指导课程建设。"基础"课专题化教学改革，理所当然就成了课程研究和实验的突破口。

一、高职"思想道德与法治"课程改革创新的脉络

　　新疆农业职业技术学院，为了加强学生思想品德教育的针对性和实效性，自1999年创设中职德育活动课，2003年开始探索高职日常思想政治教育活动课教育模式，这种模式把日常教育课程化、课程教育专题化、专题教育生活化，成功地完成了日常教育模式由灌输向活动德育的转型。2005年，我与何成江、李玉鸿教授共同主持编写出版《大学生党的教育读本》，借鉴德育活动课教育模式，学院实施大学生党的教育启蒙工程，推动对高职学生普及马克思主义大众化的实践，再次积累专题化教学设计和教学的实践经验。2007年9月，以高职国家示范性建设为契机，在学院党委的领导和支持下学院全面启动高职思政课专题化教学改革。在国家示范性建设中，专业课程改革坚持"基于工作过程的课程观"进行，成为高职课程建设的总体发展趋势，同时，对高职思政课改革产生了积极的影响。为此，学院思政课教学团队教研活动从教育理念、课程体系、教学内容体系、教学方法、教学手段、教育途径等多个方面，进行了以职业教育理念为指导、以教学内容为核心，以教学方法、教学手段、教育途径、教学评价为辅助的综合性改革。

在《思想理论教育导刊》原主审、中国人民大学任大奎教授，北京大学魏英敏教授，清华大学吴潜涛教授等专家的指导下，我们开始尝试高职思政课专题化教学模式创新。这项改革结合高职学生的特点，围绕高职特定的人才培养目标和人才培养方式，贯彻落实德育为先、育人为本、把立德树人作为根本任务的教育理念，以服务为宗旨。以就业为导向的教育理念，教学做合一教育理念，探究性教学理念，能力本位的教育理念等高职教育理念，以培养面向生产、建设、管理、服务第一线需要的"下得去、留得住、用得上"，实践能力强、具有良好职业道德和思想政治素质的高技能人才为目标。高职"基础"课教学团队以学生成长成才成人为主线，围绕学生成长中的重要问题与困惑，依据教育部"05方案"规定的教材，坚持以"以案例为导引、以问题为核心"构建"基础"课专题教学内容体系，在实施探究式教学方法、采取综合评价的手段、突出实践教学环节、"崇德尚能"追求教育的针对性和实效性方面进行了大胆的尝试。经过2008年、2009年、2010年三轮"基础"课教学实验，我们在教学中探索，在探索中完善，"基础"课教学内容体系构建和教学模式日趋科学和合乎学理。2011年"基础"课重点课程建设通过了自治区教育厅的验收。2013年9月以后，在新的课题研究任务推动下，开始接续研究与实验工作。高职思政课建设进入新时代后，依据2018版新教材，我和"基础"课教研室主任主持启动了"基础"课在线资源开放课建设。2021年《思想道德与法治》新教材出版，"德法"课教学内容体系进入新一轮修订。按照问题式专题化教学模式（"以案例为导引，以问题为核心"的探究式专题化思路）推动高职"德法"教学改革创新，我们从教学标准、教学方案、教学课件、微课资源库、教学案例库、移动学习APP等方面形成了一整套"德法"课建设成果。

二、高职"思想道德与法治"课程的定位和特色

（一）高职"德法"课程的定位

高职"德法"课程是帮助高职学生提高思想道德素质和法治素养的重要课程。本课程以习近平新时代中国特色社会主义思想为指导，以社会主义核心价值观为主线，针对大学生成长过程中面临的思想、道德和法律问题，有效地开展马克思主义的世界观、人生观、价值观、道德观和法治观教育，引导大学生树立崇高的理想信念，弘扬伟大的爱国主义精神、集体主义精神，加强自身道德修养和提高思想道德素质，树立实现中华民族伟大复兴中国梦而奋斗的理想信念，在培养学生爱岗、敬业、诚信等道德素质上发挥着不可替代的重要作用。

"德法"课程作为高职院校思想政治教育的必修课，是高职院校推进落实立德树人根本任务的关键课。

（二）高职"德法"课程建设特色

高职"德法"课程建设的特点，可以概括为八个特性：在课程定位上体现了思想性；在内容设计上体现了职业性；在教育方式上体现了实践性；在教育过程上体现了体验性；在学习方法上体现了探究性；在考核方式上体现了知行统一性；在教学手段上体现了时代性（信息化）；在教学效果上体现了成果性。

三、高职"思想道德与法治"课程建设的探索与实践

学院"德法"课程建设，坚持问题式专题化教学模式，秉持以案例为导引、以问题为核心的探究式专题化教学思路，从学生的特点出发，以学生成才成人规律为主线，坚持把国家要求与学生的主体需求相结合，突出主体地位、高职特色，设计课程教学内容体系。

（一）高职"德法"课程问题式专题化教学模式的要点

1. 课程性质和任务

"德法"课程是中宣部、教育部规定的高职院校思想政治教育必修课程。是一门融思想性、政治性、科学性、理论性、实践性于一体的思政课。针对大学生成长过程中面临的思想、道德与法律问题，开展马克思主义的世界观、人生观、价值观、道德观、法治观教育，引导大学生提高思想道德素质和法治素养，成长为自觉担当民族复兴大任的时代新人。

该课程是专门为一年级大学新生开设的，帮助学生认识时代坐标，了解历史使命，坚持马克思主义世界观、人生观、价值观、道德观和法治观，用习近平新时代中国特色社会主义思想、用科学的观点分析问题和解决问题；认识自己肩负的实现中华民族伟大复兴中国梦的历史使命，勇做时代新人，沿着正确的方向和道路修身成才；按照党和国家的要求，把握社会主义法律的本质、运行和体系，理解中国特色社会主义法治体系和法治道路的精髓；懂得中国特色社会主义法治的知识，掌握宪法基本精神、原则及规定，增强法治观念，树立法治思维，提高公民意识和国家主人翁责任感，正确行使公民权利，自觉履行公民义务，成为德智体美劳全面发展的社会主义事业的建设者和接班人。

2. 教材内容分析

（1）"德法"课程与其他课程的关系

本课程与高职本科开设的"毛泽东思想和中国特色社会主义理论体系概论""中国近现代史纲要""马克思主义原理""形势与政策"课，新疆加开的选择性必修课"简明新疆地方

史教程"；与高职专科开设的"毛泽东思想和中国特色社会主义理论体系概论""形势与政策"等课程是高职院校思想政治理论课的主干课程。学好本课程可以教育学生认识时代方位，树立成人成才目标，努力提高思想道德素养和法治素养，学会学习，为其他课程的学习奠定基础。

（2）"德法"课程教材思路分析

"德法"课程教材是以习近平新时代中国特色社会主义思想为指导，以世界观、人生观、价值观、道德观、法治观教育为主线，以教育和引导新时代高职学生立大志、明大德、成大才、担大任为切入点，针对高职学生成才成人过程中经常遇到的政治信仰、人生价值、态度、思想、道德、恋爱婚姻、修养、法律等问题，如为什么信仰马克思主义？为什么说中国特色社会主义是社会主义而不是别的主义？青年大学生为什么不能"躺平"，要以积极、进取的姿态迎接人生挑战？为什么为人民服务并非高不可攀、集体主义并不遥远？如何理解社会主义核心价值观的先进性、人民性和真实性？如何认清西方所谓"普世价值"的真实面目？为什么说"党大还是法大"是个伪命题？如何理解关于言论自由的法律规定？等等，紧密联系社会主义现代化建设的实际，如以习近平同志为核心的党中央团结带领全国各族人民，实现了全面建成小康社会，历史性地解决了绝对贫困问题；我国经济社会相关发展成就；艰苦卓绝的抗疫斗争；决战脱贫攻坚和乡村振兴的伟大实践；社会主义道德建设、法治中国建设的最新进展等；联系高职学生思想实际，教育引导高职学生加强自身思想道德素质和法治素养，培养树立正确的理想信念、人生价值观念、爱国主义情怀、践行社会主义核心价值观、道德观念、法治意识，形成良好的思想政治素质和法治素养，在培养学生爱岗、敬业、诚信等道德素质上发挥着不可替代的重要作用。"德法"课程作为高职落实立德树人根本任务的关键课，是高职院校思想政治教育的主渠道。

3. "德法"课程教学总体目标

本课程的教学目标是：培养学生具备高素质技术技能型、应用型人才所必需的思想品德修养和法治的基本知识和基本素养，具有较强的工作岗位适应能力、分析和解决实际问题的能力以及创新意识、职业道德意识及法治意识。

（1）知识教育目标

了解高职教育与高职学生成才目标；了解人的本质及人生观内涵及其内容，掌握什么是正确的人生观；理解理想信念的内涵、特征，掌握崇高理想信念的内容；理解中国精神的内容构成，掌握爱国主义的内涵和时代要求。理解改革创新是时代精神的核心，理解改革创新是时代要求；掌握社会主义核心价值观的基本内容、显著特征及践行社会主义核心价值观的基本要求；了解马克思主义道德的基本理论，掌握社会主义道德核心、原则，及其社会公德、职业道德、家庭美德、个人品德修养的时代要求；掌握社会主义法律的特征和运行，掌握全面依法治国的基本依循、原则，维护宪法权威，树立法治思维，了解公民的基本权利和义务。

（2）能力培养目标

使学生能够理性认清自己所处的时代坐标与社会需求；科学规划自己的人生发展，树立科学合理的人生理想和崇高的社会理想；能够明确理性爱国，践行爱国报国之志；能够独立理性分析社会热点和冲突，形成正确的价值观，坚定文化自信，提高辨别是非、美丑、真假的思考能力，提升抵御错误思潮侵袭的免疫力；树立正确的道德观念，增强创新意识、劳动意识，提升社会公德、职业道德、家庭美德和道德品质；能够运用法治思维判断、分析和解决生活问题，依法行使权力、履行义务，树立正确的法律意识和法治观念，学会正确人与人、个人与社会、个人与国家等关系问题。

（3）素质教育目标

使学生树立正确的人生观、价值观、道德观、法治观，培养健全的心理，养成适应法治社会、适应职业要求的行为习惯，树立远大的理想、崇高的家国情怀、正确人生价值观、良好的职业素养和法律素质。具体地说，认识自身成长成才与中国梦的关系，实现同频共振，自觉做担当民族复兴大任的时代新人；与历史同向，与祖国同行，与人民同在，在服务人民、奉献社会的人生实践中实现自己的人生价值；自觉树立崇高的理想信念，将个人理想与社会理想相结合，将个人命运与祖国、人民的命运联系在一起，立为国奉献之志，立为民服务之志；自觉弘扬中国精神，增强民族认同感、自豪感，做忠诚的爱国者和改革创新的生力军；恪守公民道德、职业道德、家庭美德规范，自觉提高自身道德修养，自觉投身崇德向善的道德实践，做到向善向上、知行合一；坚持全面依法治国，增强道路自信、理论自信、制度自信、文化自信，树立法治思维，依法行使法律权利与履行法律义务。

4. 高职"德法"课程问题式专题化模块与微课点设计

模块一　智慧人生　坚定信仰

专题一　顺应时代需要，勇做时代新人

本专题对应教材内容：绪论

1. 生逢盛世——我们走进中国特色社会主义新时代

2. 担当使命——勇做民族复兴大任的时代新人

3. 知行合一——掌握本门课程的学习方法

专题二　领悟人生真谛，增长人生智慧

本专题对应教材内容：第一章第一节、第二节

4. 人生之谜——正确认识人的本质

5. 人生纵横——人生观的主要内容

6. 人生智慧——正确个人与社会的关系

专题三　直面人生矛盾，成就出彩人生

本专题对应教材内容：第一章第三节

7. 笑里去愁——保持积极进取的人生态度

8. 实事求是——人生价值的实现条件

9. 思中智出——辩证对待人生矛盾

10. 明辨是非——反对错误的人生观

专题四　点亮理想的灯，补足精神之"钙"

本专题对应教材内容：第二章第一节

11. 心灵灯塔——理想信念的内涵与特征

12. 精神动力——理想信念是精神之"钙"

专题五　树立科学信仰，放飞青春梦想

本专题对应教材内容：第二章第二节、第三节

13. 崇高信仰——确立马克思主义的科学信仰

14. 共同理想——建设中国特色社会主义现代化强国

15. 圆梦之桥——正确认识理想与现实的关系

16. 担当奉献——为实现中国梦注入青春能量

模块二　爱国担当　青春绽放

专题六　传承中国精神，养我中华正气

本专题对应教材内容：第三章第一节

17. 中华基因——重精神是中华民族的优秀传统

18. 中华之魂——以爱国主义为核心的民族精神

19. 复兴之魄——以改革创新为核心的时代精神

专题七　爱国爱疆，甘于奉献担当

本专题对应教材内容：第三章第二节、第三节

20. 家国情怀——爱国主义的基本内涵

21. 生生不息——尊重传承中华民族历史和文化

22. 亲如一家——促进民族团结

23. 安不忘危——增强国家安全意识

24. 推陈出新——增强改革创新的能力本领

模块三　修齐治平　德润人心

专题八　求大同认公理，信奉知行合一

本专题对应教材内容：第四章第一节、第二节

25. 价值共识——社会主义核心价值观的基本内容

26. 是非曲直——当代中国凝心聚力的精神航标

27. 道义制高——社会主义核心价值观的独特优势

28. 人民至上——社会主义核心价值观中西比较

专题九　信核心价值观，奉行修齐治平

本专题对应教材内容：第四章第三节

29. 勤学好问——要勤学，下得苦功夫，求得真学问

30. 崇德修身——要修德，加强道德修养，注重道德实践

31. 是非分明——要明辨，善于明辨是非，善于决断选择

32. 身体力行——要笃实，扎扎实实干事，踏踏实实做人

专题十　学习道德理论，认识道德本质

本专题对应教材内容：第五章第一节

33. 追根溯源——道德的起源与本质

34. 行为指南——道德的功能与作用

35. 服务人民——社会主义道德的核心

36. 集体主义——彰显社会主义道德进步的标尺

专题十一　传承传统美德，弘扬革命道德

本专题对应教材内容：第五章第二节

37. 源远流长——中华传统美德的基本精神

38. 红色基因——中国革命道德的主要内容

专题十二　投身崇德向善，修养道德品质

本专题对应教材内容：第五章第三节

39. 公序良俗——崇尚社会公德

40. 恪尽职守——明确职业生活中的道德规范

41. 铸德之基——注重家庭、家教、家风

42. 从善如登——锤炼高尚道德品格

43. 榜样力量——向道德模范学习

44. 助人为乐——参与志愿服务活动

模块四 依法治国 法安天下

专题十三 认知我国法律，把握本质功能

本专题对应教材内容：第六章第一节

45. 行为规范——法律的含义及历史发展

46. 履仁蹈义——我国社会主义法律的运行

专题十四 全面依法治国，建设法律体系

本专题对应教材内容：第六章第二节

47. 根本依循——习近平法治思想

48. 依法治国——坚持走中国特色社会主义法治道路

49. 纲举目张——建设中国特色社会主义法治体系的主要内容

50. 统筹推进——全面依法治国的基本格局

专题十五 维护宪法权威，加强实施监督

本专题对应教材内容：第六章第三节

51. 历史渊源——宪法的形成和发展

52. 维护权威——宪法的地位和原则

53. 凛不可犯——宪法的实施和监督

专题十六 树立法治思维，提升法治素养

本专题对应教材内容：第六章第四节

54. 法治思维——实现中国特色社会主义现代化的重要课题

55. 公正理性——法治思维的基本内容

56. 相互依存——法律权利与法律义务

57. 权威保障——我国宪法法律规定的基本权利

58. 当仁不让——公民应履行的基本法律义务

59. 法治素养——大学生成长成才的内在需要

5. 教学组织与考核方法

（1）实施机构：由"德法"教研室执行。

（2）组织内容：集体教学备课、教案讲义审核、微课点的制作、教学模式推广实验、在线资源开放课的应用和管理。

（3）教学方法：采取问题式专题化教学模式，倡导以案例为导引、以问题为核心，采取探究式教学方法，注重对学生的启发、引导，利用在线开放课资源，推动翻转课堂、线上线下混合学习模式，推行"大思政课"运行，向实践教学、网络教学延展，用好"壹网情深"移动学习平台。

（4）考核办法：采用"壹网情深"移动学习平台，进行探究式学习的全程化考核。

（二）"德法"课程专题化改革教学方案设计示例

关于"德法"课程教学方案设计的几点思考：

（1）破除按教材章节目局限，采取按专题化模块设计教学方案的思路。

（2）课型不再使用传统的讲授法的课型，而采取问题式专题化教学模式，以案例为导引、以问题为核心的探究式课型，即三阶段六环节——课前：自主学习（用好"壹网情深"移动学习平台）；课中：案例导引（激发兴趣，提高亲和力）、问题聚焦（激发学习动力，增强针对性）、合作探究（提升思想性、理论性）；课后：行动体验（推动知行合一）、学习小结（固化学习成果）的探究学习课程教学结构，融入"大思政课"理念，课前自主学习向网络空间延展，课后行动体验向社会实践拓展，最终实现提升思政课的思想性、理论性和亲和力、针对性的思政课改革创新目标（图3-1）。

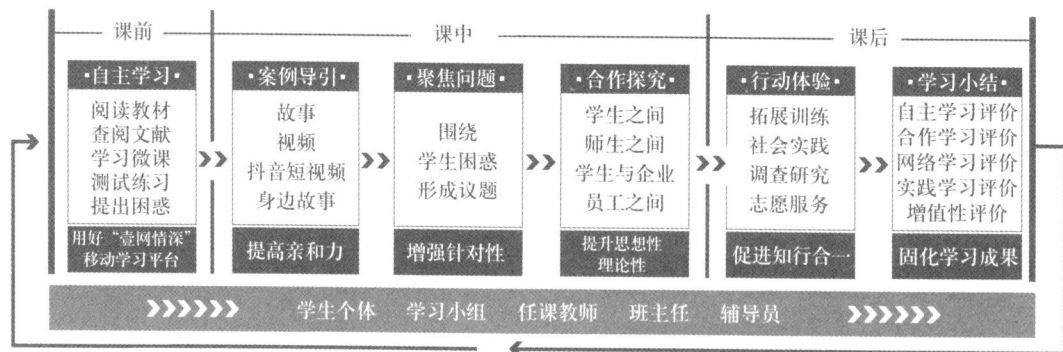

图3-1 高职思政课问题式专题化教学模式（课型）示意图

（3）突出课内课外实践教学活动、高职人才培养模式的要求，倡导贴近高职、贴近专业、贴近学生思想实际的教学方法、手段的创新。

2008 年 5 月，笔者以案例为导引、以问题为核心的高校思政课专题化教学模式的首次教学展示是参加新疆维吾尔自治区首届高校思政课教学大赛，荣获本届比赛一等奖，同时，被自治区教育工委、教育厅授予自治区首批高校思政课"十大教学能手"称号。下面是大赛"基础"课（现为"德法"课）职业道德专题教学设计方案内容。

新疆农业职业技术学院思想政治理论课专题教学设计方案

课程名称　思想道德修养与法律基础

时　间　2008 年 5 月 22 日

授课班级　2007 高职会审（2）班

专题名称　明确职业要求、领悟职业之魂

学情分析　2007 高职会审（2）班 42 名学生，学习风气浓郁，已经形成了民主、和谐、好学的班风，学生热爱思政课，已经适应问题式探究性学习方式。5·12 汶川地震给全班同学带来震撼，学生对师德问题感受颇深。对会计职业道德有 60% 的同学尚不明晰，对以前朱镕基总理提出的"不做假账"50% 以上同学没有形成理性认识。因此，本节课聚焦会计职业道德之魂，需要结合同学们会计专业职业道德的认识基础，因材施教。

教学目标

[知识目标]

了解职业的本质内涵，把握本专业职业道德和职业生活中的主要法律的基本要求，探索大学生职业道德素质与职业法律素质养成的途径。

[能力目标]

培养联系专业实际，观察问题、分析问题和解决问题的能力，同时提高语言表达能力、快速反应能力、辩证思维能力。

[素质目标]

初步培养职业道德意识和法治意识，激发养成职业道德素质和法律素质的道德情感和法治良知，提升心理素质。

教学内容

明确职业要求、领悟职业之魂。

实践教学主题

遵守行规，做一名称职的职业人。

实施途径方式

（1）企业调查；

（2）写出调研报告；

（3）交流活动。

教学策略与方法

（1）基本分析：本专题要研究三个问题，本次课 50 分钟，研究第一个问题："明确职业要求、领悟职业之魂"，这节课的教学重点是通过学习使会审专业学生明确未来职业岗位的职业道德基本要求和职业生活中的法律要求，难点是解决会计职业道德基本要求"不做假账"的知与信、知与情、知与行的矛盾。培养学生联系实际观察问题、分析问题和解决问题的能力，培养学生的职业道德意识和法治意识。让学生掌握职业的本质内涵，领悟会计岗位的职业之魂。

（2）采取以案例为导引、以问题为核心的探究式教学方法。引导学生自主学习案例，提出问题，通过自学、多角度观察、查资料、调查、讨论、班级交流等方式，提高理性认识水平。培养学生自主学习能力，训练学生合作学习的习惯，激发学生的职业道德情感，提高学生的语言表达能力、快速反应能力、辩证思维能力，提升心理素质。

（3）教师在同学们探究的过程中发现问题，讲授、答疑，最后达到共同学习，提高学生分析认识、解决问题的能力。

（4）教学活动形式：聚焦案例，观看视频、多媒体成果展示、热点问题研讨，教师归纳、讲授。

（三）"德法"课程专题化教学课堂教学示范课讲稿范例

学院以案例为导引、以问题为核心的思想政治理论课专题化教学得到了同行的好评，2008 年 5 月，在新疆维吾尔自治区教育厅组织的首届思想政治理论课教学竞赛中，学院教学团队荣获一等奖 1 名、二等奖 1 名、三等奖 1 名。"基础"课"明确职业要求、领悟职业之魂"，被推荐为自治区高校思想政治理论课教学示范课。"基础"课专题讲稿整理如下：

第六专题　明确职业要求、领悟职业之魂

同学们好！今天咱们学习"思想道德修养与法律基础"课的"明确职业要求、领悟职业之魂"。这个专题我们共同思考这样一个问题：我们每一个人都希望有一个幸福的家庭，但是一个幸福的家庭要想持续发展，夫妻携手到老、全家团团圆圆、幸幸福福，需要有一个根本的基础，那就是遵守婚恋规则。一个家庭要如何保证它的生活基础呢？这就需要我们有一个稳定的职业，才能够为一个幸福的家庭奠定坚实的经济基础。而一个人要想在自己的职业

中持续发展，在自己的职业生涯中有所作为，最关键的是我们的职业能力。我们的职业能力中往往最容易被人们忽视的就是我们的职业道德。它是我们职业能力不可或缺、不可少的一个范畴，在有的时候是一票否决性质的。所以今天我们集中研究一个问题：明确职业要求、领悟职业之魂。

5·12 汶川地震使我们举国哀悼。瓦砾堆、震后废墟的镜头还时常在我们眼前浮现。但是这个时候可能有更多的人、更多的职业被凸显了，被放大了。很多的军人在抗灾救险，我们的人民教师在用生命保护着他们的学生，还有我们很多的医生在救死扶伤。生与死的考验给我们提供了更多的对职业道德的思考空间。我们从上学到现在无时不在地在想一个问题"人为什么活着？"我们要上小学，我们要上中学，我们要上大学，最终我们的归宿是什么呢？就是要就业，要找到一个属于自己的职业，而从事职业工作对从业者又有哪些要求呢？

一、案例聚焦

我们聚焦今天的第一组案例：

1. 医德

案例一　穿越时空的人生反思——庞贝城的末日

古罗马的庞贝城，在公元 79 年 8 月 24 日 18 小时内遭受到了火山爆发、4 次熔岩流和 3 次灰尘暴袭击后化为废墟。现在可以通过现代技术将庞贝古城的辉煌和末日的瞬间"重生"在人们眼前。在那个天崩地裂的时刻，到处充满了恐惧与慌乱，所有的人都在争相逃命。有的是父母拉着孩子狂奔在街上，有的是全家人挤在房间的一角，还有一对情侣紧紧拥抱在一起。在众多金银首饰中，有一套完整的外科医疗工具格外显眼，其中包括手术刀、镊子、止血钳等十余件。展牌上的文字介绍了它的出处，这是一位外科医生在逃难时身上唯一的随行物品。物品也会说话，这次它们讲述的是，在被火山掩埋的前夕，在人人自危、带上所有家当慌乱逃生之际，而一位医生想到的却是人们需要救助，在他眼中他的手术箱才是最有价值的。

如今的汶川地震也让我们看到了更多的职业，有一个职业也凸显出来，那就是医生。

案例二　只要一息尚存，也要挽救鲜活的生命——记绵阳市人民医院的白衣天使群体

5 月 12 日 14 点 10 分，剖宫产手术室。"你相信我们就好了。"主刀医生张瑛微笑地鼓励产妇胡晓玥。14 点 28 分，产妇的腹腔刚刚被打开。

突然，手术室剧烈抖动起来，手术器具台的巾钳、针持、镊子滑动、碰撞起来。医生站立不住，无影灯剧烈摇晃，不一会儿，灯也灭了。

"地震！"陶刚第一个反应过来。张瑛和护士们心里一紧。震感越来越强烈，手术台开始晃动。张瑛和护士们赶紧上前抱住产妇，努力稳定住手术台，不让她掉下去。

如果此时离开手术台，产妇无疑会出血、死亡。"继续手术！"张瑛镇静地指挥。她在手电光的照射下，用手术刀划开子宫，用电动吸管吸尽羊水。

"现在我们要把你的孩子取出来了，放松，吸气。"张瑛对产妇说着，右手托起胎头，在助手的帮助下取出婴儿。她还在轻轻地摇，胎盘自然剥离后，张瑛为产妇注射缩宫素。

然后是缝合，张瑛左手持止血钳，右手持针器，屏住呼吸，熟练而仔细地在产妇子宫、腹直肌、皮肤穿针走线。

直到给产妇伤口贴上腹贴的那一刻，张瑛才松了一口气。这时，手术中极度镇定的张瑛再也控制不住自己，接连和护士抱头痛哭了两场。

……

"从地震发生到现在，我们医院所有的医生都坚守在自己的岗位上，或在医院里，或在受灾县的救援前线。很多医生有亲人受灾，他们是强忍着失去亲人的悲痛坚守在岗位。他们都是好样的。"

2. 师德

下面我们来聚焦第二组案例，在汶川地震中教师们用生命书写师德，用生命诠释职业道德之魂。

案例三　用生命呵护学生

视频中有一名叫张关荣的女性，她正在擦拭的是丈夫的遗体。她丈夫名为谭千秋，是四川省德阳市东汽中学的一名老师。5 月 13 日晚上 10:12，救援人员在学校的废墟中发现了谭老师。在发现谭老师的时候他正张开双臂趴在课桌上，身下死死护住了 4 个学生。4 个学生都获救了，而谭老师却永远离开了我们。

面临生死，教师们把生的希望留给了学生，自己用身体保护着他们。

我们来看下一段视频。

案例四　用生命为学生开道

在生命受到威胁的一瞬间，逃生是人的本能反应。但在此次大地震中，都江堰市聚源镇聚源中学的教师们却放弃了转瞬即逝的逃生机会，为不少孩子赢得了生存的希望。截至 5 月 14 日，该校已经有 5 名教师在地震中为疏散学生而放弃了自己生存的机会。该校教师王作均目睹了那难忘的一刻。

教师王作均：很多老师都是为了让学生先出来，都是在教室里面喊学生快点走、快点跑，老师在最后一个出来。有一个老师在这个地方喊学生走，他自己没有走，房子垮下来后，他是通过自救出来的，出来的时候手上有 3 个洞。我们班上逃出来 50 多个人，地震时，我们班上有一个地理老师在喊学生走的时候，有一些优秀学生，如班长等看着老师没有走，也都在帮着同学跑，现在都已经牺牲了。

据了解，地震发生的时候，校舍倒塌处共有 15 个班级在上课，在地动山摇的一瞬间，15 名老师立即组织学生从各个出口向大楼外疏散。由于行动迅速大多数学生逃离了险境，而走在最后的几名老师却遇难了。

在采访中记者了解到，在这次地震中该校有 4 名教师子女遇难，而在地震发生的那一瞬间，他们的父母正在疏散各自班上的学生。

让我们记住这些可亲可敬的人吧，他们无愧于"人民教师"的光荣称号。

案例五

中国科学院北川希望小学，地震发生时，由于老师们倾尽全力救助，该校 288 名小学生，只有一人是因手术不及时死亡的。而在地震中，教师有的失去了妻子，有的失去了丈夫，有的失去了孩子。

尽管如此，仍有 20 多名教师忍着悲痛坚守岗位，照顾自己的学生。

3. 会计职业道德

下面我们聚焦第三组案例，我们将如何认识作为一名会计师、审计师的职业道德。

案例六　《早安江苏》新闻报道

前不久江苏某地一家企业的女会计利用职务之便，通过做假账的方式套取公司大量现金，在短短四个月内就侵吞了公司 400 多万元。

据嫌疑人李某交代，2006 年 11 月中旬的一个晚上，她仿造公司领导和保管员的签字，偷偷做了一份假入货单并从银行提取了 2 万元现金。小心翼翼地过了一段时间后没被发现，于是李某的胆子大了起来，频繁利用同样的手法套取公司的钱财。

二、问题思考

我们聚焦了三组案例，那我想有这么几个问题是值得大家去思考的。

（1）庞贝城留给我们的是什么？我们看到了不同职业的医生、教师在生死关头的一个共同的行为表现。他们的共同点说明了什么？

（2）我们今天是学生，明天将会是会计或者审计岗位的一名工作者，女会计犯罪案对我们有什么启发？这个职业对我们有哪些职业道德和法律行为规范的要求呢？

（3）会计职业的"行规"的魂是什么？我们如何理解？

101

三、合作探究

1. 导言

我们面对着社会上三百六十行，教师、医生、会计，他们都有自己职业规范，但是不同的职业都有自己职业规范的最高境界。我们经常漫步在校园里，看到学校的老师有一个教师职业道德规范，我们老师们曾握拳宣誓，都忠贞不渝地遵循着这个规范。

我想师德的问题是我们从小到大一直关注的问题。我们最熟悉的一个职业莫过于教师。对于教师职业道德的要求从孔子的"为人师表，有教无类"到今天我们讲的师德有一个继承性。但从刚才的案例中我们看到了师德的最高境界是关爱自己的学生，是用生命来保护自己的学生。

关于师德的问题，我相信同学们还有很多思索。比如说老师是坐着讲课还是站着讲课？老师和学生的交流要不要创造一个平等的交流氛围？要不要尊重那些认识问题比较偏激、与老师观点不同的学生呢？老师怎么看待学生等？

在我的QQ空间里已经上传了一些我的观点和文章。大家可以在课后浏览我的QQ空间，发表和分享自己的观点，我们再一起谈论这些问题。我的QQ号码：×××××××，网名：润物无声。

2. 围绕问题自主学习成果汇报与交流

我想今天我们更多地应该思考的是我们这个职业——会计，我们这个职业自古有之。前一段时间我参观了山西的乔家大院，在那里有一个票号，堪称世界上最早的银行。这个票号里有一些关于会计的很多行为规范，把它与今天的规范准则对比起来看，非常相似。那么我们怎么认为在今天的社会主义社会条件下，我们这个职业的职业道德规范和职业道德之魂呢？

（1）成果汇报：关于会计的岗位职业道德和法律要求的学习成果

我们已经经过了课前的自学，下面由第一组来进行课前学习成果汇报。组长汇报如下：

会计职业道德与法律要求

我们的楷模：有一位名叫谭秋云的人，7岁时身患骨髓炎、骨结核，落下终身残疾，但他身残志坚，在搞好工作的同时，又分别考取了助理会计师、助理审计师、审计师、会计师、中国注册会计师、中国注册资产评估师的资格，在审计工作中，他曾受到涉案人员的多次恫吓甚至殴打，但他从未被吓倒，被誉为"铁面审计"。在从事审计工作的6年中、在主审案件的过程中他为国家挽回损失400多万元。

谭秋云用实际行动为我们诠释了作为一个会计人员应该具备的职业道德内涵，并且将她的职业道德转化为内心的信念。

　　然而，根据一个调查报告显示，在全国有11%的从事会计行业的人不知道会计行业的职业道德。针对这一现象，经过我们大家的讨论和整理，我们总结出了会计应该遵守的职业道德，包括如下几点：

　　①爱岗敬业。爱岗敬业是职业道德的基本要求，是从业者是否具有道德的首要标志。

　　爱岗敬业要求会计人员热爱会计工作，安心本职岗位，忠于职守，尽心尽力，尽职尽责。

　　②诚实守信。诚实守信是职业道德的根本，既是中华民族的传统美德，也是会计人员对社会对人民应尽的义务和责任。

　　诚实守信要求会计人员讲信用、守秘密，以实际发生的经济业务进行真实完整的会计核算，不搞虚假，不为利益诱惑，执业谨慎，信誉至上。

　　③廉洁自律。廉洁自律是中华民族的传统美德，也是会计职业道德规范的重要内容。

　　廉洁自律要求会计人员树立正确的人生观和价值观，公私分明，不贪不占，遵纪守法，清正廉洁。

　　④客观公正。客观公正（不做假账）是会计职业道德的灵魂。

　　客观公正要求会计人员履行职责时应摒弃自我利益威胁，避免各种可能影响其职业判断的利益冲突。

　　⑤坚持准则。要求会计人员在处理业务过程中，严格按会计法律制度办事，不被主观或他人意志左右。

　　⑥提高技能。会计职业技能包括会计理论水平、会计实务能力、职业判断能力、自动更新知识能力、提供会计信息的能力、沟通交流能力以及职业经验。

　　⑦参与管理。会计人员要树立参与管理意识，积极主动地做好参谋。经常主动地向领导反映管理活动中的情况和存在问题，主动提出合理化建议，协助领导决策，参与经营管理活动，不能消极地只记账、算账和报账。

　　⑧强化服务。强化服务要求会计人员具有文明的服务态度、强烈的服务意识和优良的服务质量。

　　对会计人员来说，也必须有法律要求。会计人员原始凭证的取得和审核、记账凭证的填制和审核、账簿的登记、报表的填制均应严格遵守国家法律和会计守则的制度。如实记账、算账、结账和报账，要求会计记录以经济业务的原始凭证为依据。要做到手续完备、账目清晰、数字准确，绝不允许凭空记账，更不容许假账真做和真账假做。如果违反了相关的法律及会计准则的规定，则会有以下的处罚方式：责令限期改正；罚款；给予行政处分；吊销会计从业资格证书；国家行政处罚。

对任何职业来说都有一个"道德魂"，我们讨论认为会审专业的魂是"不做假账"，这不仅是对我们职业道德的要求，更是法律对我们的行为约束，这些要求最终归纳为一句话：严格履行法律责任，忠于职守，坚持原则，不做假账！

（2）会审专业的职业道德之魂：不做假账问题的研讨

①教师导言：

刚才第一组把他们的学习成果进行了汇报，我相信大家通过自主学习对会计职业道德的基本要求都已经清楚了。但是，我在看同学们的作业的时候、和同学们私下交流的时候，我发现同学们最关注、最困惑的一个问题是"做不做假账？"做，是什么原因？不做，是为什么？下面我想请同学们陈述一下你们对这个问题的观点。

②研讨发言：

王××：我认为对于一名会计人员来说，"做假账"不是他们自己想要去做的，肯定是被迫无奈才会去做的。我在网上看到了这样一段话"做假账还是保持诚信，这该如何选择？其实我很想遵守职业道德，很想做一名诚信的会计师，但是为了我的家庭我不得不去做假账。"大家想一想如果一个人连生存都有问题的话，还如何谈遵守职业道德、实现人生价值，为社会做贡献呢？所以，我认为做假账有时候是迫不得已的。

贾××：书中有云："宁为玉碎，不为瓦全。"古有陶渊明不为三斗米折腰。经济实力自古以来就是评价一个国家综合国力的标准，准确的会计信息在国家宏观经济调控和管理方面扮演着重要的角色。千里之堤，溃于蚁穴。难道你能只顾眼前的利益吗？当你触犯了法律，被关进监狱的时候，你还能理直气壮地说我是为了孩子，我是为了家人吗？所以请不要为自己的贪念与欲望寻找借口，让我们遵守职业道德，铭记法律规范，不做假账，做一名合格的会计师。

李××：我想问一下支持不做假账观点的同学，可曾想过会计人员做假账的原因呢？在现实经济社会中只有少部分会计是为个人私利而做假账，而大部分会计是在上级的授意下才做假账。同学们认真地想一下，是谁需要假账？是会计人员吗？可能不是……

黄××：那难道说公司的领导让你违法犯罪，你也会不假思索地走上不归路吗？不能因为一时的困难而放弃一生的坚持，会计准则也是以客观公正、诚实守信来要求我们的。

……

教师：同学们认为做假账的理由是为了养家糊口的需要；是为了保住工作的需要；是领导指使才做假账；是使自己企业可以维持，是维护自己企业利益的需要。那对于这三种观点有没有不同意见的?

王××:我认为会计人员的最高境界就是不做假账。现在的社会不管怎样,我们都要先做好自己。我认为要有正确的价值观和人生目标,选择会计这个行业时,我们就应该遵守会计的职业道德。我们不应该让会计行业里出现诚信地震。

严××:我这里有一个调查,有一名老会计提出了一个尖锐的问题。如果没有假账,有几个企业的账本是真正可以拿出手的?如果没有假账,又有几个企业可以真正成为上市公司?如果没有假账,又会有多少会计会失业?根据这个问题我们可以好好思考一下。

……

(3)教师小结

①成果交流评价及达成共识的总结提炼。

在以上的探讨中,我们至少可以得出如下判断:同学们对于做假账和不做假账,处在一种矛盾之中。我认为这也是在情理之中的,大家都学过哲学,社会是一个矛盾的统一体,人性是善与恶的统一体,在整个社会中正义与邪恶也一直在斗争,而人类的道德理念正是在善与恶的矛盾、正义与邪恶的斗争中形成的。在将来的工作生活中,我们随时有可能遇到各种各样的诱惑与威胁。但是,有一点我们不能忘记,我们一定要遵守自己的职业道德与法律规则。为什么呢?一个社会要想正常运转就需要千千万万个职业为他们的服务对象正常服务,这个社会才得以进步与可持续发展。如果我们每一个职业、每一个职业人只想到自己的利益与生存,只想到自己要养家糊口,而不去承担相应的社会责任的话,那我们的社会将走向何方呢?所以,我认为作为一名年轻的当代大学生,不管我们现在有着怎样的矛盾心理,对这个社会有着怎样的不解,我们都需要通过不断地斗争与思索,来树立一个坚定的信念,那就是,铭记自己的道德良心、遵守自己的职业准则。因为只有这样我们才能保住我们的"饭碗"。我们必须承认,在当今社会确实存在着个别的领导授意会计做假账,但是,我们应该看到更多的领导干部是清正廉洁的,千千万万个会计是不做假账的。否则,中国的经济何以这么快速发展,我们的生活何以越来越美好,我们的社会何以健康、和谐发展。所以说,铭记自己的道德良心、遵守自己的职业规准是我们生存的需要。

②带着问题看动漫《小和尚撞钟》。

教师:让我们思考以下几个问题。

①小和尚的职业道德与工作纪律要求是什么?

②小和尚为什么会下岗再就业?

③小和尚修成正果的原因是什么?

④撞钟和尚的职业之魂——"心中有钟"在他成才过程中的作用是什么？

下面请大家来欣赏一个动漫，大家好好思考一下其中的问题。（动漫内容略）

教师：下面我们就一起来探讨一下这些问题。小和尚的职业规则是什么？说白了就是早晨撞一次钟，晚上撞一次钟。那么他按时撞钟了，他就达到了职业道德的基本要求，这应该是一个称职的和尚。所以我们说当一天和尚撞一天钟，哪怕明天不让你撞钟了，今天也要把钟撞完。小和尚按时撞钟了，为什么主持不让他再撞钟了呢？主持对他说你做得不够，让他下岗了，把他调去了后院劈柴。小和尚想不通，我已经达到了职业要求，为什么还让我下岗呢？

同学们你们是怎么认为的？你们今天是学生，明天到企业，你可能只能做一个报账员，只能去跑跑腿，你们满足吗？难道你们不想成为谭秋云那样的审计师吗？那么我们怎样才能成为那样的人呢？小和尚的故事告诉我们，要做到心中有钟。小和尚职业道德的最高境界就是心中有钟，不但要把钟撞响，还要撞得圆润、浑厚，要唤醒弥弥众生。所以他的职业就得到了升华。难道我们不想升华吗？不是这样的！所以，我们说职业最基本的含义是生活来源，通过我们合法的劳动取得我们的生活来源。刚才同学们的观点我也同意，我们首先要满足衣食住行，我们要吃饭，我们要穿衣。但是，作为一个人，你不光是自然人，你还是社会人，作为一名职业人，你不遵守职业规则，怎么能持续发展呢？通过你的职业你怎么能够实现自己的人生价值呢？我作为一名教师，我讲的课同学们爱听，我就能得到满足，我的价值就得以实现。作为一名会计，你们的价值是什么？你们在工作中做得了真账、做出了水平，那样你们的人生价值才能得以实现。

社会上的各行各业的职业人的人生价值都要通过自己的职业、自己的劳动去实现。我们每一个职业的人都在通过自己的劳动，在维持着我们社会的正常运转。难道擦皮鞋的就卑贱吗？不，他通过自己的辛勤劳动赚到了钱，养家糊口，同时，为社会做出了贡献，实现了自己的价值。

人要科学发展就必须树立正确的职业道德观。曾经有一个故事深深地震撼了我，下面我们大家一起来看一看。

课程案例：什么是职业道德，请看一个地震生还者的做法。

四川彭州市，处于龙门山地带，山清水秀，气候宜人，是夏日成都人避暑的绝佳去处，每年夏天它都吸引了无数老年人避暑度假。许多当地人在此建造客栈，赚取微薄收入。每年夏天我的父母都进山消夏。去年夏末，父母向一客栈老板、一位30多岁的妇女缴纳了数百元定金。

汶川地震后，整个龙门山风景区几乎被彻底毁灭，其间的客栈也尽数遭灭顶之灾。数日后，父母接到那妇女的电话，她哭诉道：自己数日颗粒未进，挣扎着从人间地狱爬出来，房屋全毁，她已一无所有。但是，她没有忘记父母的定金，她说自己会去打工，会归还那数百元定金。虽父母一再婉拒，但其仍坚持要兑现承诺。

这是一个农民，一个普通的四川农民，一个面对死亡都无法泯灭良知的农民！

教师：这是一个农民，一个普通的四川农民，在这样的灾难之后，还在坚守自己的做人准则，她都能做到，难道我们当代的大学生做不到吗？这就是道德良心啊！我们任何一个职业都不可能脱离行规而生存，因为我们是社会人、是职业人。千百年来的历史教训告诉我们：一个职业要想持续、长期、稳定地发展必须要遵守职业道德。不遵守职业道德就不可能持续发展。商人讲货真价实、童叟无欺，就是因为这个，商人的事业才可以得到持续发展。如果商人一看顾客是老人或者小孩就违背诚信、抬高价格，那么等到所有的人都知道他不守诚信以后，就再也不会有人去买他的东西了，那商人还怎么生存，怎么得以持续发展呢？我们生活在社会上，不是无忧无虑的，我们时刻接受着道德与法律的约束，只有这样我们才能成为一名职业人。所以，作为"会审"专业的同学们，我们应该坚定努力的方向，那就是不做假账。怎么能够真正实现我们的人生价值、达到人生目标，成为一名出色的会计师、审计师呢？这需要我们一生的努力。

在课的最后，我想和大家一起来分享一首诗，这是伫立在生与死之间的思考：

生命的任职
——四川地震断想
作者：艾君

思绪从四川地震灾难中走过，所有的念头都在闪现闪烁。

大自然的强大衬托出人的弱小，弱小生命向强大自然求索。

明白生与死间的短暂珍贵，知晓生与死间的可泣可歌。

父母给予儿女宝贵的生命，并将其置身世间最美的长河。

灵魂与肉体的双重成长，伴随了多少喜怒哀乐。

作为生命的全权代表，应该终身尽职尽责地"工作"。

庆幸你我他拥有此生吧！活着，更好更认真地活着。

为生命的价值展露无遗，为生命的任职"政绩"卓卓。

让所有的生命都无愧无悔，连同爱和被爱的每一个角落。

我们就把这首诗当成我们这节课的总结吧。我们思考了庞贝城的灾难，看到了用生命捍卫学生的老师，看到了会审专业的职业榜样。而我们更应该思考的是：我们的未来应该何去何从。

四、行动体验

书面作业：每人撰写一份遵守会计、审计职业行规，养成会计、审计职业道德素质和法律素养的个人成长规划。

回顾一下我们今天的课程，我们是按照学院的思政课专题化教学思路展开的：①我们聚焦了三组案例，引发了三个问题。②通过同学们的自主学习，我们明确了会审专业的职业道德要求和法律要求，我相信大家都了解得很透彻了。但是，我认为职业道德只有到职业生活中、现实的环境中，才是对同学们真实的考验。③关于做假账的问题是大家关注的焦点、困惑的问题。大家也表达了各自的观点，当然大家的观点都各有不同，都考虑到了各种不同的因素。在社会经济体制、法律制度不是十分健全的转型期中，确实给一些人做假账留下了法律空当。但是，我们相信随着我们社会的成熟，随着市场经济的完善，随着法律制度的健全，将来一定会让我们的职业人没有机会做假账，杜绝做假账。

今天，我们的课程就上到这里，下课。

这堂思政示范课是我思政课教学生涯的重要作品。2015年5月，我被评选为"全国高校思政课教师2014年度影响力人物"，申报材料就是上传的这段讲课录像的剪辑。现在来反思这堂示范课的教学设计缘何成功，我认为：一是创新了高职思政课教学模式，教学环节逻辑清晰。坚持高职思政课问题式专题化教学模式，以案例为导引、以问题为核心的探究式专题化教学思路。案例聚焦—问题思考—合作探究—行动体验四环节逻辑清晰，环环相扣，以高职学生群体智能特点为切入口，设置情景激发学生学习兴趣，引出问题，突出了问题意识，调动了学生探究学习的积极性。合作探究紧贴学生专业和生活，针对性强；课后拓展进入实践教学，体现思想政治教育知情意行规律。二是自觉不自觉地贯彻了思政课"八个相统一"的教学原则，案例聚焦，正反列举案例，体现建设性和批判性相统一的原则，调动了学生的兴趣，引发学生发散思维。合作探究部分，辩论赛、观看动画等教学手段归纳会计职业道德的魂，设计意图体现了政治性和学理性相统一、主导性和主体性相统一、理论性和实践性相统一、灌输性和启发性相统一等教学原则。三是遵循了高职思政课体验性教育规律，自觉沿用了老祖宗"因材施教、寓教于乐、教学相长"教导。

（四）高职思政课教学评价方法示范案例

为了帮助学生养成探究式学习习惯，方便高职思政课专题化教学的学习、评价，我们在研讨的基础上，出台了《新疆农业职业技术学院思想政治理论课学习手册》（以下简称《学习手册》），内容与探究式学习的课型导向一致，包括问题聚焦、自主学习、合作探究、行动体验、学习小结五个板块，目的在于导学、诱思、自学、合作、体验、评学。《学习手册》前言表达了我们的良好愿景。

前　言

朋友，当你步入全国示范性职业技术学院——新疆农业职业技术学院的时候，你已经成为"思想道德修养与法律基础""新疆历史与民族宗教理论政策教程""毛泽东思想、邓小平理论与中国特色社会主义理论体系概论"课程专题化教学改革实验的主人。

在你打开这本《学习手册》时，我们的手就紧紧地握在了一起。这是因为，我们有着共同的愿望：人人都能在高职生活中健康成长，个性得以充分的发展，成为家长放心、老师称道、企业欢迎、祖国需要的具有良好职业道德的能工巧匠。而将来我们无论从事哪个岗位的工作，首先必须要有自己的思想、政治观点、立场和方法；其次，要拥有良好的职业道德。这是我们成长、成才、成人和事业可持续发展的动力系统，有谁不愿意拥有这样的精神"核动力"呢！

在我们为实现梦想而努力的日子里，《学习手册》将指引我们共同在思想政治理论课学习活动中发现问题、自主学习、合作探讨，通过调研、写体会、演讲、辩论、讨论交流，在同学的启发和教师的指点下，学会体验、反思和评价。我们发现问题、自主学习、合作探究、行动体验、学习评价等方面的点滴变化，都将在这本《学习手册》里做一一记录，《学习手册》将是我们十八九岁的足迹，是我们思想矛盾斗争的见证集、思想道德修养的纪念册、形成远大理想和确立马克思主义信仰的日记本，更是我们青春的火炬。

让我们在这里记载朋友和师长对自己的评价，学会团队学习，驶向人生理想的彼岸。当走出校园、步入社会后，再翻阅这本《学习手册》时，我们会发现，是它记录了思想政治理论课的学业成绩，自己满意的学业成绩，从提起笔、开动脑、张开嘴、动动手的具体行动开始；是它引导了自己正确的成长航向，自己的内心会感到充实而不会因碌碌无为而懊悔……

热爱生活要懂得珍惜，记住过去，更要憧憬未来。愿《学习手册》伴随我们健康成长！

《学习手册》日积月累的记录与纪实性思考，为高职思政课专题化教学的过程评价准备了客观的信息资料。所以，也是我们教学评价改革实验的见证。

学院 2010 届高职生物工程（1）班朱××同学 2010—2011 学年第一学期"思想道德修养与法律基础"第四专题的作业示例如下：

专题名称：修身自觉自省，绽放人格魅力

一、案例聚焦

案例一：王××，男，汉族，硕士生。他出生在一个贫穷的农民家庭，家里唯一的经济来源就是十几亩地的农作收入。2000年接到大学录取通知书时，面对每年6 000元的学费，为了不让父母为难，也为了不使正在上学的两个妹妹失学，他决定放弃上学，去西安打工。当学校得知他是因交不起学费才没来报到时，迅速为他争取了国家助学贷款，他带着万分感激迈入大学校门。在上大学时，他积极响应支援西部，并用自己的积蓄帮助村民致富，还帮两个公司实现发展。大学毕业后，他努力工作提前完成贷款，后又报考研究生，并获得多项荣誉，用自身的努力绽放出自己的人格魅力。

案例二：苗永清，一位值得尊敬的老党员。十三四岁时，参加八路军，在抗日战争中，英勇杀敌；在解放战争中，奋力向前；在中华人民共和国成立初期又被调到大西北这块广阔的土地上，拿起锄头，开垦荒地，直到他又接受了一个重担——到新疆农业职业技术学院任教。当学院风风火火发展起来的时候，他又因"文化大革命"被批斗去挑大粪，平反后，他却说："他们只是孩子……"可见他的胸襟有多大。直到他逝世时，他将所有的积蓄全部拿出来建立了"苗永清奖学基金"帮助学生更好地学习，这位大爱无疆、深爱学生的老同志，将他的一生奉献给了伟大的事业。

案例三：做事与做人。张老师家里需要装修，需要装水管和安装电线，安装一米水管需要15元，安装一米电线需要22元。本以提前支付了1 200元，这已是一笔不小的金额。而后来安装水管时，装修人员却特意加长了水管，虽然施工技术很好，但却让张老师心里特别不愉快。当另一个装修人员安装电线时，却以最为节省的方式帮张老师安装好了。张老师心里特别佩服这个技术好、道德高尚的人。张老师教育我们以后走向社会，不但要做高技术人才，还要做高素质人才。

二、提出问题

1. 王××的事迹对我们有什么启发？

2. 看了以苗永清为代表的新疆农职院人的事迹，我们有何感想？

3. 做事与做人的故事说明了什么问题？

4. 中华民族的优良道德传统表现在哪些方面？弘扬这些优良传统对大学生成长成才有什么重要意义？

5. 联系实际谈一谈树立社会主义荣辱观的重要意义。

6. 怎样认识和实践公民基本道德规范的具体要求？

7. 谈一谈当代大学生怎样树立诚信品质。

三、自主学习

我参加的一件有意义的实践活动：帮助宿舍去调查，作报告，关于大学生的生活习惯问题。

1. 个人的学习摘要和体会

八　荣　八　耻

以热爱祖国为荣，以危害祖国为耻；以服务人民为荣，以背离人民为耻；以崇尚科学为荣，以愚昧无知为耻；以辛勤劳动为荣，以好逸恶劳为耻；以团结互助为荣，以损人利己为耻；以诚实守信为荣，以见利忘义为耻；以遵纪守法为荣，以违法乱纪为耻；以艰苦奋斗为荣，以骄奢淫逸为耻。

以"八荣八耻"为主要内容的社会主义荣辱观，贯彻社会生活各个领域，涵盖个人、集体、国家三者关系，覆盖各个利益群体，涉及人生态度、公共行为、社会风尚的方方面面，既有先进性导向，又有广泛性要求，体现了马克思主义的世界观、人生观、价值观、道德观和法治观；旗帜鲜明地指出了在社会主义市场经济条件下，应当提倡和赞扬什么，反对和抵制什么，为全体社会成员判断行为善恶、作出道德选择、确定价值取向，提供了基本的价值准则和行为规范。

2. 结合实际情况剖析自己的优缺点

优点：能够吃苦耐劳、尊敬师长、热爱祖国、自信乐观、互相帮助、有集体荣誉感。

缺点：做事易急躁，有点执着，不太能换位思考，有点懒惰。

"大爱无疆，薪火相传"，这也许是对苗老师的真切描述吧！风风雨雨的一生，没有过多的享受，像浮萍一样，时起时落，他用他的一生诠释了爱祖国、爱新疆、爱学校、爱学生的大爱无疆的情怀。杨柏松老教授把自己的一生奉献给了农业，他的无私奉献让我敬重、让我骄傲……一个个榜样，一位位英雄，从他们身上我看到了我们中华民族五千年文明传统文化的光辉。他们正在传承，用自己的生命传承。感谢祖国、感谢学校、感谢父母，让我接受教育，接受传统美德的洗礼。

3. 分析班级的美丑表现

美：团结互助、积极热情、关心友爱、集体荣誉感强、热爱劳动、上课纪律好。

丑：爱说脏话、不能换位思考、不太爱学习。

如果没有信用制度的约束，仅靠自觉，我认为很难做到诚实守信。我们祖国虽然有着五千年的文明历史，但是传统美德并不是深入人心的，也不能将每个人感化。如果每个人都能够传承中华民族的传统美德，那么就可以说我们就已经进入了更高阶社会。而事实不是这样，我们需要法律与道德结合起来去约束每个公民。

4. 我的疑惑

（1）"诚实守信"是我国的传统美德，而在今天社会中，需要有经济利益来保证，这是社会的进步还是退步？

（2）我们中国人的"面子"观念，与西方人的信用观念有何异同？

（3）如果没有信用制度约束，仅靠自觉，人们能够做到诚实守信吗？

（4）我们当代大学生应该树立怎样的诚信品质？

（5）我们自身应该怎样正确认识社会主义荣辱观？

四、合作探究

我要参与：

1. 小组学习☐　　2. 活动设计☐　　3. 讨论发言☐　　4. 辩论☐

5. 讲课☐　　　　6. 制作课件☐　　7. 评价☐　　　　8. 其他☐

我的认识：

在社会主义初级阶段以公有制为主体、多种所有制经济共同发展是我国的基本经济制度。

社会主义道德建设要以为人民服务为核心。为人民服务是社会主义经济基础和人际关系的客观要求，是社会主义市场经济健康发展的要求。

社会主义道德建设要以集体主义为原则，社会主义集体主义强调集体利益和个人利益的辩证统一；强调集体利益高于个人利益；强调重视和保障个人的正当利益。

同学给我的启发：

诚信是我们人与人交流沟通的前提；诚信是大学生树立理想信念的基础；诚信是大学生全面发展的前提；诚信是大学生进入社会的"通行证"。

老师给我的启迪：

进入社会将考验"两把尺子"：做事与做人。要用历史的眼光看待历史问题。

西汉初年贾谊在他的《治安策》中提出"国耳忘家，公耳忘私"，宋代的范仲淹在《岳阳楼记》中提出"先天下之忧而忧，后天下之乐而乐"，都显示了强烈的为国家、为民族、为整体而献身的精神。

"己所不欲，勿施于人"——孔子。"老吾老以及人之老，幼吾幼以及人之幼"——孟子。"不学礼，无以立"——孔子。"礼义廉耻，国之四维，四维不张，国乃灭亡"——欧阳修。"天下为公"——孙中山。"重学，自省克己；慎独，力行积善"……这些都是我们源远流长的中华民族的传统美德，我们应该身体力行，努力传承和弘扬我国的传统美德。

五、行动体验

做一件有意义的事情：

我的一个舍友感冒发烧了，晚自习不能去查宿，我帮她去查宿，让她可以安心休养。

参加实践活动的体会：

校园十美十丑

十美：①勤俭节约，艰苦朴素；②任劳任怨，热爱劳动；③好学上进，探索实践；④团结友善，助人为乐；⑤讲究卫生，保护环境；⑥严以律己，遵守纪律；⑦热爱祖国，维护统一；⑧关心集体，爱护公物；⑨讲究信用，为人诚实；⑩平易近人，以礼相待。

十丑：①奢侈浮华，铺张浪费；②拈轻怕重，好逸恶劳；③不思进取，墨守成规；④自私自利，损人利己；⑤乱扔垃圾，破坏环境；⑥自由散漫，违反校规；⑦危害社会，分裂祖国；⑧破坏公物，损害集体；⑨无视荣誉，虚情假意；⑩高傲自大，粗俗无礼。

我们大学生是中国特色社会主义合格建设者和可靠接班人，我们应当自觉实践社会主义道德。青春只有在为祖国和人民的真诚奉献中才能更加绚丽多彩，人生只有在不断提升思想道德的积极进取中才会更有意义和价值。

六、学习小结

自我总结：

（1）在自主学习中我的成果是：我们大学生应当掌握并实践公民基本道德规范，加强诚信道德建设，增强道德修养的自觉性。努力做到"爱国守法，明礼诚信，团结友爱，勤俭自强，敬业奉献"的公民基本道德规范；能够明白地认识社会主义荣辱观的特点：民族性、时代性、实践性、针对性、人本性；能够清楚地知道中华民族优良道德、传统的主要内容。

（2）在合作学习中我的贡献是：我认真听讲，积极思考问题，与同学探讨问题，老师上课时我积极发言。

（3）在实践学习中我的收获：一个人的道德本质需要根据社会舆论、内心准则、风俗习惯三个方面来评价的。道德具有处理个人与他人、个人与社会之间关系的行为规范及实现自我完善的一种重要精神力量的功能。我们继承和弘扬中华民族优良道德传统是社会主义现代化建设的客观需要，是加强社会主义道德建设的内在要求，是个人健康成长的重要条件。

（4）在本专题学习中最有成就感的事是：认真听讲，将课本知识与实际生活联系起来，明白我作为一个公民、一个大学生，应具有什么样的素质，以后该怎么做。

（5）我的意见和建议是：积极利用同学资源，让同学有意识地将知识与实践联合起来；在大教室让同学尽量集中靠前坐，有利于上课积极性的发挥！

学习小组意见：

项目　　　　　　成绩等级	A	B	C	D
自主学习表现	√			
合作学习表现	√			
实践学习表现		√		
行为表现		√		

组长签名：薛×× 2010 年 11 月 16 日

综合评价：

成绩：95　　　　任课教师签名：王学利　　　　2010 年 11 月 18 日

学生《学习手册》的使用，必须先建立班级学生自主学习的组织。按照每学期的学习任务在自然班级建立学习小组，以 7~8 人为宜，并选出学习组长。全班选出思想政治理论课学习课代表。

课代表是全班同学学习的组织者和领导者，负责与教师沟通学习任务，主持班级学习交流，收发《学习手册》，负责与班长一起完成学生课堂学习考勤。

学习组长负责组织本组合作探究、课外实践教学和《学习手册》每个专题小组成员学习情况的考核。要对学习组长和课代表进行必要的培训，教会他们掌握《学习手册》的使用和评价方法，学会组织同学自主学习、合作学习和实践活动，学会组织讨论、交流和辩论，善于发现每个组员的特长，调动每个组员的学习积极性。

学生主体作用发挥得如何，关系到专题化教学改革的成败。选好和用好组长、课代表是探究式教学组织工作成败的关键。

学生的思想政治理论课程学习成绩，将在一学期结束时，进行学习成绩汇总，加权平均得出结业成绩。我们使用《学习手册》进行自主学习记载、课堂学习情况记录、学生思考纪实、进行学习总结考核的方法类似于档案袋评价法。所谓档案袋评价，国内外学者对此称谓也不一样，如"卷宗评价""历程档案评价""学生学习成果档案评价""作品集项评价""成长记录袋评价"等。在学校教育和学生评价改革浪潮中，采用档案袋评价法，不仅具有设计上的创意和方法上的创新，而且符合"关注过程""强调质性评价""教学与评价整合"的改革趋势。国外一些学者认为：档案袋是学习的记录，主要包括学生的作品，以及学生对这些作品的反省。这些材料由学生与工作组一起来收集，集中反映学生向预期目标进步的过程；档案袋作为评价的工具，由学生和教师有系统地收集相关材料，以检查学生的努力、进步、过程和成就，并对很多正式测验的结果作出相应的解释；等等。国内一些学者认为：档案袋评价旨在有目的、有计划地收集与组织学生的作品，以呈现作品的品质与进步情形；档案袋评价乃有目的地收集个人学习的努力、进步情形，以及在知识、技能和情意的成就证据，并有目的地汇集在资料档案夹内，以供评量的一种评价策略；档案袋评价乃是在一段时间内，以个别学生为单位，有目的地从各种角度和层次收集学生学习参与、努力、进步和成就的证明，并有组织汇整，经由师生合作，根据评分标准评量学生的表现；等等。

档案袋评价一般分为成果型档案袋、过程型档案袋和综合型档案袋三种类型。《学习手册》与期末考试采用的方法，属于过程型和成果型评价法的结合。表3-1为新疆农业职业技术学院2010高职生物工程（2）班郑××同学的成绩考核表。

表3-1 课程成绩考核表

课程名称：思想道德修养与法律基础

内容评价		分专题评价									总评成绩
行为表现 25%	课堂表现10%	1	1	1	1	0	1	1	1	1	8
	日常表现15%	自我评价5%				4					12
		班主任评价10%				8					
综合考核	定等：84 任课教师签名：										

《学习手册》属于过程型档案袋。它的重点是呈现与展示学生学习进步、探索、努力、进取、反思、达成目标与成就的历程。如我们的期末学习评价就是根据平时的记录汇总而成。

《学习手册》成绩评定，遵循过程型档案袋评价的方法，是按一个一个专题来建立的。学生根据教师事先定好的专题，在教师的指导下，有计划、系统地按照每个专题的学习任务、聚焦的问题，填写、收集学习进程中有意义的能说明学习进步与改变历程的细节资料。由学习组长和任课教师分专题评价、记录。期末总结评价，得出总评成绩。

期末考试采用成果型档案袋评价法。成果型档案袋是展现学生达成学习任务的优秀

115

作品与学习成果的评价手段。档案袋的主题由教师或者师生共同决定，可以提前给出每一个专题学习论文主题，学生必须根据《学习手册》每个专题学习成果展示及有关要求，选择其中一个自己感到最优秀或最满意的作品作为期末学习成果，提交评价、展示和交流。

在《学习手册》的使用中要注重高职学生学习成绩的评价、教师的指导和学生的自主学习、合作学习是一体化的过程；要关注对学习探究过程的评价，评价伴随研究性学习的始终；要重视评价主体的多元性，任课教师、班主任和学生的共同合作；要关注内在的自我评价和定性评价。

（五）高职思政课问题式专题化教学实施的注意事项及展望

1. 教学实施注意事项

第一，要做好充分的教学准备。

一是精选案例。以案例为导引、以问题为核心的专题化教学思路，案例很重要，要结合高职教学班的专业以及思想难点、热点问题，精选具有挑战性、能够激发学生发散性思维的案例，注意积累视频资料、文字资料、音响资料等教学资源，建设高职思政课专题教学案例库。

二是找准问题。专题化教学思路设置专题的前提是找准核心问题。问题就是高职学生的人生、事业选择、社会现实生活与个人成长中的困惑与烦恼，即高职学生迫切需要解答的热点难点问题。要提高教学针对性，针对什么？就是针对这些问题，要通过班主任、辅导员的渠道，通过网络的渠道，通过宿舍管理员的渠道，通过普查调研、德育活动课的渠道了解学生的问题。这就是有的放矢的"的"，马克思主义是"矢"，有的放矢，即要求高职思政课专题化教学准备中必须在掌握教学重点难点问题的基础上，善于搜集、整理与研究教学主体相关的热点难点问题，引导学生运用理论去思考与解答他们所关注的问题，建设高职思政课教学问题库。

第二，教学有章、教无定法，教学实施中要善于随新问题应变。

一是善于调动高职学生自主学习和合作探究的积极性。在高职思政课教学过程中，学生不仅是教育的客体，同时也是教育的主体。加强高职学生在思政课教学中的主体地位，有利于创新思政课教学方法、培养高素质人才和提升教育的实效。发挥主体作用首先应建立学生自主学习组织，发挥组长和课代表的作用。思政课教学以学为中心，必求引导与疏通，你需我引、你求我供、对症下药、有的放矢，吸引力、感召力、影响力由此而生。学生主体地位是专题化教学的魂，必须把握好。

二是始终不能丢掉思政课学习这个矢。学好思政课是理论联系实际的前提，关键是挖掘学习资源，启发学习动力。在教学内容上，始终做到"三个结合"：一要结合学生的思想实际，有针对性地教学。要充分了解他们的思想、经历和关注的热点问题以及心中存在的疑惑。二要结合社会科学的最新理论成就进行教学。用最新科学成就丰富理论教学的内容，让空洞、抽象的理论知识变得更加生动，增强课程的说服力。三要结合不同专业的特点，组织教学内容，提高教学的趣味性和应用性，学会使用社会实践资源，增强知行统一的体验机会和思政课教学的可信度。

第三，教学反思中总结提高。高职思政课专题化教学不可能堂堂课都精彩、每节课都有高潮。要善于总结经验教训，在比较中寻找规律，在反复总结中提高教学水平。

2. 改革创新展望

第一，高职思政课教学内容的整合要坚持与时俱进的思想。中国特色社会主义实践无止境，中国共产党探索马克思主义中国化真理的过程没有止境。高职思政课问题式专题化教学的内容体系和教学手段、教学方法改革探索也就没有止境。2021年教育部进行了新一轮思政课教材的修订，对章节结构、主要内容、思想观点、文字表述进行了调整和修改，力求更好地体现中央精神、适合实际教学需要。新教材、新起点、新格局，标志着课程建设的新起点。讲好思政课不仅有"术"，也有"学"，更应有"道"。思政课的政治性、思想性、学术性、专业性是紧密联系在一起的，其学术深度、广度和学术含金量不亚于任何一门哲学社会科学！

第二，高职思政课评价体系改革要适应网络时代的新挑战。以前高职思政课存在的通病是缺乏针对性和实效性。随着5G时代的到来，要改变这种状况，必须从创新思政课教学评价体系入手，针对高职人才培养目标，建构评估指标体系和实施办法，以是否有利于促进用习近平新时代中国特色社会主义思想铸魂育人，是否有利于立德树人为评价的最高标准。重塑一种全面性考核与针对性考核相结合、结果性和过程性评价相结合、静态评价与动态评价相结合、具有多元考核主体的、采用多种考核形式的、生动活泼的考核模式，利用好网络空间，如我们的"壹网情深"移动学习平台，进一步强化增值性评价。

第三，高职思政课专题化教学改革创新的空间很大，探索的现实意义凸显。习近平总书记指出："要把统筹推进大中小学思政课一体化建设作为一项重要工程，坚持问题导向和目标导向相结合，坚持守正和创新相统一，推动思政课建设内涵式发展。要针对不同学段，根据思想政治理论教育规律和学生成长规律科学设置具体教学目标，抓好教学目标设计、课程设置、教材编写、教学改革、教师培养、考核评价等环节，既不能揠苗助长、操之过急，又不能刻舟求剑、故步自封。"目前，高职院校与普通本科院校思政课使用的还是同样的教材，但职业教育是与普通教育有区别的一种教育类型。新类型开启了新征程，2020 年，教育部高校思政课教学指导委员会高职高专分教指委组织编写了"概论"和"德法"两门课的教学基本要求，推动统一的高校思政课教材体系向教学体系转化迈出了第一步。

第四章

新时代"大思政课"视域下
高职思政课时空的三维创新

习近平总书记指出，推动思政课改革创新要坚持理论性与实践性相统一的原则。2016年7月，我校马克思主义学院成立后，承办了全国高职高专院校思政课实践教学推进会暨首届高职高专思政课创新高峰论坛，在教育部社科司指导下，全国高职高专院校思政课建设联盟通过了《全国高职高专思想政治理论课实践教学实施方案》，高职思政课实践教学多维度探索、观点碰撞闪烁出创新的火花。2017年7月，笔者主持的教育部高校示范马克思主义学院和优秀教学科研团队建设重点项目"职业院校思想政治课实践教学研究"（立项号：17JDSZK047）获得立项，新疆农业职业技术学院开始研究职业院校思政课实践教学。实践教学作为课堂教学的延伸拓展，旨在帮助学生巩固课堂学习效果，深化对教学重点难点问题的理解和掌握。制定实践教学大纲、整合实践教学资源、拓展实践教学形式、注重实践教学效果是实践教学途径创新的基本要求。如何贯彻落实习近平总书记"'大思政课'我们要善用之"的指示精神，在推进高职思政课问题式专题化教学模式的改革创新中拓展思政课教育时空，整合日常思政教育资源、实践教学资源，创新实践教学方式，运用新媒体让思政课活起来，提高问题式专题化教学效果，深化高职思政课改革创新，成为摆在我们面前的一个重要课题。

第一节　高职思政课实践教学
改革创新的现状
/////////////////////////////////////

在教育部高校示范马克思主义学院建设重点项目研究任务的驱动下，新疆农业职业技术学院马克思主义学院联合《思想理论教育导刊》编辑部，依托新疆职业院校思想政治教育研究中心、新疆职业院校思想政治教育研究会共同在中国德育馆（新疆馆），举办了全国高职高专院校思想政治理论课师资队伍建设暨思想政治理论实践教学高峰论坛。该论坛的重要成果之一就是再次聚焦高职思政课实践教学创新，全方位交流思想，呈现了高职思政课实践教学探索的新成果、新趋势。如何推动高职高专院校思政课实践教学创新成为马克思主义学院院长、思政部主任研讨的热点问题。

一、让高职院校丰富的实践教学资源为思政课提质增效服务成为新共识

让高职丰富的实践教学资源与思政课教学同向同行的教育理念成为基本共识，协同育人

思想被大家认同。《思想理论教育导刊》副主编查朱和认为：长期以来，高职院校思政课教师勇于改革创新，探索了多种多样的思政课教学方式方法，有效地增强了思政课的吸引力、感染力和针对性、实效性。其中，实践教学作为课堂教学的延伸拓展，被证明是一条适合高职院校特点的教学方式。新时代，我们要根据形势的发展和高等教育发展的新要求，敢于干事，善于成事，大胆探索既适合高职院校特点，又具有思政课特色的实践教学方式方法，为打赢提升思政课教学质量攻坚战打下坚实基础。

教育部高校思政课教指委委员、西安交通大学博士生导师马忠教授总结了西安交通大学"三理贯通"实践教学模式的经验与思考："三理贯通"即政理阐释、学理解释、事理解析相互贯通，具体指教学内容设计以党的方针政策和基本方略为核心，使思想政治理论与学术学理、社会生活密切结合；教学过程以"问题提出、案例导入、政理阐释、学理分析、事理揭示、组织讨论、教师总结"等环节展开。"三环相扣"即专题式教学、主题引导的开放式讨论、多样化主题社会实践环环相扣，专题式教学主要是指在理论难点、社会热点、学生疑点的"结合点"上设计教学专题，并开展深入的科学研究；在此基础上展开主题引导的开放式讨论，建立了"中班上课、分小班组织讨论"的教学机制；最后是多样化主题社会实践，通过提供实践教学经费、建立实践教学基地、落实实践教学学分等，形成了改革开放主题、红色文化主题、交大西迁精神主题等多种形式的实践教学活动，经过多年的努力探索，形成了可推广的经验。杨凌职业技术学院思政部主任张晓林教授介绍该校"三环联动"实践教学模式：即统筹"课堂、校园、社会"三个平台，紧抓"课堂实践、校园实践、社会实践"三个环节，促进"课堂实践为中心体验感悟、校园实践为重点强化践行、社会实践为补充增强素质"三环联动，实现思政课实践育人目标的教学模式。该模式将课堂实践、校园实践、社会实践等要素紧密结合，充分整合课堂、校园、社会三个教学场的教育资源，表现出了融多角度、信息量、系统性、主体性于一体的现代教育教学优势。

二、加强实践教学场馆建设，虚拟仿真中心创出新路径

实践教学，是增强高校思政课教学实效性不可或缺的重要环节，同时也是思政课教学改革面临的一大难点。笔者在前述论坛发言中介绍自己主持的2017年教育部高校示范马克思主义学院和优秀教学科研团队建设重点项目"职业院校思想政治课实践教学研究"的进展情况，提出以高职思政课实践教学协同创新研究中心为依托，以教育部课题研究为纽带，让职业院校丰富的社会实践资源与思政课教学同向同行、同频共振的研究方向。

辽宁世纪教育研究院贾秀红就"思政课3D虚拟仿真实践教学模式"做了研究创新。她

认为：鸦片战争以来，中国人民为争取独立、自由和解放，为实现国家繁荣富强、人民共同富裕和民族伟大复兴，前赴后继，进行了可歌可泣的伟大斗争，为我们子孙后代留下了大量宝贵的红色历史文化资源。这无疑是思政课实践教学的宝贵素材。但是，限于空间、时间、交通、安全及经费等实际困难，在现实条件下，组织全体学生到校外甚至到外地开展必要的实践教学活动难以实现。个别小规模的外出实践使其实效性大打折扣，而假期实践活动则因思政课教师难以全程、全方位指导而失去其特定的教育意义。充分利用现代教育技术，大力开展"思政课 3D 虚拟实践教学"，是破解这一难题的一个有效探索。所谓"思政课 3D 虚拟实践教学"，即通过对红色历史文化资源进行实际场景录制及通过建模技术制作，在特定教室或空间以大屏幕展播、三维呈现的方式创设实践教学的立体环境，使受教育者获得充分的融入感和沉浸感，从而无限延伸实践活动内容和范围，达成实践教学的全覆盖以及实践教学充分进课表。简单来说，其思路、内容和目标定位于"硬件＋软件＋实践场景资源＋教学设计（教案）＝实践教学"的便捷、高效和全覆盖。高职院校加大实践教学基础设施投入，拓展实践教学渠道，创新实践教学模式的探索出现新气象。

三、实践教学理念创新，模式创新呈现新局面

山东商业职业技术学院马克思主义学院院长王岳喜提出"在服务中学习，在学习中成长"的服务学习型思政课实践教学模式。该校在马克思主义学院设立服务学习中心，思政课教师和辅导员两支队伍共同参与指导，以劳动服务学习、社团志愿类服务学习和专业服务学习三种形式为载体，通过准备、实施、反思、评价四个环节进行，从自强不息、吃苦耐劳的传统美德，助人为乐、保护环境的社会公德，服务他人、奉献社会的职业道德，为人民服务的人生观和社会主义核心价值观等方面来反思和提升。截至 2018 年 8 月已有 6 届 35 270 名学生参加了 320 万人次各种形式的服务学习活动。辽阳职业技术学院马克思主义学院院长佟艳介绍：该校坚持以学生为本的教学理念制定实践教学改革方案和考核办法。形成了课内与课外结合，线上与线下结合，思政课与政治理论社团相统一，知能品行"四位一体"的实践教学模式，以培养"能说、能写、能想、能做"的"四能型"人才为目标，有效发挥了活动育人的功效。成都职业技术学院思政部主任蒋家胜介绍：该校遵循"价值引领、能力本位"教学设计理念，创新设计了"基于问题"的探究型、"基于网络"的虚拟型、"基于情感"的体验型和"基于社群"的服务型四种实践教学模式，创建了高职学生思政课实践教学体系，帮助学生扣好人生第一粒扣子，走好走稳人生路。高职高专思政课分教指委委员、西安铁路职业技术学院思政部主任李新萍介绍了该院"一体两翼"实践教学模式，即以

激活教学内容为主体、以拓宽教学载体和改革教学方法为两翼，将校园文化、行业企业文化、优秀校友、地方文化、红色文化等教育资源融入思政课教学内容，使教学内容丰富、生动和具体。再通过契合理论主题的课题专题实践、校内实践基地、校外实践基地、假期社会实践完成。至目前，高职院校形成了以学生为中心，价值引领，能力本位的实践教学理念和多元化实践教学模式。

四、实践教学的考核评价体系创新实现新突破

江西环境工程职业技术学院马克思主义学院院长肖文介绍：该院秉承井冈山精神、苏区精神的红色基因，依托省内丰富的红色文化资源，构建立体考核体系，打造"线上线下双课堂"；将"读、思、辩、学、做"五环节、"模拟长征智勇冲关和红色主题汇报展演"双品牌的"5+2"实践贯穿教学全过程；整合校园文化资源和平台，将课程教育延伸到日常教育，实施"党建引领、文化引领、心健教育、体质教育"四进宿舍，构建大思政格局；依托企业基地实地教学融入行业，通过革命遗迹参观体验融入社会；形成了教学实践育人、校园文化育人、社会实践育人"三位一体"的思政课实践教育体系。笔者也在论坛上介绍了通过与企业合作研发"壹网情深"（APP）平台"实践出真知"栏目设想，提出实现思政课实践教学多渠道实践、多媒体提交体会作业、多主体评价，统一生成实践教学成绩的软件系统功能，进而推动多部门协同，突破实践教学评价瓶颈的观点。

五、高职思政课实践教学研究形成新自觉

马忠提出：一是实践教学必须密切结合教学内容展开，要根据从理论难点、社会热点、学生疑点上确定实践方向，要设计主题、凝练选题；二是提升实践教学质量和层次，要在实践教学中体现正确的价值导向，提供丰富的知识供给，避免将经验当成实践；三是增强实践教学效果，要善于总结实践成果，探索"理论如何联系实际"的新理念与新方法，最终推动课堂教学和科研工作。广东轻工职业技术学院马克思主义学院院长储水江认为，高职院校思政课实践教学必须正视的问题是：目前大部分院校的实践教学"形式大于内容"，与课堂理论教学关联度不大。思政课教学于学生而言是一次认识过程。"实践的观点是辩证唯物论的认识论之第一的和基本的观点。"一个完整的认识过程，应该包含感性认识到理性认识、认识到实践两次飞跃。课堂教学是间接经验的学习，需要通过实践教学补上"感性认识"这一课，从反方向实现第一次飞跃，进而通过分析、解决问题实现第二次飞跃。因此，思政课实践教学必须严格按照理论教学的需要，与理论教学密切配合，据以确定实践教学的主题、制

123

定实践教学大纲和教学计划，使之具备"教学"的必备元素。

北京青年政治学院马克思主义学院副院长周颖认为：目前各高职院校思政课实践教学还缺乏系统性、体系化，实践教学设计与思政课教学的内容之间缺少衔接。她强调：要依据课堂教学的理论逻辑设计实践教学的逻辑体系。既要讲好思政课的"理"，做到以理服人，又要讲好实践教学的"事"，做到以情感人。只有理论与实际、内容与形式实现了统一，才能达到知行合一，提升思政课的实效性。李新萍认为：思政课实践教学的内容应该紧密契合理论主题，不能偏离现有的统一教材体系和教学内容。克拉玛依职业技术学院思政部主任景四新认为，高职院校党委要为思政课实践教学提供条件保障：一是要加大对思政课建设的投入。实践教学所需经费单独列入学院思政课专项经费的年度预算。二是要同重视专业实训一样，重视思政课的实践，要按照专业实训课的标准，核定教师工作量和发放课时津贴。三是要建设一批思政课实践教学基地，以保证思政课实践教学的顺利进行。

北京青年政治学院党委副书记祝文燕认为：①高职思政课实践教学与综合大学相比，差距主要在于理论提炼和总结提升；②优秀高职思政课实践教学与普通高职相比，优就优在工作更扎实、项目更精耕、干部教师更拼命；③高职马克思主义学院的成功需要学校党委书记与马克思主义学院院长共同成就。

笔者在论坛总结中提出高职思政课实践教学面临的难题：①高职不同途径的实践教学资源，不能围绕思政课教学目标同向同行的问题；②高职多头管理学校实践教学综合评价没有抓手的问题；③受原有实践教学理论拘泥，不敢大胆创新，手脚被束缚的问题。并提出一个观点：高职思政课实践教学要发扬井冈山精神，大胆创新，要以立德树人是学校的根本任务、中心环节和高校的立身之本为指导，破除原有理论认识藩篱，大胆创新，让立德树人贯穿职业院校丰富的社会实践教育活动，发挥协同育人作用。

如何加强高职院校思政课实践教学是高职思政课教师队伍面临的一个常谈常新的重要课题。新时代，新征程，需要高职院校勠力同心，不懈探索，加强实践教学的目标、内容、路径、方法、评价体系的整体构建与创新研究。

2019年3月18日，学校思想政治理论课教师座谈会在北京人民大会堂召开，笔者向习近平总书记汇报高职思政课教学模式创新和高校示范马克思主义学院建设情况，发言中介绍了思政课实践教学的研究进展。汇报的内容如下：如何进一步提高高职思政课教学的实效性，个人把主要精力放在了两个方面：一是实现实践教学资源与思政课教学同向同行，协同联动，强化价值认同；二是研发学生自主学习移动终端，破解多元评价的难题，推动学生自主学习和实践教学的协同考核。2017年笔者主持了教育部全国高校示范马克思主义学院建设重点项目，目前已建成了思政课实践教学 3D 虚拟仿真实训室，研发了"壹网情深"新疆职业院校"大思政课"移动学习平台。提高思政课教学质量永远在路上，我们将按照习近平总书记"三传播""三塑造"的要求一直努力下去。

第二节　高职思政课问题式专题化教学与日常思想政治教育的协同创新

中共中央办公厅《关于加强新时代马克思主义学院建设的意见》指出，要"牢固树立全员、全程、全方位育人理念，建立协同育人机制，实现课程思政与思政课程同向同行、日常思政工作与思政课程同频共振"。高职思政课问题式专题化教学的拓展首先要聚焦日常思想政治工作。落实立德树人根本任务的主渠道和日常思想教育目标其实是一致的，只有合理配置，通盘考虑，同频共振，协同育人，才能使我们的学生如庄稼生长根深苗壮。

一、高职日常思想政治教育实践与思政课教学同频共振的重要意义

第一，二者同频共振是解决高职院校思政课教学知行分离问题的迫切需要。提高高职思政课的针对性和实效性是长期以来高校思想政治教育工作者不懈探索的主题。思政课教学存在的突出问题，其实质就是知行分离。问题关键是如何实现由教材体系向教学体系的转化，由教学体系向行为体系的转化，由行为体系向信仰体系的转化。如何实现这种转化，仁者见仁，智者见智。我们认为推动高职思政课问题式专题化教学改革，进一步把高职思政课与大学生日常思想教育实践的内容体系、活动途径和管理模式有机结合，是破解高职思政课教学知行分离问题的新思路。树立"大思政课"理念，构建协同育人机制对于提升高职思政课教学的针对性和实效性，具有重要意义。

第二，二者同频共振是解决日常思想政治教育无序化，实现科学化、专题化、提高教育效能的需要。高职学生群体智能特征是形象思维突出，抽象思维需要强化训练，具有鲜明的类型性特点。传统的高职日常思想政治教育方法重理论教育、轻社会实践，随意性强。新时代面对世界百年未有之大变局，来自自然界和经济社会方方面面的挑战前所未有，给高职思想政治教育带来海量多元的信息，学生通过形形色色的思想、观念，直面错综复杂的社会生活。同时，高职教育体系的开放性，也给高职思想政治教育带来新的难

题。学生经常赴企业实习、实训，甚至有的学校是把学生送到企业后，放任自流。如何适应校企合作、工学结合的办学模式，实现德技并修，使日常教育科学化，需要日常思想教育规范化、科学化、有序化，与高职思政课有机融合发展。

第三，是整体构建高职院校"大思政课"工作体系，形成教育协同育人合力的需要。在遵循受教育者思想政治素质和身心发展规律的基础上，构建高职党建与思想政治工作体系诸要素之间协同，配合得当，形成合力，提高高职院校思想政治教育的针对性和实效性，要关注高职思想政治教育的目标、内容、途径、方法、管理、评价的整体协同，要关注学校、家庭、企业、网络、学生相互联系、相互作用，当然也应当包括高职思政课与日常思想教育实践教育的协同，目标在于形成育人合力，推进"三全育人""五育并举"，促进高职学生全面发展。

二、实现高职日常思想政治教育实践与思政课协同的探索与实践

如何实现日常思想政治教育与思政课同频共振？我们围绕日常思想教育与高职思政课协同创新做了以下探索。

一是高职"概论"课与选择性必修课"党在我心中 永远跟党走——'四史'专题教育活动""四史"教育活动展馆、党建"五进"实践育人模式协同育人的实践探索。"概论"课是高职思政课的核心课程，是每一个高职学生的必修课，课程的目标立足于对学生进行系统的马克思主义中国化的理论成果即毛泽东思想和邓小平理论、"三个代表"重要思想、科学发展观、习近平新时代中国特色社会主义思想的教育，帮助学生掌握中国特色社会主义理论的科学体系和基本观点，指导学生运用马克思主义世界观和方法论去认识和分析问题，培养理论基础扎实、政治信念坚定、锐意开拓进取的建设中国特色社会主义事业的建设者和接班人。学院在推动这门课程"以案例为导引，以问题为核心"的探究式专题化改革的同时，寻找新方法、新途径，用深入细致的日常思想政治教育工作，调动党员的先锋模范行动。高职学生的政治素质不是与生俱来的，必须从一点一滴抓起，通过日积月累形成，离不开良好的政治环境的熏陶。在高职学生中进行党的教育是"概论"课的延伸，有利于营造学生健康成长、追求进步的良好环境，帮助和引导学生牢固树立祖国观念、人民观念、党的观念、社会主义观念，牢固树立"四个自信"；有利于帮助学生正确认识社会发展规律、认识国家前途命运、认识自己的社会责任，确立在中国共产党领导下走中国特色社会主义道路、实现中华民族伟大复兴中国梦的共同理想和坚定信念；有利于引导学生不断追求更高的目标，使他们树立共产主义远大理想，确立马克思主义坚定信念，树立听党的话、跟党走的思想。

2020 年 6 月，习近平总书记在给复旦大学青年师生党员回信中指出："希望广大党员特别是青年党员认真学习马克思主义理论，结合学习党史、新中国史、改革开放史、社会主义发展史，在学思践悟中坚定理想信念，在奋发有为中践行初心使命，努力为实现'两个一百年'奋斗目标、实现中华民族伟大复兴的中国梦贡献智慧和力量。"回信为高职院校开展"四史"教育提供了基本依循。同月，教育部办公厅发布《关于在全国高校师生中开展党史、新中国史、改革开放史、社会主义发展史学习教育及新冠肺炎疫情防控知识竞答讲述活动的通知》(以下简称《通知》)要求：开展专题教育教学。把党史、新中国史、改革开放史、社会主义发展史及新冠肺炎疫情防控学习教育贯穿高校立德树人全过程，融入教育教学各环节、师生学习生活各方面。根据学院党委的要求，2020 年 6 月，在实验 7 年的基础上，我们根据习近平总书记给复旦大学青年师生党员的回信精神和教育部《通知》精神，对先前出版的《党在我心中　永远跟党走——高职生教育活动读本》(以下简称《读本》)修订再版。高职因为没有开设"中国近现代史纲要"课，"四史"教育也是空白，"概论"课教学经常遇到学生出现知识真空点的情况。《读本》是开展"四史"专题教育教学的有效载体，也是对学生知识空白点的一个有效补充。学校构建党的建设启蒙工程十七年来，加强了对大学生中共党史、中华人民共和国史、改革开放史和社会主义发展史及党的指导思想、党的宗旨、党的先进性的教育。再版后的《读本》内容以"马克思主义为什么行？中国共产党为什么能？社会主义为什么好？"为问题主线，内容设置九个专题：上下求索——人民选择了马克思主义；浴血奋战——缔造了中华人民共和国；自强不息——开辟中国特色社会主义道路；民族复兴——中国特色社会主义进入新时代；立党为公——始终保持党的先进性和纯洁性；求真务实——高举中国特色社会主义旗帜；不忘初心——为人民谋幸福，为民族谋复兴；圆中国梦——谱写无悔的青春之歌；党在心中——用忠诚履行铮铮誓言。《读本》坚持"以案例为导引，以问题为核心"的探究式专题化教育模式设计编写体例，以中国革命、建设和改革开放史及社会主义发展史史实为载体，融入党情、国情、民情教育，引导学生学习中共党史、中华人民共和国史、改革开放史和社会主义发展史，强化学生对中国特色社会主义"四个自信"的教育。

2020 年 6 月，我校马克思主义学院与辽宁世纪教育研究院合作研发"党在我心中　永远跟党走""四史"展馆项目启动，以习近平总书记给复旦大学青年师生党员的回信为指导，构建"四史"展陈文稿和图片内容。设计内容：第一篇　壮丽的日出——马克思主义照亮人类历史进程；第二篇　上下求索——中国人民选择了马克思主义；第三篇　浴血奋战——中国共产党缔造了新中国；第四篇　自强不息——探索中国特色社会主义道路；第五篇　改革开放——让中国人民富裕起来；第六篇　民族复兴——新时代加快中国特色社会主义强国步伐。当年完成设计任务，目前，先采用 3D 虚拟技术展陈内容进入实践教学虚拟体验中心，待条件成熟后推广实体馆实验。目前，新疆博尔塔拉职业技术学院、阿勒泰职业技术学院和我院等已经将其内容建成学院实体"四史"教育展馆。

学院党委接续实施党建"五进"工程，这是有效实践教育途径。学院实践了"学生学习生活到哪里，党的组织就跟进到哪里，党支部的战斗堡垒作用和党员的先锋模范作用就发挥到哪里"的"五跟进"党建工作实践模式。即一是进班级、二是进社区、三是进社团、四是进网络、五是进实习实训基地。通过"五进"大学生党建工作实践模式的有效开展，实现了高职"概论"课向第二课堂的有效延伸，实现了学院提出的"一年级班级有入党积极分子、二年级班级有党员、三年级班级有党小组或党支部"的学生党建目标，为提升学生综合素质、培养政治上可靠的社会主义事业接班人提供了坚实的组织保障。

二是高职"德法"课和高职德育活动课的互补，提高教育的针对性的实践探索。2020年 9 月，在第三次中央新疆工作座谈会上习近平总书记指出：阐述新时代党中央治疆方略"八个坚持"之一就是坚持弘扬和培育社会主义核心价值观。如何贯彻落实？习近平总书记对社会主义核心价值观的培育与践行提出了"4321"基本要求："4"指"四化"，即要"注意把社会主义核心价值观日常化、具体化、形象化、生活化，使每个人都能感知它、领悟它，内化为精神追求，外化为实际行动，做到明大德、守公德、严私德"；"3"指"三落"，即"培育和践行社会主义核心价值观，贵在坚持知行合一、坚持行胜于言，在落细、落小、落实上下功夫"；"2"指"两无"，即"要利用各种时机和场合，形成有利于培育和弘扬社会主义核心价值观的生活情景和社会氛围，使核心价值观的影响像空气一样无所不在、无时不有"；"1"指一种境界，达到"我们生而为中国人，最根本的是我们有中国人的独特精神世界，有百姓日用而不觉的价值观"这样一种"日用而不觉"的境界。习近平总书记关于核心价值观教育方法的重要论述，为我们进一步强化新疆社会主义核心价值观实践教育内容体系的构建提供了基本遵循，为创新新疆职业院校社会主义核心价值观教育途径和方法提供了行动指南。

"德法"课是帮助高职学生提高思想道德素质和法治素养的重要课程。它既是一门思想政治理论课，更是一门行为习惯养成课。学院从高职学生的特点出发，以高职学生成才成人规律为主线，坚持把国家要求与高职学生的主体需求相结合，突出主体地位、高职特色，设计高职"德法"课教学内容体系，与高职德育活动课教育专题形成有机统一，实现了从"知性教育"向"知行合一"的行动教学转变，从而增强了课程的吸引力和感染力，对培养学生的职业素养，提高学生的职业能力起到了重要的支撑作用。

"德法"课作为高职院校思政课发挥着主渠道作用，我们以学院高职德育活动课为平台，将"德法"课教学向高职德育活动课专题教育活动延伸，使日常思想政治教育活动制度化、常规化。"德法"课理论学习的最终目的是让学生把知识内化成自身行为的标准和价值尺度。高职德育活动课是以社会主义核心价值观教育为主线，以解决学生思想实际问题为中心，将日常教育专题化、专题教育生活化，使日常思想政治教育规范化、系统化、有序化。德育活动课贯穿学生在校学习、生活全过程，将课堂活动延伸到校园生活、岗位、企业、社会。校园、企业、家庭、社会都成为育人的重要场所，它突出体现了职业教育在实践中育人、教学做合一、在体验中成长的德育规律，是一门面向所有学生、教会学生做人的社会主义核心价值观养成课。它解决学生入学到毕业全过程的成长困惑，进行入学教育、爱国主义教育、民族团结教育、热爱劳动教育、职业道德教育、社会主义核心价值观教育、就业教育、创业教育等，体现学生主体的心理需求。两者的融合是主渠道与主阵地教育内容的互补和有机结合，是推进社会主义核心价值观教育的有益探索，有利于推动社会主义核心价值体系大众化；有利于高职生消化高深的价值理论、道德思想，将其落在生活实践之中，变成自己的政治鉴别力、道德约束力，用习近平新时代中国特色社会主义思想为指导，提升分析问题、解决问题的能力。

三是高职"简明新疆地方史教程"（以下简称"教程"）课与日常"三进两联一交友"、民族团结教育活动有机配合的实践探索。"教程"课是对学生进行中国历史以及新疆历史教育的主渠道，是帮助学生铸牢中华民族共同体意识，树牢正确的"五观"（即国家观、民族观、宗教观、历史观、文化观）和"五个认同"（即对伟大祖国、中华民族、中华文化、中国共产党、中国特色社会主义的认同）教育的重要途径。从新疆高职人才培养目标出发，"教程"课不是单纯的历史知识课，而是定位为思政课、实践育人课，它具有鲜明的思想性、政治性、意识形态性、实践性和现实性等特点。

为提高新疆地方课的教育效能，我院推行专题化教学，围绕中国是一个统一的多民族国家的历史脉络，着眼新疆地域与中原地区的内在联系，设计了七个专题讲述从先秦两汉到中华人民共和国成立之前的新疆地区历史。帮助高职学生正确认识中国历史以及新疆地区历史，深刻理解新疆是我国领土不可分割的一部分、新疆地区各民族是中华民族血脉相连的家庭成员、新疆各民族文化扎根于中华文明沃土、新疆是多种宗教并存地区的道理，牢固树立马克思主义国家观、历史观、民族观、文化观、宗教观，自觉同"三股势力""双泛"思潮做斗争，正本清源，增强做中国人的骨气和底气。为了巩固教育效果，强化实践体验，学院

129

把该课程专题教学与日常教育中新生入学的民族团结教育活动、每年五月的民族团结教育月系列活动、"三进两联一交友"活动、民族团结一家亲活动、少数民族与汉族同学一帮一"结对子"活动、民族团结先进班级、先进宿舍评比活动等有序配合，在党委的统一调配下形成课内与课外、校内与校外、知与行的统一，有效地推进了社会主义核心价值观教育，以及"我们是中国人""我们的祖国是中国""我们都属于中华民族""我们的共同利益是实现中华民族伟大复兴中国梦"等中华民族共同体意识的培育。

四是处理好高职思政课社会实践的评价问题。社会实践活动管理模式的创新是实现思政课软着陆并与日常思想政治教育协同发展，推进习近平新时代中国特色社会主义思想入心入脑入行的重要方式。毛泽东同志指出："对于马克思主义的理论，要能够精通它、应用它，精通的目的全在于应用。"推动高职院校马克思主义中国化、时代化的目的，是实现高职学生对马克思主义的知行高度统一。"知"是内化，是学生认同、吸纳马克思主义中国化的最新理论成果，并将其固化为自己的理论素养和指导社会实践的价值标准。通过专题化教学内容体系构建实现了从教材体系向教学体系的转化，推行高职思政课问题式专题化教学模式实验，实现了从教学体系向解决学生思想问题的能力素质体系的转化，达到了推进学生马克思主义内化的目的，提高了教育效能。然而"行"是外化，是学生将内在的理论素养外化为自主自觉的行为实践的过程。只有将内化的理论素养外化为具体的社会实践行为时，学生主体才真正达到知行统一。

如何利用高职社会实践的丰富资源，构建科学的管理、评价机制，让学生在实践中体验，在体验中成长，推进高职院校用习近平新时代中国特色社会主义思想铸魂育人，完成外化，就必须坚持思政课教学与日常思想教育之社会实践相结合的方针，凸现社会实践的教育功能，引导学生积极投身社会实践，在实践中把握当代中国马克思主义——习近平新时代中国特色社会主义思想的精神实质。思政课的理论观点是否具有真理性和指导性，还必须回到实践中去经受检验。学生在实践中运用思政课的理论观点来释疑解惑，由对思政课的理论观点的认知转化为认同，由认同升华为信仰，再由信仰外化为行动，实现知、信、行的有机统一。

应充分运用系统思维的方法，实践教学环节的管理要跳出只由马克思主义学院单一部门负责、唱"独角戏"的思维模式。可设立高职"大思政课"实践教学协同创新发展中心部门，把高职思政课教学与日常思想教育相结合，与专业课"课程思政"协同，树立"三全育人，五育并举"的理念，打造"十育人"的机制，即要通过全校实践教学资源的整合，将其融入学院的全局进行管理和配置，把学生社会实践在全校进行分类和按时间排序。思政课教师及时跟进，了解规律。调动多方面的积极性，把高职"大思政课"教学视野下的社会实践活动任务与教务处、组织部、宣传部、团委、学生处、二级学院部署的专业课实习实训、社会实践值周、日常劳动教育、"三下乡"、青年志愿者服务、德育活动课、党建"五进"社会实践教育活动等同时部署、分别考核，最终形成教育合力，使学生在学中做、做中学，在实践学习中做到真学、真懂、真信、真用，顺利实现马克思主义基本素养的内化和外化。

第三节　高职思政课实践教学、网络教学模式创新与管理评价探索

如何实现思政小课堂与社会大课堂的有效结合，如何实现"面对面"与"键对键"的无缝对接，如何实现显性教育与隐性教育的育人合力，如何让所有课程都与思政课同向同行等，是新时代"大思政课"视域下思政课改革创新必须面对的一个新课题。

一、中国德育馆（新疆馆）的建设与实践教学效果

2018 年 9 月 15 日，根据教育部高校示范马克思主义学院建设重点项目建设的承诺，由中国教育科学研究院德育研究中心詹万生教授捐赠的中国德育馆（新疆馆）在我院图书馆六楼落成。

（一）建设中国德育馆（新疆馆）的意义

创建中国德育馆（新疆馆），是实施中华优秀传统文化进校园，加强中华优秀传统文化教育的重要举措；是构建中华优秀传统文化传承体系，推动文化传承创新的重要途径；是深化中国特色社会主义教育和中国梦宣传教育的重要组成部分；是培育和践行社会主义核心价值观，落实立德树人根本任务的重要基础。青少年学生是祖国的未来、民族的希望，加强对青少年学生的中华优秀传统文化教育，对于传承中华优秀传统文化，推动文化传承创新，建设社会主义先进文化，培养富有民族自信心、高尚道德情操和爱国主义精神的社会主义事业建设者和接班人具有重要意义。

1. 对加强中华优秀传统文化教育具有重要意义

创建中国德育馆（新疆馆），加强中华优秀传统文化教育，是深化中国特色社会主义教

育和中国梦宣传教育的重要组成部分。中国特色社会主义道路是在对中华民族 5 000 多年悠久文明的传承中走出来的，具有深厚的历史渊源和广泛的现实基础。加强中华优秀传统文化教育，对于引导青少年学生更加全面准确地认识中华民族的历史传统、文化积淀、基本国情，认清中国特色社会主义的历史必然性，坚定走中国特色社会主义道路、实现中华民族伟大复兴中国梦的理想信念，具有重大而深远的历史意义。

创建中国德育馆（新疆馆），加强中华优秀传统文化教育，是构建中华优秀传统文化传承体系，推动文化传承创新的重要途径。当今世界，文化在综合国力竞争中的地位和作用更加凸显，越来越成为民族凝聚力和创造力的重要源泉，博大精深的中华优秀传统文化是我们在世界文化竞争中站稳脚跟的根基。青少年学生是祖国的未来、民族的希望，加强对青少年学生的中华优秀传统文化教育，对于培养中华优秀传统文化的继承者和弘扬者，推动文化传承创新，建设社会主义先进文化具有奠基意义。

创建中国德育馆（新疆馆），加强中华优秀传统文化教育，是培育和践行社会主义核心价值观，落实立德树人根本任务的重要基础。世界多极化、经济全球化深入发展，国内经济社会转轨转型、深刻变革，现代传播技术迅猛发展，世界范围内各种思想文化的交流交融交锋更加频繁，社会思想观念日益活跃。青少年学生思想意识更加自主，价值追求更加多样，个性特点更加鲜明，社会上一些不良思想倾向和道德行为，对青少年学生健康成长产生了不容忽视的影响。加强中华优秀传统文化教育，对于引导青少年学生增强民族文化自信和价值观自信，自觉践行社会主义核心价值观具有导向意义。

2. 对贯彻落实立德树人根本任务的重要意义

中共中央办公厅、国务院办公厅《关于实施中华优秀传统文化传承发展工程的意见》（以下简称《意见》）指出："中华民族和中国人民在修齐治平、尊时守位、知常达变、开物成务、建功立业过程中培育和形成的基本思想理念，如革故鼎新、与时俱进的思想，脚踏实地、实事求是的思想，惠民利民、安民富民的思想，道法自然、天人合一的思想等，可以为人们认识和改造世界提供有益启迪，可以为治国理政提供有益借鉴。传承发展中华优秀传统文化，就要大力弘扬讲仁爱、重民本、守诚信、崇正义、尚和合、求大同等核心思想理念。"党的十八大以来，在以习近平同志为核心的党中央领导下，各级党委和政府更加自觉、更加主动推动中华优秀传统文化的传承与发展，开展了一系列富有创新、富有成效的工作，有力增强了中华优秀传统文化的凝聚力、影响力、创造力。立德树人是发展中国特色社会主义教育事业的核心所在，是培养德智体美劳全面发展的社会主义建设者和接班人的本质要求。落实立德树人根本任务，就要整体构建符合教育规律、体现时代特征、具有中国特色的德育体系，建立健全综合协调、充满活力的德育体制机制。落实立德树人根本任务，是贯彻党的十九大精神的重大举措，是提高国民素质、建设人力资源强国的战略行动，是适应教育改革与发展、基本实现教育现代化的必然要求。落实立德树人根本任务，就要充分发挥各类博物馆、纪念馆、展览馆、烈士陵园等爱国主义教育基地对青少年学生的教育作用。创建中国德育馆（新疆馆），是爱国主义教育基地的新创意、新模式，对于落实立德树人根本任务具有重要意义。

面对新的形势和任务，青少年学生思想道德建设工作还存在许多不适应的地方和亟待加强的薄弱环节。全社会关心和支持青少年学生思想道德建设的风气尚未全面形成，还存在种种不利于青少年学生健康成长的社会环境和消极因素；学校教育中重智育轻德育、重课堂教学轻社会实践的现象依然存在，推进素质教育的任务艰巨，教师职业道德建设有待进一步加强；随着人员流动性加大，一些家庭放松了对子女的教育，一些家长在教育子女尤其是独生子女的观念和方法上存在误区，给青少年学生教育带来新的问题；青少年学生思想道德建设在体制机制、思想观念、内容形式、方法手段、队伍建设、经费投入、政策措施等方面还有许多与时代要求不相适应的地方。这些问题应当引起足够重视，并采取有效措施加以解决。创建中国德育馆（新疆馆），对于加强和改进学校德育工作具有重要意义。

实现中华民族的伟大复兴，需要一代又一代人的不懈努力。从青少年学生抓起，培养和造就千千万万具有高尚思想品质和良好道德修养的合格建设者和接班人，既是一项长远的战略任务，又是一项紧迫的现实任务。我们要从确保党的事业后继有人和社会主义事业兴旺发达的战略高度，从全面建成小康社会和实现中华民族伟大复兴的全局高度，充分认识加强和改进青少年学生思想道德建设的重要性和紧迫性，适应新形势新任务的要求，努力开创青少年学生思想道德建设工作的新局面。创建中国德育馆（新疆馆），是开创青少年学生思想道德建设工作新局面的重要举措，对培养和造就具有高尚思想品质和良好道德修养的合格建设者和接班人具有重要意义。

3. 对培训提高教师教书育人水平的重要意义

习近平总书记在"3·18"重要讲话中指出："思政课教师的历史视野中，要有5 000多年中华文明史，要有500多年世界社会主义史，要有中国人民近代以来170多年斗争史，要有中国共产党近100年的奋斗史，要有中华人民共和国70年的发展史，要有改革开放40多年的实践史，要有新时代中国特色社会主义取得的历史性成就、发生的历史性变革，通过生动、深入、具体的纵横比较，把一些道理讲明白、讲清楚。"这对其他专业教师也具有指导意义。《意见》强调，要"围绕立德树人根本任务，遵循学生认知规律和教育教学规律，按照一体化、分学段、有序推进的原则，把中华优秀传统文化全方位融入思想道德教育、文化知识教育、艺术体育教育、社会实践教育各环节，贯穿于启蒙教育、基础教育、职业教育、高等教育、继续教育各领域。……加强面向全体教师的中华文化教育培训，全面提升师资队伍水平。"各类学校全体教职员工要树立以人为本的思想，认真贯彻《中华人民共和国教育法》《中华人民共和国教师法》，热爱学生，言传身教，为人师表，教书育人，以高尚的情操引导学生德智体美劳全面发展。教育行政部门和学校要制定和完善有关规章制度，调动全体教师的工作积极性与责任感，充分发挥广大教师在全面推进素质教育进程中的主力军作用。要完善学校的班主任制度，高度重视班主任工作，选派思想素质好、业务水平高、奉献精神强的优秀教师担任班主任。学校各项管理工作、服务工作也要明确育人职责，做到管理育人、服务育人。创建中国德育馆（新疆馆），定期组织教师到德育馆参观学习、交流研讨，有利于加强教师对中华优秀传统文化史、革命文化史和社会主义文化史的了解，对于加强职业道德建设，提高教师的教书育人水平具有重要意义。

4. 对培养社会主义事业建设者和接班人的重要意义

《意见》强调，"中华优秀传统文化蕴含着丰富的道德理念和规范，如天下兴亡、匹夫有责的担当意识，精忠报国、振兴中华的爱国情怀，崇德向善、见贤思齐的社会风尚，孝悌忠信、礼义廉耻的荣辱观念，体现着评判是非曲直的价值标准，潜移默化地影响着中国人的行为方式。传承发展中华优秀传统文化，就要大力弘扬自强不息、敬业乐群、扶危济困、见义勇为、孝老爱亲等中华传统美德。……中华优秀传统文化积淀着多样、珍贵的精神财富，如求同存异、和而不同的处世方法，文以载道、以文化人的教化思想，形神兼备、情景交融的美学追求，俭约自守、中和泰和的生活理念等，是中国人民思想观念、风俗习惯、生活方式、情感样式的集中表达，滋养了独特丰富的文学艺术、科学技术、人文学术，至今仍然具有深刻影响。传承发展中华优秀传统文化，就要大力弘扬有利于促进社会和谐、鼓励人们向上向善的思想文化内容。"创建中国德育馆（新疆馆），对于贯彻落实党中央关于加强和改进青少年学生思想道德建设具有重要意义，可以为各地各部门和各级各类学校德育工作的先进经验提供展示交流的平台。

热爱祖国、积极向上、团结友爱、文明礼貌是当代中国青少年学生精神世界的主流。与此同时，一些领域道德失范、诚信缺失、假冒伪劣、欺骗欺诈现象有所蔓延；一些地方封建迷信、邪教和黄赌毒等社会丑恶现象沉渣泛起，成为社会公害；一些成年人价值观发生扭曲，拜金主义、享乐主义、极端个人主义滋长，以权谋私等消极腐败现象屡禁不止，也给青少年学生的成长带来不可忽视的负面影响。互联网等新兴媒体的快速发展，给青少年学生学习和娱乐开辟了新的渠道。与此同时,腐朽落后文化和有害信息也通过网络传播,腐蚀青少年学生的心灵。创建中国德育馆(新疆馆),给青少年学生提供获得德育正能量的参观学习场所,有利于消除负面影响,促进青少年学生健康成长。

(二)中国德育馆(新疆馆)建成使用情况

中国德育馆(新疆馆)通过多种形式展示,自成体系、全方位直观生动地呈现了中国古代、近现代历史时期以及习近平新时代中国特色社会主义德育的发展脉络、重大事件和主要德育思想。它分为序厅和三个展厅(第一展厅:中国古代德育;第二展厅:中国近代德育;第三展厅:中国现代德育)。该馆是社会各界爱国主义教育基地,也是学院思政课实践教学的重要基地。

中国德育馆(新疆馆)落成后,据不完全统计,共接待来自北京、山西、重庆、浙江、广东等省市的高校、中小学、幼儿园、党政机关、社会组织等参观团队共100多个,参观人数超过6 000人。作为学院思政课实践教学基地,完成"道法"(原"基础")、"概论""纲要"等课程实践教学百余场,基本实现在校生全覆盖。

笔者接待过很多团队。看完中国德育馆(新疆馆),不同的团队都从不同的角度受到启发。如中华民族为什么爱好和平,文化传统起源在哪里?中国上古时期的"禅让制"民主与西方古罗马城邦民主有什么不同?道德的起源和本质是什么?以德治国和依法治国的中华文化思想渊源,孟子、荀子的思想观点有什么不同?中华传统文化的核心儒释道在中国的发展演变,理学、心学出现对马克思主义中国化有什么启示?习近平总书记为什么要提倡向王阳明学习?中国古代科举制度教材为什么朝廷统编?中国古代核心价值观"十二德"的形成与发展过程?中国近代不同阶级的思想家的德育思想有哪些不同?中国共产党如何把马克思主义中国化的?中国共产党红色文化谱系的形成与内涵?中华人民共和国成立后我国德育思想的发展中有哪些代表人物?党的十八代以来,习近平总书记关于社会主义核心价值观教育、关于学校思想政治教育工作重要论述有哪些?为什么说社会主义核心价值观有5 000多年的历史底蕴?为什么说为人民服务是中国共产党的伟大创造,是社会主义道德的核心?反对历史虚无主义、维护革命英雄形象为什么至关重要?为什么说习近平新时代中国特色社会主义思想是中华文化和中国精神的时代精华?等等。本校学生"道法""概论""纲要"等思政课实践教学则结合课程学习要求分别选取不同点位参观,学习讲解中华优秀传统文化中道德思想、法治思想、教育思想,中国革命文化中爱国主义、民主、平等、科学思想,社会主义先进文化中的爱国主义、集体主义、共产主义世界观、人生观、价值观的元素和教育资源。

135

（三）中国德育馆（新疆馆）在使用参观中发现的新问题

中国德育馆（新疆馆）建成已经产生了一定的社会影响，在思政课的实践教学中发挥了很大的作用，随着参观者数量的急剧增加，在面对社会不同层次的参观者时又发现了一些新问题：一是展板展示的内容有限且形式单一；二是展板是文字性表述，需要通过讲解进一步形象化、具体化、生活化；三是因为服务解说人员的缺乏、场地的限制等原因造成不能满足大量青少年学生同时参观。这些问题，使德育馆传承中华优秀传统文化作用的发挥受到限制。探索如何进一步提升实践教学的效果、挖掘更大的潜力，利用多媒体信息技术将静态展陈方式转化为学生渴望的通过多种方式展陈、通过互联网随时随地查阅馆藏资料，运用多媒体技术拓宽德育馆展陈模式势在必行。

（四）利用 AR 技术升级改造的规划

2019 年我校进入国家"双高计划"行列，建设全国一流高职示范马克思主义学院被纳入"双高计划"培根工程项目，中国德育馆（新疆馆）信息化升级得到相应项目支持。建设安排：2020 年度开展实际调研考察，访谈。接触专业信息化应用企业开发微信扫码讲解技术，了解适合支持德育馆升级的相关技术并引进，同时根据技术支撑需要，开始着手撰写展厅生活化、形象化的解说文本，征求原创团队的审核评议；2022 年，完成中国德育馆（新疆馆）信息化升级，应用二维码扫描技术进行展馆内容的讲解。参观者通过扫描标牌上的二维码，即可方便地在手机上听到相关展板内容的语音讲解，拓展了解展板内容，缓解了讲解压力；推进完成展板内容信息化的升级。丰富设计展板相关信息化内容，扫描二维码后不仅有语音讲解，可拓展提供图片、视频、动画等与展板相关的内容；对具体建设实施过程中存在的问题进行整改。

二、高职思政课实践教学虚拟仿真体验中心的建设与实验

（一）建设高职思政课实践教学虚拟仿真体验中心的理性思考

1. 中心的建设是国家关于思政课教学改革的政策指向

习近平总书记在全国高校思想政治工作会议上指出："要运用新媒体新技术使工作活起来，推动思想政治工作传统优势同信息技术高度融合，增强时代感和吸引力。"2019 年 2 月，中共中央、国务院印发的《中国教育现代化 2035》明确提出，要把学习贯彻习近平新时代中国特色社会主义思想作为首要任务，加快信息化时代教育变革要求。同年 3 月，习近平总书记在学校思想政治理论课教师座谈会上也明确提出"推动思想政治理论课改革创新，要不断增强思政课的思想性、理论性和亲和力、针对性。"如何提高亲和力？信息

化时代的来临让教育现代化发展已成为必然之势，而作为高校思政教育主渠道和主阵地的思政课，也必然要在与现有科技成果结合的同时紧跟教育现代化发展步伐，实现学科自身发展中的改革创新。

在教育现代化的探索过程中，虚拟仿真技术由于具有形象生动、交互性强、反馈实时等明显优势，成为科学技术与人文学科有机融合的主要研究方向。2012 年发布的《教育信息化十年发展规划（2011—2020 年）》明确提出"遴选和开发 1 500 套虚拟仿真系统"的规划要求。自 2009 年起，"十一五"国家科技支撑计划便将"虚拟实验教学环境关键技术研究与应用示范"作为重点项目开始实施。此后，《新时代高校思想政治理论课教学工作基本要求》《关于深化新时代学校思想政治理论课改革创新的若干意见》的相继出台，也愈发表明将虚拟仿真技术应用于思政课教学环节是拥有巨大潜力的教学改革尝试，是顺应时代与科技发展的必然结果。

当前，以虚拟仿真技术为核心的 3D 虚拟仿真体验中心的建设构想已渡过理论探索的拓荒阶段，教育部也就科学技术与思政学科的深度融合提出了更高的建设要求。《关于深化本科教育教学改革全面提高人才培养质量的意见》明确提出，实施国家级和省级一流课程建设"双万计划"，着力打造一大批具有高阶性、创新性和挑战度的线下、线上、线上线下混合、虚拟仿真和社会实践"金课"。积极发展"互联网 + 教育"、探索智能教育新形态，推动课堂教学革命。严格课堂教学管理，严守教学纪律，确保课程教学质量。由此不难看出，在打造思政"金课"的目标要求下，相关领域还有很大的探索与发展空间。

2. 中心的建设能够破解传统思政课实践教学中面临的诸多困境

传统的思政课实践教学主要围绕红色教学资源展开，一般课程开展流程为：教师根据教学主题，结合地理位置、经济成本、人力成本等因素选取实践教学场所，并以此为依据向所在院部、校部申请实践教学经费，在申请通过后，带领学生前往教学场所进行实践教学。

这种实践教学方式提升了思政课堂的活跃度，丰富了思政课教学模式，却在实际的教学安排中面临开展困难的问题，这主要是由于：

（1）传统实践教学成本过高。一次实践教学安排不仅要综合考虑路程时长、教学时长等时间成本，更需要从交通工具租赁、基地参观门票的角度考虑经济成本，同时还要兼顾实践教学过程中的师生安全问题。以上因素往往导致一堂普通的思政课实践教学"负重"过多，从而极大地打击了教师组织开展实践教学的积极性，即便偶尔一个班级成功地开展了一次实践教学活动，但由于教师队伍人员数量与人员精力有限，大量的学生只能分批进行实践教学，从而大大地增加了院校及教师的授课成本，且很难实现教学经验的复制与教学成果的共享。

（2）传统实践教学质量过低。在高成本投入的基础上，诸多的教学准备与教学安排早已让授课教师与所属院校"分身乏术"，从而不自觉地弱化教学设计环节，忽视实践教学根本服务于思政课教学的课程设置初衷。从目前已有的红色资源来看，大部分实践教学基地是面向公众开放的，学生在学习过程中往往与其他浏览者同行，嘈杂、混乱的教学环境导致教师只能扮演一个保证学生安全、不离队的"导游"，却难以开展一堂生动、活泼的实践教学课程。

（3）传统实践教学模式难以达成实践教学目标。实践教学的开展不仅是为了丰富课堂趣味性，更是为了深化立德树人、培根铸魂的教学目标。因此，实践教学环节并非是一次"参观"课，其中必应蕴含教师独特的教学设计与互动环节。但是，传统的实践教学大多是教师带领学生借用已有的红色基地进行参观学习，这类红色基地大多面向大众开放，其版面语言、体验场景与互动设计虽然符合大众"口味"，但教育针对性不强。教师带领学生进行参观学习时，只能配合基地实地设置完成教学设计，这大大降低了课堂的活跃性，限制了教师的教学空间。

实践教学的开展虽然面临着诸多困境，但是作为思政课堂的一种延展实践体现形式，实践教学是推动知行合一、理论与实践结合的重要教育途径。依托互联网技术、虚拟现实技术与大数据平台，3D 虚拟仿真体验中心能够妥善地解决以上困扰：

（1）从教学成本上看，3D 虚拟仿真体验中心能够实现低成本实践教学。体验中心分为硬件控制与教学系统两部分，其中，一套配备完整的硬件控制设备能够运载多个不同教学主题的教学系统，而不同的教学系统又是可以根据教师教学需求随机播放的。因此，3D 虚拟仿真体验中心能够实现红色教学基地与教学场景随心所欲地"走入"校园，既解决了传统实践教学环节中经济、人力、时间成本浪费的问题，又能实现教学经验复制与教育成果共享。

（2）从教学质量上看，3D 虚拟仿真体验中心能够实现教师对教学场域的全面控制。一堂实践课可以根据教师制订的教学计划与教学节奏开展，避免课堂干扰问题。同时，3D 虚拟仿真体验中心具备教学打卡、教学测评功能，能够时刻监测教学数据，方便教师对于课堂的整体管理与把握，保证整个教学过程既能完成基本教学目的，又能实现教学结果测评与反馈。

（3）从教学目标上看，3D 虚拟仿真体验中心是一款完全服务于思政课课堂教学的教辅工具。在技术部门与教学部门的共同努力下，教学系统的内部布展将既具科技效果与展馆特质，又含教学设计与课堂氛围。在互联网技术的支持下，教学系统的内容逻辑框架可以完全依据教师的教学主题与教学需求来设定，凸显教学重点与教育特质。

3. 中心的建设能够大幅提升"三进"工作的工作质量

全面落实习近平新时代中国特色社会主义思想"系统进教材""生动进课堂""扎实进头脑"的具体工作要求，才能真正地使思政课教学实现潜移默化、润物无声的育人效果。然而，目前的思政课实践教学现状却并不利于"三进"工作的加速推进，这主要是由于：

（1）传统实践教学基地展示内容以碎片化知识点为主，难形成系统性教学模式。现有实践教学基地大多在墙面、地面与棚顶进行内容布展，内容承载量受空间影响极大，仅仅能将与教育主题相关的少量重要知识点碎片化展示，而对于各知识点间历史性、逻辑性的衔接难免存在疏漏。这导致学生对展馆的教学主题难以透彻理解，实践教学的科普意义大于教学意义。

（2）传统实践教学基地信息传达方式有限，难逃"课本式"教学模式。现有实践基地虽然在场景布局、造型设计上具有一定的特色优势，但在内容展示上依旧以文字介绍、故事讲解、图片展示与图示说明为主，虽然少数的能够佐以辅助视频展示，但视频展示区不仅要考虑展馆建设成本问题，同时还要顾及展馆内声光电效果分区与设备损耗、修缮问题，所以实际使用比例不大。因而，从整体上看，现有的实践基地较课本而言无法实现预期中明显的教学优势与教学特色，而是依旧在课本授课模式中"徘徊"。

（3）传统实践教学难以让学习者获得共情心理，难以让思想政治理论"进学生头脑"成为现实。现有实践基地作为一个固定教学环境，其场景体验区与互动体验区在建设过程中大多选取市面上固定的几款互动设备，这也就意味着，不同实践基地的互动模式却是相同的，学生在参观几次后难免"兴致泛泛"。这种过于强调互动形式而忽略互动趣味性与互动教学意义的互动体验设置，难以让学生在互动环节中真正实现参与历史、体验历史、感悟信仰，自然无法如预期般高质、高效地推进"三进"工作。

"三进"工作的重点与核心便是"进学生头脑"，只有让学习者将所学的思想政治理论"内化于心、外化于行"才能保证中国特色社会主义事业后继有人。在这一工作目标的基础上，实践基地的建设虽然能够较课本而言在一定程度上助力推进"三进"工作，但是3D虚拟仿真体验中心显然具备更大优势：

（1）从内容展示环节看，3D虚拟仿真体验中心依托互联网技术与大数据平台，借助超链接的方式，能够实现更多的内容载量，一方面可以让版面内容更加丰富、充实；另一方面，可以将一些趣味故事与知识点讲解以二层链接的方式嵌入教学系统中，内容怎么展示、什么时候展现、展示哪些部分均可以由教师根据学生情况选择或由学生自行选择，既可以大幅度减少内容更新与增补、设备修缮与维护方面的成本，又能够确保教学内容的整体连贯性与逻辑性，突出教学主题，实现教学内容入脑入心。

（2）从互动体验环节看，3D虚拟仿真体验中心依托虚拟仿真技术，能够实现红色历史场景与经典历史瞬间的再现，并围绕这些场景设计一系列包含但不限于情境体验、趣味问答、仪式感体验等互动环节。在3D虚拟仿真体验中心中，学生既能作为旁观者纵览历史发展脉络，更能以主人公的身份参与到具体情节中，无论是硝烟弥漫的革命年代，还是激情燃烧的建设年代，身份的代入将会让学习者自觉融入虚拟场景中，在一件件感人至深的真实事件与一场场波澜壮阔的革命浪潮中唤醒民族记忆、激发民族血性、争做民族栋梁。

4. 中心的建设更符合新时代大学生的学习需求

多年来，传统的思政课实践教学模式曾以其活跃性、灵活性的优势延伸了思政课堂，成为一定时期内思政课教学必不可少的重要环节。然而，对于如今以"90后""00后"为主体的新时代大学生来说，他们作为互联网"原住民"，传统的思政课实践教学模式已经难以满足他们的学习需求，这主要表现在以下几个方面：

（1）传统的实践教学模式难以让他们感知趣味性。在科学技术日益发展的今天，当代大学生早已对使用计算机和互联网驾轻就熟，他们对于教学趣味性的要求与感知角度并不同于低龄学生和以往的历届学生，一些初级的趣味游戏模式与电子设备体验并不能激起他们的学习新鲜感与学习兴趣，反而容易让他们产生排斥实践课堂的心理。

（2）传统的实践教学模式难以让当代大学生形成自主、自助的学习环境。大学生作为一群刚刚步入成年的学生群体，较低龄学生而言具有更为强烈的学习自主性与学习个性化需求，这也就意味着，在一堂思政课堂中，他们较低龄学生而言更加具有主人翁意识，更加需要把握学习主动权。然而，传统的实践教学模式恰恰因其集体行动性而无法满足当代大学生自主把握学习内容、学习时间、学习节奏的个性化需求。

（3）传统的实践教学模式难以满足当代大学生研究式学习的学习需要。大学生作为高年级学生，他们的思维性与逻辑性明显强于低龄学生，相较于传统的"听"课模式，他们更加期望互动式、交流式学习体验。但是，传统的实践教学往往借助于校外场地开展，不仅教师的教案设计与教学特色难以实现，而且教师与学生的沟通互动也大大受阻。同时，就实践教学基地自身而言，固定的实体实践基地必然无法满足学生多样、动态的互动需求。

然而，以上问题在3D虚拟仿真体验中心将得到轻松解决：

（1）从学习趣味性上看，教学系统的体验环节借以虚拟现实技术实现，能够为当代大学生带来充足的学习新鲜感与学习满足感，引导学习者在技术含量层面对教学深度与教学内容产生心理认同感，并在这种心理认同感的作用下积极投身于思政课实践课堂。

（2）从学习环节的个性化需求满足度上看，教学系统借助互联网技术，能够实现教学内容与教学主题的随时调用、反复调用与片段调用。也就是说，只要在网络环境下，学习者可以自己把握学习时间、学习节奏与学习进度，实现对感兴趣部分的深入学习、对弄不懂部分的反复学习、对有想法部分的交流学习等功能，增强学习者在学习环节中的主人翁意识，实现思政课实践课堂的"私人订制"。

（3）从学习环节的教学方式上看，教学系统能够实现人机互动、师生互动、生生互动、虚拟与现实互动、线上与线下互动等多种互动形式，充分激发课堂活跃性与学生思维活力；同时，教学系统能够依据教师预设的教案设计，从技术层面最大限度地实现教师的教学环节设想与教学逻辑引领，让学生在自主操作中跟随老师的教学思路实现研究式学习。

5. 中心的建设能够实现现有红色教育资源的有机整合

我国具有丰富的红色教育资源，各地方也围绕这些红色资源建设了多种多样的实践教学基地，用以彰显地方特色，弘扬红色文化。这些面向大众开放的实践教学基地具备红色常识的科普功能且能够服务于地方，但是作为教学资源而言，却存在以下问题：

（1）众多的红色资源难以形成资源合力。我国幅员辽阔，大量的实践教育基地是围绕历史遗迹建造的，这也就意味着大量的红色资源位于城市之外，甚至山区中，不仅不方便学生的实际参观，更是无法带领学生逐个参观。以"长征精神"为例，中国工农红军历经二万五千里的长征创造了人类战争史上的奇迹，其表现出的精神内涵正是思政教学重点之一。但是，在以往实践教学环节中，教师仅仅能带领学生参观沿途的一至两个红色遗迹，感悟红色文化，这对于"长征精神"的教学而言，显然是不够系统、不够充实的，但是若带领学生直接参观"长征精神"主题的实体实践教学基地，则少了红色遗迹实地参观体验时的视觉冲击感与心灵震撼感，无法更深层次的实现思政教学培根铸魂的教育目标。

（2）众多的红色教学资源无法在统一的教学主题下有序排列、合理利用。我国的红色资源无疑是丰富的，但是由于主办单位与创办意图的不同，利用这些红色资源时难免存在教学主题与教学内容有重复、教学重点不突出等问题。例如，在《思想道德与法治》教材中，中国精神、理想信念与社会主义核心价值观在内部知识架构中各有不同，各个章节的讲解重点、难点也有所不同。在实际的实践教学基地中，因其主办单位与创办意图的不同，各个实践教学基地作为独立的教学个体，每个个体中都会涵盖以上教学内容，但又不会围绕某一教学知识点集中展开，将相关知识点说清、说透。在传统实践教学环节中，这种情况时有发生，这也证明作为教辅工具的教学基地并非是开展思政实践课的最佳场域。

由于历史与现实因素，红色资源的实际分布情况是无法改变的。同样，现有的经济技术发展水平也暂时无法实现全国红色资源的系列展出、组合展出。但是，3D 虚拟仿真体验中心能够借助虚拟仿真技术解决上述问题：

（1）从资源统合方面看，在虚拟现实技术的基础上，3D 虚拟仿真体验中心能够创设三维的虚拟世界，为学生提供生动、逼真的学习环境，帮助学生融入教学情境。学生通过 VR 设备，进入虚拟仿真体验教学资源系统，在三维虚拟仿真场景教学资源和 360° 全景视频教学资源中打破时空认知格局，将抽象的知识、概念情景化。从而眨眼间便能跨越祖国山川河流，尽情饱览红色教育资源，完成主题教育下的系列红色资源学习。

（2）从资源排列角度看，3D 虚拟仿真体验中心的教学系统是一款涵盖教学设计与教育主题的教辅工具，其内容展布、场景设置与互动环节都是以服务教师教学、服务学生学习为主要目的的。教学系统以"问题导向"为设计主旨，既联系教材又不与教材雷同，较实践教学基地而言具有对接教材、课外补充、突出教学的独特优势。

（二）校企合作建设实践教学基地的情况

1. 国内关于 3D 虚拟仿真体验中心的建设与发展情况

自国家将虚拟实验教学环境关键技术研究作为重点项目开始实施起，3D 虚拟仿真教学项目的教学主题整体经历了由"以理工实验教学为主"向"文理综合实验教学并重"的逐步过渡。如今，3D 虚拟仿真技术的教学应用早已不仅仅局限于物理学类、化学类、医学类等理工学科，而是同时涵盖了法学类、文学类、历史学类、马克思主义理论学等人文学科。

据第三方评估机构对全国范围内的数百所高等院校进行分层抽样调查统计，目前国内 3D 虚拟仿真体验中心的建设具备以下特征：

（1）3D 虚拟仿真体验教学项目建设前景光明。截至 2020 年 9 月，国内已有 40.3% 的院校建成了 3D 虚拟仿真教学项目，同时还有大批的高等院校正处于虚拟仿真教学项目的策划、建设、测试环节，3D 虚拟仿真体验教学中心将在未来两到三年内大规模地投入实际教学使用。

（2）思政类虚拟仿真教学项目还有很大的研究空间。在已建成的虚拟仿真教学项目中，思政类虚拟仿真教学项目仅占总体虚拟仿真教学项目的 32.3%，这也就意味着，在我国拥有大量红色教学资源、思政通识学习需求的基础上，思政类虚拟仿真教学项目尚未实现大批量的教学使用，尽早地进行思政类虚拟仿真教学项目的建设，能够更好地展现院校乃至地方的思政教学投入与思政专业实力，树立思政教学"品牌"。

（3）思政类虚拟仿真教学项目的建设安排亟待结构性优化。根据多所高等院校所提供的数据来看,一款思政类虚拟仿真教学项目的建设周期大致需要 3~5 年的时间。过长的资源建设周期将导致思政教学热点更新不及时、项目建设期间资源单向投入过大的问题,因而还需院校教师队伍与资源建设队伍及时沟通,共同优化项目建设进度安排,确保整体教学项目"建一点""用一点""反馈一点""优化一点"的高效、良性运行。

(4)思政类虚拟仿真教学项目的社会通识教学贡献度不足。当前,已建成的思政类虚拟仿真教学项目虽然能够良好地融入思政课日常教学环节中,满足学校日常的思政实践教学需要,但在社会公共层面贡献度不足。据调查,已有的思政类虚拟仿真教学项目仅 25.8% 能够实现定期组织兄弟院校参观学习,29.0% 能够实现向社会公众开放,30.6% 能够实现专家参观使用,且对外开放时长为每周 8~16 小时不等。这就需要各院校在秉承思政教育者职业情怀的同时,优化校园准入规则,合理安排校内资源使用时间,增强校内思政教学资源的地方贡献力,共同积极营造"大思政课"教育格局。

总的来说,建设以虚拟仿真教学为主,以研读、参观、体验等实践形式为辅的思政类虚拟仿真教学项目已逐渐成为新时代思政课改革创新的主要尝试方向之一。在"互联网 + 思政"的教改探索过程中,其所涉及的专业知识架构、跨专业技能融合与思政课实践教学创新等难题正亟待我们这一代思想政治教育工作者共同探索解决之道。

2. 新疆农业职业技术学院高职思政课实践教学虚拟仿真体验中心建设情况

2018 年,新疆农业职业技术学院与辽宁世纪教育研究院合作共建自治区职业院校虚拟仿真实践教学基地。同年 9 月 15 日,建成思政课实践教学 3D 虚拟仿真体验中心,目前已顺利运行 4 年,主要用于学生思政课实践教学。依托中心开展全国高职思政课改革创新暨实践教学研讨会、自治区职业院校教师培训、高职"德法"课在线资源开放课研讨会、中职德育课教学展示活动暨骨干教师培训等多种类型活动共计 20 多次。

在学校 3D 虚拟仿真体验中心的多年运营中,我们根据思政课教学时代要求与教学大纲变化陆续增补了多项教学资源,目前已包含 360° 全景视频教学资源 20 套、3D 虚拟仿真场景教学资源 12 组,具体内容如表 4-1、表 4-2 所示。

表 4-1 360° 全景视频教学资源

福建古田会议会址	安徽新四军旧址
北京故宫	天安门
七十二烈士陵园	广州中山纪念堂
广东黄埔军校	百色起义
贵州遵义会址	河北西柏坡

毛泽东故居	江苏"总统府"
江西八一纪念馆	江西井冈山
辽宁省鸭绿江	海拉尔纪念园
山东威海刘公岛	陕西延安
邓小平故里	泸定桥

表 4-2　3D 虚拟仿真场景教学资源

四个自信	当惊世界殊——中华人民共和国国史
改革开放富起来	井冈山精神
信仰的力量	延安精神
长征精神	红旗渠精神
抗战精神	工匠精神
"两弹一星"精神	党在我心中 永远跟党走——"四史"教育馆

（三）推广使用效果分析

1. 积极打造"两性一度"的国家级虚拟仿真实验教学项目类思政"金课"

（1）以技术优势实现思政课实验教学的"低成本"开展

在 3D 虚拟仿真体验中心，教师通过虚拟仿真实验教学项目，引导学生在体验中完成知识学习、互动讨论、课堂检验等多个环节，同时可随时组织学生进行多次重复演练，加深学习者对知识的理解和掌握。学生通过自身与仿真环境的交互体验，强化思政课的实践性，解决在实际教学中，因为设备、场地、经费、安全等方面原因一些实践活动无法进行的问题，以"低成本"的课堂建设与课堂准备获取高质量的课堂教育教学效果。

（2）以虚拟仿真技术帮助学生获取沉浸式学习体验

虚拟现实技术能够利用建模场景创设三维的虚拟世界，具有实现微观世界宏观化、平面世界立体化、抽象世界具体化的优势，既展示了新型思政教学的交互性与想象性，又能为学生提供生动、逼真的学习环境，帮助学生融合于教学情境。学生通过控制设备操作，进入虚拟仿真体验教学资源系统，在 3D 虚拟仿真场景教学资源和 360° 全景视频教学资源中走入历史瞬间，获得高阶、逼真的场景体验感与情节体验感，并在这种沉浸式学习体验中，深层感悟红色力量，从而获取心灵上的震撼与思想上的洗涤，将所学知识真正由眼和耳入脑、入心。

（3）以互联网技术实现教学与互动形式的创新

3D虚拟仿真体验中心能够以教学系统的形式实现思政教学主题的随时抽用与增补，在配备固定设备的基础上，同一硬件设备可依据教学系统的不同开展多个不同主题的思政小课堂，从而实现个性化的思政教学主题更替。同时，教学系统实现了虚拟与现实、线上与线下、体验与互动、学习与实践的完美结合，是一款融合多媒体视听技术、学习留痕技术、虚拟现实技术、网络信息技术等多种新媒体新技术手段于一体的教辅工具。

（4）以信息技术提升思政课堂魅力，打造有"两性一度"的新型思政课堂

思政教育不仅要坚守着为人民服务、为中国共产党治国理政服务、为巩固和发展中国特色社会主义制度服务、为改革开放和社会主义现代化建设服务的"初心"，更要自觉担负提升学生思想政治素质的主阵地的任务与使命，着力推动思政课改革创新，依托信息技术手段与最新科技成果，将沉浸式教学、体验式教学、虚拟式教学等新形态实践教学理念融入新媒体新技术，形成"互联网＋思政"模式下的新型思政课教学成果。

2. 积极参与"三全育人"综合改革

（1）满足思政课实践教学基本要求

3D虚拟仿真体验中心的建立能够替代原有的实践教学模式，落实高等学校思想政治理论课建设标准，完成高职院校思政课实践教学的学分要求，同时能够以场景设置、互动设置提升学生在实践教学中的融入感，提升实践教学互动性，丰富实践教学形式，实现思政课实践教学的形式创新，推动思政课改革创新发展。

（2）激活思政课课内实践教学形式

思政课教学大多以真实历史故事为依托实现思想政治教育，这些故事感人至深，能够引起学生的情感共鸣，也只有在了解这些故事后，思想政治教育才能真正做到内化于心。但是，这些教学资源的准备环节与史实求证将耗费教师极大精力，互联网的记忆存储功能恰恰能解决这些问题，3D虚拟仿真体验中心的建立既能减轻教师的备课压力，又能针对教材具体章节内容形成铺垫或总结效果，同时还具备教案内容时时呈现、板书内容提前预设、互动环节快速衔接等优势，节省教师课堂操作时间，提升教师授课效率。

（3）完成思政课实践教学内容的课外延展

3D虚拟仿真体验中心较实体展馆而言能够承载更多的教学知识点，并且具备更为多元的信息展示形式，如教学微视频、超链接资料等。不仅解决了传统思政课实践教学中信息植入过程所带来的空间、资金压力，更是以风趣幽默、引人入胜的讲述方式满足了当代大学生的学习习惯、思维方式、心理意识和互动模式，吸引学生自觉地在闲暇、课余时间搜索并学

145

习，满足学生自主、自助学习的学习需求，将他们获取知识的方式从定格式"被动接受"到能动式的"主动搜索"，在选择、获取、使用和互动中，他们的探索性和自主性得到了释放，成为独立自主的学习角色。

（4）实现"灌输式"教学向"研究式"教学的深层次转化

3D虚拟仿真体验中心依照"互联网＋思政"的思政课改革要求，在打破传统教学模式的基础上，灵活运用多种手段，最大限度地激发学生的学习兴趣，激活教师备课思路，解决以往思政课教学形式枯燥、教学内容抽象、课堂监督困难的问题，以"问题引领"式教学，吸引学生主动进行自主的"研究式"学习，凸显思政魅力与德育美学。

3.积极参与建设"共享教育"模式与"大思政课"格局

（1）实现课堂数据化管理与教育信息化管理

3D虚拟仿真体验中心通过软硬件配备，对学生学习时长、学生互动情况、学生测评结果、教师教学效果、教师教学反馈等内容实行持续性数据化管理，在方便中心运营者监管整体运营情况的同时，完成教师对班级情况与学生情况的数据化管理与信息化管理，提升教师的班级管理效率和管理水平。

（2）实现教育、教学资源的网络共享

3D虚拟仿真体验中心能够依托互联网的数据采集、传输、交流等功能，对教师备课、教师教学、学生学习等方面获取的经验进行共享交流，不仅可以供校内师生使用，共享思政课学习经验与理论创新成果，更是能够将实践成果上传至网络平台，供省域乃至全国范围内的有志之士共同研讨思政课教育教学方案，凝聚思政课程建设、改革力量。

（3）实现"思政课程"与"课程思政"的融合性教学

3D虚拟仿真体验中心在当前阶段的发展是以红色资源为教学切入点，但是从长远的角度来看，在未来的整体教学设计中，完全可以利用院校的专业优势与专业特色，寻求"思政课程"与"课程思政"的最优融合，让思政课的隐性教育功能渗透于整体教学过程，形成举全校之力进行思想政治教育的强烈共识和整体学风，帮助学生潜移默化接受思想政治教育。

（4）实现多方协同的"大思政课"格局网络建设力量

"大思政课"格局的建设离不开网络环境的支持，网络思政是思政课小课堂的时空延展，甚至可以说，在我国幅员辽阔的现实情况下，网络支持是"大思政课"格局建设的重要力量之一。在互联网技术的支持下，各地域、各院校内的思政建设力量将在逐步完善中实现思想政治教育主渠道和主阵地的结合、马克思主义理论学科和其他学科的统合、教师和学生思想政治教育的契合、有形和无形思想政治教育的融合，并最终在全国多方力量的协同运作下，实现"大思政课"教育格局。

三、"壹网情深"——新疆职业院校"大思政课"移动学习平台的研发与实验

《新时代高校思想政治理论课教学工作基本要求》提出,"网络教学作为课堂教学的有益补充,重在引导学生学习基本知识、基本理论等内容。要深入研究网络教学的内容设计和功能发挥,不断创新网络教学形式,推动传统教学方式与现代信息技术有机融合。"21 世纪是一个新媒体新技术高速发展的时代,我们已经进入 5G 时代。如何运用好新媒体新技术来创新高职思想政治工作,使之增强时代感、提升对高职学生的吸引力,是高职思想政治工作面临的一大难题。

研发"壹网情深"移动学习平台,目的是破解网络思政难题,研究梳理符合职业院校特点的社会实践活动途径,结合突出问题,在创新中拓展实践活动途径,探索高校思政实践基地立体化体验实训室项目,开展实践教学基地 3D 虚拟仿真建设;在实践教学平台中建立网络虚拟展馆,将具有思想政治教育价值的会馆、展馆以数字化、立体化的方式呈现出来,打造思政课移动学习平台。设计 APP 栏目包括:①新闻早知道栏目:主要是实现学生在线了解国内外时事新闻动态,分类别、分主题地进行时事新闻的筛选和投放,并设置主题单元专栏,栏目具备及时性、全面性;②名师大讲堂栏目:主要是实现两个功能,一是完成录制好的名师授课视频上传,供学生平时学习;二是实现直播功能,教师可以现场直播授课,学生可以和授课教师直播现场互动交流、提问;③学习思政课栏目:主要是上传中职、高职课程建设的相关资源,供学生自主学习使用;④实践出真知栏目:集展示与教学过程于一身,通过该栏目让学生体验式参与实践教学,注重过程评价、多途径参加社会实践活动;多主体参与评价,最后生成评价结果,推动多部门协同,激发知行合一的内驱力;⑤学情键对键栏目:主要实现摸排学生学情、分析学情、在线发放回收问卷、数据统计,能够完成课程的学习小组的组建分析,为增值性评价提供准确数据;⑥求真面对面栏目:在本栏目完成学生讨论、辩论环节,教师可以设置题目、主题,学生在线发表意见讨论。本栏目意在激发学生学习热情,培养学生追求真理的精神;⑦模拟展示馆栏目:本栏目旨在解决学生外出实践教学困难问题,通过 VR 技术投放模拟展示馆,例如铭记"九·一八"、井冈山精神、抗疫精神、"四史"教育等,使学生获得身临其境的真实实践体验;⑧班主任工作栏目:本栏目旨在展示自治区中高职班主任工作,由各个名班主任工作室挂靠开展相关工作;⑨课程思政栏目:推动课程思政与思政课程同向同行,形成协同效应。2021年,"壹网情深"学习平台和新疆职业院校思政课一体化集体备课平台完成合作研发,进入

投入使用的新阶段。

在"大思政课"教育时空的视域下，课程思政的实践探索也是实现思政课教育实效不可或缺的一个实践领域。例如："德法"课的社会主义核心价值观教育如何才能入心入脑？专业课教师的教学手段一点也不比思政课教师逊色。2021年，教育部遴选了一批全国课程思政示范课程和课程思政教学名师，如广西水利水电职业技术学院余金凤主持的"灌溉排水工程技术"课程，创新性地提出"三依托、四融入、一服务"的长效可持续课程思政建设机制，构建了"多维并进、多元协同、多项目贯穿、多情景体验"的课程思政教学模式，把社会主义核心价值观"爱国、敬业、诚信、友善"的价值观要求转化为对新时期水利精神的具体要求，落细落小落实。天津医学高等专科学校任津瑶，采取自然方法将课程思政融入"医学影像诊断学"课，制作"家国情怀、大爱无疆""医者仁心、待患如亲""精益精准、追求品质""辐射实践最优化"案例库，用专题嵌入、案例导入、故事渗入、点滴融入的方法，将爱国、敬业、诚信、友善的种子播撒在医学学生的心田。课程思政是"大思政课"视域下立德树人的一项系统工程，是思想政治教育在专业学科领域的隐性教育，任重而道远。

第五章

新时代高职思政课专题化教学
模式的推广实验与示范效应

习近平总书记在学校思想政治理论课教师座谈会上指出："改革创新是时代精神，青少年是最活跃的群体，思政课建设要向改革创新要活力。如果做一天和尚撞一天钟，照本宣科、应付差事，那'到课率''抬头率'势必大打折扣。很多学校在思政课上积极采用案例式教学、探究式教学、体验式教学、互动式教学、专题式教学、分众式教学等，运用现代信息技术等手段建设智慧课堂等，取得了积极成效。这些都值得肯定和鼓励。"通过 15 年的专题化教学探索与实验，我校创新的高职思政课问题式专题化教学模式，坚持"以案例为导引，以问题为核心"的探究式专题化教学思路，在新疆职业院校广泛推广，深受学生欢迎。

笔者在座谈会上向习近平总书记作"基础"课教学模式改革创新情况的汇报，列举绪论第一课依据"巴郎子的故事"吸引学生进入中国特色社会主义新时代的讨论，引起了总书记的关注。

第一节　高职思政课问题式专题化教学改革的学生认同感

高职思政课教学是对高职学生进行思想政治教育的主渠道和主阵地，也是提高高职学生思想政治素质的重要途径。它在引导和帮助高职学生树立马克思主义的世界观、人生观和价值观方面，在少数民族地区培养学生的祖国观、历史观、民族观、宗教观、文化观，铸牢中华民族共同体意识，培养高职学生成为社会主义事业的建设者和接班人方面，发挥着不可替代的积极作用。然而，随着建设中国特色社会主义事业的推进，高职思政课教育教学的环境、任务、内容、渠道和对象等方面都发生了深刻变化。过去一段历史时期里，高职思政课教学质量堪忧，"上公共课难，上政治课更难"成为高职思政课教师的普遍感受，"专业课认真听，选修课随便听，政治课不想听"成为高职院校屡见不鲜的现象，传统的思政课的教学理念、教学内容、教师队伍、教学方式、教学载体等越来越难以为继，高职思政课教学的吸引力和实效性面临着严峻考验。持续深化高职思政课专题化教学研究，切实推进高职思政课教学在改革中加强、在创新中发展，切实提升高职思政课教学的"三性一力"，解决好高职思政课思想性、理论性和亲和力、针对性的辩证统一关系，让高职思政课真正成为深受学生欢迎、受益终身的课程是摆在我们面前的一项重大战略任务和现实课题。

一、高职学生对思政课问题式专题化教学模式的认同感

为了解高职学生在专题化教学体验中对教学模式的认同感，我们组织了一次新疆高职学生思政课专题化教学模式调查，了解专题化教学模式的效果。主要采取问卷调查的手段，内容涉及：专题化教学是否更能被学生所接受；专题化教学是否更能提高教学的实效性、针对性、吸引力、深度、信度；专题化教学是否能够提高学生的参与度，使更多的理论内化于学生的言行等。调查数据显示：受调查的学生中有超过 92% 的更喜欢专题化教学方式，只有 2% 多的学生依然留恋传统教学方式，还有不到 6% 的学生对采取什么样的教学方式无所谓。

笔者改革探索初期的任课班级新疆农业职业技术学院 2010 高职旅游英语班何 ××、韩 ××、田 ×× 三名学生合作的一篇题为《新理念新改革新体验——改革教学方法让我们入心入脑入行》的论文，表达了他们对思政课专题化教学改革的拥护和赞成态度。文中说："很多时候，只需给花开一个理由，就会给自己一双飞翔的翅膀；即使没有翅膀，也要尽可能地让它长出翅膀。而思政课教学模式改革给了我们一个绽放的理由，一个可以长出翅膀的希望。"主要观点：

1. 自主学习环节调动了思政课学习的积极性

本学期的学习中，让我们感受最深的是老师上课与学生的互动，让同学课前自主学习，变被动学习模式为主动学习模式，让同学们每节课都能积极参与、认真讨论，调动了大家的学习兴趣，可以真正叫实现了"快乐学习"。如在准备"崇尚科学追求真理"这个专题的辩论赛时，同学们为了让自己所在的方队获胜，抓紧时间上网收集资料，查阅一些相关的书籍，为自己支持的观点提供更有力的证据，这样的教学方法很自然提高了同学们的自主学习能力，不用老师督促，从而使枯燥无味的学习变得更加生动和求知若渴。面对核心问题，老师让同学们分组去研究、讨论，同时让上课时展示每组的学习成果，这样的方法调动了同学们的学习积极性，更让同学们通过自己的努力，自主学习去了解更多的知识，反而比听老师讲得记忆更深刻，达到了一个很好的教学效果。

2. 灵活多样的合作探究提高了思想认识水平

本学期的教学活动与以往的思政课学习形成了鲜明的对比，以前学生只是听老师站在讲台上拿着书本读那些理论知识，枯燥的政治理论很快让同学产生厌烦感，萌生睡意。这学期则截然不同，通过视频案例、讨论、小组学习、辩论赛等活动，使得那些原本枯燥的课程变得生动有趣，同时也为教学方法增添了不少亮点。在每节课上，大家都可以站起来发言，发表自己的见解，可以和小组成员一起讨论社会现象、政治态度、对生活的看法等等，这样不

151

仅锻炼了我们的口头表达能力，更加开拓了同学们的思维，让我们真正成为一个有思想并且能正确表达自己思想的合格的大学生，这也是我们学习所追求的一个目标。祖国有着"多元一体的文化"，现在有了"多元一体的教学模式"，这样的模式有利于我们学习丰富的理论知识充实学习生活，有利于更加真实地感受生活，通过主动学习来实现学习目标。

3. 精彩纷呈的实践教学增进了民族团结

课内实践教学我们的任务是：每个学习小组准备介绍2~3个民族团结故事。我们这一小组的维吾尔族同学买买江，向我们展示了维吾尔族的风俗特色，利用幻灯片展示了维吾尔族特有的建筑风格和服饰特色。在介绍民族歌舞时，他还邀请了班里其余的维吾尔族同学一起跳舞、唱歌，把我们也带入他们快乐的氛围之中，同时更让我们感受到祖国是如此的伟大，孕育出如此优秀的少数民族。藏族同学索朗旦达介绍藏族。不得不提的是，他是一个特别内向且害羞的男孩，在看到买买江同学的介绍后，内向的他瞬间一下子变得活泼起来，在我们看来更觉得他可爱。他的介绍使大家把藏族与他的性格自然联系起来，在班里我们都习惯叫他索朗，他在我们班里担当劳动委员，说起劳动班里有的同学都很懒惰，而索朗却把这项工作干得尽职尽责。每当班里的卫生不合格时，他总是主动站出来说，是我没有做好。索朗在学习上也非常用功，去年还获得了优秀学生的称号。是他对西藏的介绍，让我们更加了解了西藏，对西藏充满了向往，我们还约定在毕业之后一起去西藏。田歌负责介绍东乡族。她介绍说：我们的班长宗学俊是东乡族人，每当别人问起他是哪个民族的时候，他总是自豪地说，我是东乡族，从他的神情都可以看出，作为一个东乡族人他很自豪。他是班长在班里更是老师的左膀右臂，一心一意地为我们服务从来没有懈怠过，在参加集体项目时他总是第一个报名参加，班里的人都特别喜欢他，在我们参加社会实践的时候，我们去摘棉花，棉花地的辛苦相信每个摘过棉花的人都能体会到，但是宗学俊却让我感到了班级的温暖，因为我们系的男生比较少，所以他们干的活就特别多，可他们并没有抱怨反而做得更好，处处为老师和班里的女生着想。一个鸡蛋便是他对我的友谊之情，因为棉花地条件艰苦，老师给男生一人发了一个煮鸡蛋，而他却把煮鸡蛋给了我。什么叫患难见真情，这便是最好的诠释。

4. 如火如荼的辩论赛，让真理越辩越明

有句话是这么说的，自己把自己说服了，是一种理智的胜利，自己被自己感动了，是一种心灵的升华，自己被自己征服了，是一种人生的成熟。在那堂"坚持科学，追求真理"的课上，进行了一次有关世界有神与无神的辩论赛，辩论中正反方各持己见，争论得面红耳赤，老师的评语就是：辩得都快打起来了。而通过这次辩论赛，我们不单单只是辩论，而是在这一过程中我们说服了自己，感动了自己，并征服了自己。通过这场辩论，激发了同学们深入学习的动力，通过深入学习，我们更加坚信科学的力量。远离邪教、追求真理成了全班同学的共识。

5. 收获、反思与建议

通过本学期学习这门课程，让我们感受到思想政治理论课教育教学改革的魅力，王老师将传统呆板的教学模式转化为灵活的教研活动，将严肃的课堂气氛转化为活跃的讨论氛围。在课上，每位同学都可以尽情地发表自己的观点及想法，同时还有小组活动，分工合作，有的负责整理材料，有的负责讲解，有的负责点评，大大加强了学生自己动手动脑的能力和自学能力。人们常说：我们的时间有限，所以不要把时间浪费在别人的生活里，不要被条条框框束缚，否则我们就生活在他人思考的结果里，不要让他人的观点所发出的噪声淹没了我们内心的声音，最为重要的是要有遵从我们内心和直觉的勇气。正是通过这一课程的学习，我们可以就课上每个专题提出的问题各抒己见，不需要任何的掩盖和羞怯，因为当你看到老师脸上挂着的笑容时，你便会有勇气展示自己。通过学习这一课程，使我们收获不少，但从中我们也想提一些建议：①通过做学习手册，我们认为问题聚焦这一部分应该由学生自己查阅完成，找相关资料，然后学生可将经典案例提供给大家一起分享。②我们认为在课上有的学生的讨论发言的机会有些少，建议多开展一些相关的辩论赛和知识竞答比赛。③学习手册中的行动体验这一部分有些空泛，不太实际，因为毕竟同学们没有太多的时间去践行这一活动。以上便是我们学习这门课程的收获体验和相关建议，相信这门课程的革新必定会给学生带来新的理念，新的体验，入心入脑入行。

问题式专题化教学模式大胆地采用了探究式教学方法。学生作为独立的个体在问题情境的刺激引导下，充分发挥自己的主体作用和教师的主导作用，体现了以学生为本，培养了学生的创新能力和参与意识。教师与学生共同探究，便于了解学生的所需所想，掌握学生在思想上、学习上、生活上、情感上所遇到的困惑问题。从学生所关心的热点、难点问题出发来进行探究，不回避社会现实问题。其在实践中的基本环节是：自主学习—创设情境—提出问题—合作探究—行动体验—学习小结。

（1）自主学习。利用好在线资源开放课，学生通过在线学习、观看微课、思考问题、阅读教材、查阅文献、体验学习等形式自主学习新知识。学生带着问题进入课堂教学。

（2）创设情境。教师创设的情境是指教师根据教学目标和内容设置适当的情境，目的是吸引学生的注意力，情境的创设本质就是为了能把学生迅速带入课堂教学场域中，激发学生的学习兴趣，使学生产生强烈的求知欲和高涨的热情。

（3）提出问题。从情境出发提出的问题，可以引导学生发散思维，引导学生对感性材料

153

的理性思考。问题可以由教师提出也可以由学生提问。

习近平总书记指出，"有时候不一定讲得那么高大全，从一个问题切入，把一个问题讲深，最后触类旁通，可以带动很多关联问题，有可能是一通百通，提纲挈领。"学生的问题一般来源于学习过程、日常生活、社会实践、网络学习中遇到的困惑。

（4）合作探究。教师指导学生进行主题讨论。讨论可在分析资料过程中进行，也可在资料分析之后进行。在讨论中，学生与学生之间，学生与教师之间，学生与学长、劳模之间（视频连线）可进行交流、质疑、辩论，以此使学生对马克思主义基本理论的魅力与意义有更深刻的领悟和把握，讨论、辩论等探究学习过程也是提升思政课思想性、理论性的过程。

（5）行动体验。课外的实践体验活动是在教师的引导下学生将学习获得的思想认识、思想情感、道德意志、政治信念等再转化为自觉行为，并形成良好的行为习惯的外化过程。思政课教学，就是要实现这一由内到外的转化，从而使学生达到自我教育和朋辈教育的过程。

（6）学习小结。在学生学习过程中和学习结束后都要及时总结，形成成果。讨论过程中，教师不时进行适当点评，使学生对问题的认识更加深入，在此基础上，教师适当进行归纳小结，可以画龙点睛，让学生的认识水平升华。评价是整个专题化教学过程的重要环节，评价的内容要充分关注对学生学习态度、学习过程和学习成果的肯定。

总之，教学实验中，学生评价过程中学生对头脑风暴法评价感受颇深。有学生谈体会说，在课堂评价时我们把全班分成四个组，每组选出一名发言人，代表本组发言，而且要充分利用本组人员的资料。发言完毕，由下一组的同学进行评价，再由接下来的第三个组的人来评价第二组的评价，看他们的评价是否客观、公正，并为第二组的评价人打出分数，算出每组的发言团体分，作为该组的成绩积分。这就是第一轮，依次类推。学生通过写体会、调研、演讲、辩论、讨论交流、听教师指点等自主学习过程，不但掌握了思政课学习的基本知识，而且学习能力，用马克思主义的立场、观点和方法分析、解决问题的能力，表达能力和心理素质等同时得到提高。学生评价说："这样的考核公开、公平、公正。"

笔者授课的2010高职食品检验（2）班思政课课代表魏××说：我认为我们最主要的任务还是学习，当然，学要有学的方法，学的技巧，不能墨守成规、不能死学，尤其是在竞争如此激烈的当今社会，更需要的是创新型的人才、勇于探索型的人才。那么，在校园中的我们应该如何适应这种需求呢？如何用新的方法来学习？如今同学们的思想已由原来的保守、偏见逐步向开放转化。今年的思政课学习，就凭这本书加老师的讲授行吗？不！不能再继续走传统的教育路子了，不然会大大挫伤同学们学习的积极性，也会在人力和精力上造成巨大浪费。俗话说"万事开头难"，更何况要改变人的一种思想方式。对于一场改革，尤其是对于思政课教学的改革，首先就要解放学生的大脑，即"思维方式"，老师提出的问题要恰当，而且可以使同学们产生兴趣，激发起他们思维的火花。这样就可以使同学们带着那种新奇去讨论、去研究，使他们的思维向更广、更深度发展。在这堂课当中我们还采用了一种新的评价方法，叫"头脑风暴"。最终，我们评出了班里 5 篇优秀的作品，并给这 5 名同学和其他发言的同学颁发了奖品。老师还说以后还会有这样的机会，只要认真把握和准备，积极踊跃参加。这种方式更激励了同学们认真准备，认真学习的动力。有同学说："政治老师就是不一般，什么方法他都能想，而且都是我们没有用过的，确实新颖。"说是看视频可以轻松一下，其实不然，可以用"醉翁之意不在酒"来形容了，因为，如果我们不仔细看、不认真听，怎么可以写出好的观后感？如果评委不认真听、认真记，怎么会有客观、公正、准确的评价？所以，这也是老师的一个策略，一种让同学们如何认真学习的方法，从中我们也增强了自身的那种尊重他人的素质。

有些新的事物刚刚到来之时，会让人们措手不及。而一旦人们熟悉了、认可了它，就会觉得它是那么的先进，那么的深得人心。在有效应对新事物方面一个重要的特点是"动"，那就是"动手、动脑、互动"。同学们完全可以利用多媒体、网络、图书馆等方式查找所需要的资料。这样也可以提高同学们自主学习的能力。

2018 年 3 月 30 日，魏×× 接受天山网记者采访时说："我从高职院校毕业，从新疆到上海，最后来到北京工作，最想感谢的人就是母校马克思主义学院的老师。"不一样的思政课堂，让魏×× 同学拥有了改变命运的力量。

"其实我是一个内向的人。"魏×× 这样评价从前的自己。而在新的教学模式中，魏×× 的主动性和积极性有所提高，也让她懂得团队协作的力量。

每一次的课堂展示，魏×× 都在向更好的自己迈进。"就是从那时开始，我敢于向他人展示自己，而这也为未来的求职打下良好的基础。"她说。不管去哪里面试都需要很大的勇气，而这勇气很大一部分就是学校不一样的思政课带给她的。

在魏×× 看来，思政课程本身就可以培养学生树立正确的"三观"，也会引导学生在更深的层次上思考问题，从而对学生的未来与成长产生深远的影响。

2019 年，高职思政课改革创新进入新时期。我们 2019 级计算机技术本科班的学生接受了《中国教育报》记者的采访。"王老师的思政课，不仅仅是思想政治教育，还有很多历史内容、文化故事、哲学内容、道德品质，以及爱国主义等，十分丰富。"大一学生阿力马斯江对记者说，"上思政课，视野开阔了，看问题的角度也变了，更加客观理性了，也能辩证地观察社会了。这些方法一辈子都用得着。"

"过去，很多问题很困惑，甚至迷茫，就是我们不能正确地看问题，或者看问题的角度不对，王老师在思政课上总是为我们释疑解惑，教给我们观察社会和看世界的方法，为我们打开了一扇扇窗。"阿孜古丽说，"王老师的每堂思政课都有价值和意义，我们都爱上这样的思政课。"（摘自：中华职业教育，2019 年第 5 期）

二、高职思政课问题式专题化模式改革创新提升了思政课的"三性一力"

从思政课学习成果看，通过问题式专题化教学模式的推广实验，学生的思想认识水平确实提高了，切实提升了高职思政课教学的思想性、理论性和亲和力、针对性。

第一，习近平总书记指示：思政课要为学生"点亮理想的灯，照亮前行的路"。通过高职"基础"课的学习，学生对高职教育的认识提高了，热爱学校、热爱专业的情感被培养起来，职业理想开始萌动。

例如：学校园林科技分院 2009 高职园艺（2）班薛 ×× 同学撰写的"我爱我的大学 我爱我的专业"期末结业论文，反映了高职学生成长的烦恼与进步。

大学，一个让所有学子憧憬而又向往的地方，它寄托了太多人的梦想，有学子，有父母，有亲人，还有老师。同时，它也成为华丽知识殿堂的代表，让我们在学习海洋里深造的同时，也在不断地学习着其他，如学会做人和处事，学会独立生活，学会忍耐克己等。

在上小学时，觉得自己是一个懵懂的，什么也不知，什么也不晓的孩子，甚至不明白自己为什么要上学，更没想过"大学"这个概念。只觉得自己整天被父母逼着踏进校园，然后被动地去接受那些我无法理解的知识。

随着时间的推移，随着自己知识日积月累的增加，从低年级的小学生逐渐升为高年级的学生后，慢慢懂得并爱上学习，开始隐约感觉到学习中的乐趣，并主动去学习和接受那些令我好奇心萌动的知识，如自然奥秘、文学艺术等，也开始思考一些从前从未思考过的问题，同时，我开始慢慢懂得学习是一件无穷无尽的事情，是一个不断发展和积累的过程。然而，此时的我与"大学"这一陌生的字眼还没有交叉点。

上初中后，自己的心智开始发育，已不再是从前的那个无知的小少年。在这一学习阶段里，常有句古老的名言在耳边荡漾，那就是"书山有路勤为径，学海无涯苦作舟"，并有意无意地将它作为鼓励自己的座右铭，那时觉得学习是件既能充实自己，同时又能给自己带来快乐的事情。但当自己上了初三，站在中考的起跑线上时，突然觉得一股无形的压力向自己袭来，觉得似乎所有的事儿都堆积在了一起，让我觉得好累，好无助。与此同时，思考了多年的问题又一次在脑海里浮现，那就是"我为什么要上学？""上学这么累，为什么还有千千万万个和我同龄的人在坚持着？"

后来，老师告诉我们，之所以有千千万万莘莘学子千军万马过独木桥，不惜花费巨大的代价，是因为我们还有更远的目标还没实现。也就是在这个时候，我的脑海里出现了"大学"这个令所有学子憧憬的字眼，正是因为"大学"这个若即若离的影子，影响着我，鼓励着我，让我在想要放弃时，坚持了下来。

上高中时，自己的知识及认识已储备到了一定的程度，同时，也明白自己上高中的目的就是为了考上大学，实现自己的理想。于是便努力奋斗着，忍耐着、坚持着，为了自己心中的理想而艰难前行着。可是每当自己的父母在耳边唠叨，自己的亲戚在一起谈论某某家的儿子或女儿考上了某某重点大学时，心中不免有一股无名的火气，父母虽然只是表面上谈论着，但是他们却不知他们的话语在无形中给我施加了多少心理压力，在这种学习任务繁重的同时，心理还承受着巨大压力的情况下，我的身心处于高度的紧绷状态，他们不知如果有一天弦断了，那么我也将完全崩溃。在他们看来，家里有个大学生是多么荣耀的事，仿佛"大学生"这个称号成为他们骄傲的资本。在这种形势下，我坚持着，为自己的理想而默默奋斗着。

六月，灰色的六月，天空虽未下雨，但是一直是阴阴沉沉的，似乎在宣判着，在这场没有硝烟的战争中，有胜利者，也有失败者，而我在因为没有考上自己理想的大学而神伤。但是，我通过了自己的努力来到了同样享有盛誉的学校——新疆农业职业技术学院（以下简称农职院），我的理想将在这里实现。

在我还没踏入农职院大门时，就对这所学校有所了解。加上学院有位老师到我所毕业的学校去做过宣传，他介绍了许多关于这所学院的情况，包括农职院的历史，办学理念和院校特色。学院有一门我最喜爱的专业，那就是园艺技术，因为我很喜欢花卉，也很喜欢插花工艺。在这个专业上我可以学到很多关于花卉的知识，所以，我坚信农职院是我实现理想的地方。

当我带着理想走进农职院时，首先给我留下最深刻的印象就是这里的绿化、美化非常好，学习氛围也很好，师生之间的关系也不像初、高中那么生硬。其次，农职院半工半读、工学结合的办学特色很吸引我，进校不久，便参加了勤工俭学活动，虽然很辛苦，但我深感能吃苦也是一种精神。在看了许多关于农职院的奋斗史和荣誉赞后，我更加相信我的选择是正确的。虽然我时常会听到一些同学抱怨这个学院的不足，也曾动摇过我的决心，但我想既然选择了就不要后悔，既来之则安之。所以我会坚持我的选择。

一个有数十年奋斗史，有着深厚文化底蕴的学校，是我所向往的。我选择的专业也是我所喜爱的，对于我的大学和我的专业，我是不会后悔的。

该同学回顾了自己的成长历程，小学、初中、高中一路走来的思索、彷徨、烦恼，表达了走进新疆农职院后的喜悦、第一次选择学校、选择专业的自信。

学校 2010 高职食检（1）班陈×× 同学是我看好的学生之一。该生 2013 年毕业，考上了新疆农业大学，在新疆塔城中等职业学校做了 2 年教师，2018 年考入广东海洋大学硕士研究生。2021 年 6 月，她打电话告诉我，"报告老师，我已经顺利通过毕业论文答辩。再告诉您一个好消息，我又考上博士了。"回想起高职思政课学习中的她，当年，在"基础"课理想信念专题学习中，她提交的一篇学习体会"我的大学梦"，让我们看到了一个不负韶华的理想与朝气。

我的大学梦

太阳总在有梦的地方升起，月亮也总在有梦的地方皎洁，而我也总在有梦的地方微笑。十年寒窗苦读，只为了踏进理想的殿堂。经历过高考的人都明白，其中的煎熬辛酸历程。

如今，又到高考日，还是同样的一批怀揣着梦想的孩子向大学奋进。现在回想着，高考的日子，依旧那么清晰地冲击着我的脑海。当高考成绩出来时，心里就已经明白自己与最初衷的理想大学无缘了。在那没有硝烟的战场上，飞翔的翅膀让我在这里驻足停留。选择来到这里或许是给自己又一次机会，可以重新飞翔，在这个陌生的城市重新开始。背上行囊，踏上远程求学的旅途。

历经两天两夜的漫长旅途终于到了学校——新疆农职院，从踏进校门的那一刻起，心里就明白，自己将会在这里撒下梦的种子，会等到梦想之花开放的那一天。新的征程从这里开始，梦的起点从这里出发。刚来时，像一头莽撞的小鹿，对陌生周围睁大好奇的眼睛。与此同时，我的大学生活便从这个陌生而美丽的九月开始了，懵懂无知的岁月已悄然离去，纯真的笑靥也已定格在这个九月。这年的青春如霓虹灯般闪烁，却也逃不过繁华背后的落寞与孤寂，从开始懂得微笑背后忧伤的那一刻起，便踏上未知的征程。站在岁月的河堤，细数成长的忧伤故事，那一片绿茵茵的足球场，浸湿了多少人的梦想。

没有预想中的那份惊喜与神秘，也没有那可以接受无数鲜花与掌声的舞台，也不再是老师眼中最得意的学生，我们有的，仅是那颗火焰般热情洋溢的心。青春与梦是等量交换的。擦掉昔日的荣耀，拿起我们曾经战斗用的利器，像骑士一样去拼搏。

曾经有人说，上了大学，不一定就是大学生了，总是要经过很长一段时间去适应大学生活的状态。大一，是一个刚刚从起点开始，然后加速奔跑的阶段。给自己半个月适应的时间，然后就该加速了。在这个加速奔跑的岁月里，没有高中的三点一线生活，课余时间比上课时间多得多。为了充实自己，不得不到处奔跑，竞选学生会，参加社团，丰富自己的大学生活。在此过程中，我接触了更多的人和原本从来没有接触过的事物。也因此在这个加速的岁月里，不断成长着，生活也更加丰富充实。

美好的日子总是太短暂。转眼，大学第一年的生活已经接近尾声，而我也将成为别人的学姐，时光已悄悄从我们的指尖流走。回首身后进入大学的一点一滴，对"学习"这门艺术也略知一二。大学里的学习是很关键的，将在很大程度上决定我们今后在工作或社会上的某些机会和能力。在此，我个人认为，我们在大学里，主要学习的是做人和知识。

做人，首当其冲，这无可厚非。做人是一切一切的基础和根本。做人，对于我们而言总是一个看似近在咫尺，却又远在天涯的名词。我们都已成年，可不知我们这代人的思想和心智还停留在何时。大学生活主要是集体活动居多，这样能创造更多的机会让我们去打开自己紧闭的心扉，去感受窗外阳光的温暖。久而久之也能提升自己的交际能力，也能锻炼自己的心理素质。

其次，学习专业知识也是必要的，因为专业知识将会是我们将来可以依靠的生存之道。学习的根是苦的，学习的果子是甜的，我们始终有理由相信，付出就会有收获。让我们拿出"直挂云帆济沧海"的勇气去迎接追梦路上的风风雨雨。用青春诠释我们曾经许下的誓言，用汗水锻造我们明日的辉煌。

总喜欢漫步在学校的林荫小道，喜欢微风拂面的清新，喜欢花蕊初放的芳香，喜欢冬日里雪花飘落的洁白，看着这一切，就会忘记疲惫与心酸。落日的余晖，映出昨日沉甸甸的足迹，静静地阖上双眼，听到了未来成功的脚步，让我热血沸腾。一片恢宏和恣肆的自信，在我心中深深扎根。因为我已长大，还有梦的伴随。

农职院的教学模式让我佩服，工学结合，还有勤工俭学培养了我一种踏实、认真、为了梦想去拼搏的精神，有毅力与勇气去面对生活的种种挫折。我喜欢用汗水来见证我的付出，见证我的收获。青涩忙碌的大学生活，渴望做自己想要做的一切，在这里，实现我青春的梦想。

最后我借用屈原的一句话"路漫漫其修远兮，吾将上下而求索"来勉励自己，一个平凡的我选择不平凡的追梦路。既然选择了梦，便只顾风雨兼程。

梦并不遥远。路就在脚下。一步一个脚印，踏出属于我的路！这就是我的大学——一个理想和梦起飞的地方。

思政课教师的使命就是培养学生有理想、有信仰，给学生点亮理想的灯，照亮前行的路。一个理想教育专题学习结束了，一个班的同学各有各的理想，爱学校、爱专业的理由不同、感受不同，但都在用学习体会告诉我们：理想教育的目标达到了。学院 2010 高职食检（1）班班长聂 ×× 在自己的文章中说："兴趣是最好的老师，我的大学虽不是国内的知名学府，但是我却选择了我喜欢的专业。人生有太多的抉择，谁可以保证一生不走弯路、错路、绝路，重要的是看你有没有能力'绝处逢生，化危为机，实现柳暗花明又一村的光明前景。'为此，当太多的人告诉我'食品营养与检测'没有前景时，我不为自己的选择沮丧和失望，而是努力学好专业知识，至少若干年以后当我再回想起一路走来的步履时，不曾为自己虚度最美的青春年华而懊恼不已。我爱我的专业，从当初的选择开始，就寄托了一个成长中的学子'实现自我价值、社会价值'的梦想，从'十二五'的春风中我看到了食品营养与检测——这个朝阳职业的发展潜力；从自我乘风破浪的决心中我感受到了圆梦的步履坚如磐石无法阻挡；从一起起食品安全事件中我看到了人民生命安全对这一职业的需要，所以我依然可以豪气冲天地说：'我爱我的大学，我爱我的专业！'"

而同班同学曹 ×× 则在面临做一名出色翻译的梦想与现实矛盾的困惑中作出自己人生道路的抉择。他描绘了自己的英语梦："小时候生在农村，村里的小学并没有开设英语课程，直到初中去了县城最好的中学读书时才接触了我的第二门语言——英语。由于我对英语充满了浓厚的兴趣，使我在学习过程中一直持续着高度的激情，初中毕业又顺利地升入市里最好的高中读书，遇到全校最好的英语老师来教我。在他的影响下，我对英语的激情有增无减，随着年龄的增长以及高考的接近，那时的我早已在心底根植了梦想的种子，我是多么希望能够考上大连外国语学院，选择自己喜欢的西班牙语，通过专业学习之后成为一名出色的翻译。"

在高考分数不甚理想的时候，他做出了选择："正是由于这场高考的失利才使我成长与进步了许多。我一直反思着自己。值得庆幸的是，我能够觉察到自己的所作所为，能够真正达到反思的作用，能够及时地将自己从不属于自己的梦境中唤醒。在深思熟虑之后我报了新疆农职院的食品营养与检测专业，有幸被学校录取后，我对这个专业第一学期的学习与专业老师进行沟通、交流，逐步认识这个专业的潜力并为自己的人生制定了一个较为理性且切合实际的职业生涯规划。……经过仔细思考后，我认为完全可以把英语当作我的爱好、兴趣，甚至是我随身携带的一项技能。我相信凭着浓厚的兴趣，在高职生活的专业课程学习之余，我完全有时间与能力利用这个宽松的时间将英语学好、学精，甚至超过英语专业的学生。我若真的选择了英语专业，兴许会被烦琐的专业知识抹杀掉最初的爱好，更不要说提高自己的能力而达到一定程度了。当然这并不是要与我的专业割裂开来，我要把我的专业和英语有机地结合起来。随着人类的生活水平的不断提高，食品问题不断成为人们解决温饱后最迫切关注的问题。而食品如何食用得更为营养则更是备受青睐，我相信自己的专业有良好的就业前景，而在此基础上，我又学好且掌握了英语这项本领与技能，在高职三年的学习之后，专业与英语完美结合定会成为一把利剑，通过自己的不懈努力，我一定会成为出类拔萃的人才。而随着中外经济交流日益频繁，中外合资的相关企业在中国如雨后春笋，而我职业生涯规划则是凭借自己过硬的专业知识与超强英语能力进入一家相关的外企，用自己不懈的努力与不断的学习为自己开拓出新的天地。"

经过"基础"课的学习，曹××同学学会了辩证地思考问题，从入学时专业思想不稳定、思想动摇、困惑、彷徨，到豁然开朗。后来，该学生一方面专业成绩优秀，另一方面业余学习英语，在外语补习学校兼职做英语教师。他曾经高兴地告诉我：他当上那家外语补习学校的教研室主任了。毕业时，他考入了新疆农业大学，本科毕业后选择了教师职业。

而2012农检（2）班学生阿瓦古丽·图尔迪则是另一种心境：

金秋八月，是一个丰收的季节，我就倚在院里的大树下，焦急地等待梦想录取通知书的降临。又有谁能了解此刻一位家境贫寒的学子对大学的急切的向往之情。这个月，对于我来说，似乎太漫长、太漫长。终于，一张新疆农职院的录取通知书，打破了我们这个贫穷村落的宁静，我那颗悬着的心终于能够平静，泪水涌出眼眶。

背着行李，跳上火车，乡村的影子在我的视线里越来越远，双眼一阵湿润，我满怀梦想走进我向往已久的大学——新疆农职院。

一栋栋大楼勾勒了她精致的面孔，一排排大树为她披上了美丽的外衣，渊博的学识更增添了她独特的魅力，足球场披上了一件绿绿的外衣，一些同学飞奔着踢球，身影矫健，犹如旁边的一排排常青树，余晖洒下，有种说不出的青春壮美。静静看着我的心有种莫名的奋斗元素在疯狂增长。我悄悄对自己说："加油！"让自己的青春之花在大学里灿烂绽放。

图书馆设施先进，环境幽雅，藏书众多。可以满足同学们各种各样的借书需求。我常常就待在那里看书。总觉得那里有看不完的知识，一直在诱惑着我。……我真的感谢她，让我从那偏远的乡村走进了这片广阔的天地，让我学习在这个快节奏社会生存的知识，让我对未来的自己充满信心。……走进这个大学，选择的专业我很喜欢，从步入大学起，就开始萌动着对未来职业生活的憧憬，也开始了积极的准备，这种准备是贯穿在大学生活的全过程中的。……职业生活是否顺利、是否成功，既取决于个人的专业知识和技能，也取决于个人的职业道德素质和法律素养。……我们认识到提高专业道德素质和法律素质的重要性，注意这方面的修养和锻炼。……我的专业是很适合我们家乡的发展和生产的，在我们家乡，刚开始温室种植，耕地还没有全部开发，也没有现代农业的先进技术，所以我认为我选择的专业很

161

适合我们家乡的环境，我认为我选择的专业是有前途、有未来的。……所以，我认为我选择的学校和选择的专业能很好面对现在的发展和进步。所以我敢大声说："我爱我的大学，我爱我的专业。"

第二，高职学生在"基础"课学习中逐步端正了世界观、人生观、价值观，学会了正确处理人与人、人与社会、人与自然的关系，积累了处世智慧。

我校园林科技分院 2009 高职林果班学生闫 ×× 在"基础"课的学习体会中写道：

我出生于一个贫困的农民家庭。我所生活的地方，民风淳朴。父母虽是农民，却善良正直，这让我从小就培养了积极向上、正直、纯朴的性格。父母与社会对我所做的一切，让我明白感恩之心是多么重要。我们生活中的一切都来之不易。20 年来，我一直向家人和社会索取，我得到的远比我付出的多得多。面对贫困的生活，面对日渐苍老的父母，我不会抱怨，只会加倍努力，希望将来为父母和家庭付出的同时，为社会作出自己的贡献。人生目标决定人生态度、人生道路、人生价值。有一句话说得好"吃饭是为了活着，但活着不是为了吃饭"。这句话中，我们可以把"吃饭"看成索取，索取是为了活着，索取是为了在这个社会有生存基础，而活着并不是为了索取，而是为了贡献，为了尽自己所能，使这个世界因为你的存在而增添一缕光明，一丝温馨，一份美丽，一点幽香。……想明白这些问题，将促使我更深入思考我的人生目的和我的人生价值。我活着，不能简单地活着，不能只为了自己的利益而追求金钱与名利，追求享受。对同学，我要真诚热情，与他们和睦相处，互相帮助。对朋友，我要以真心相待。友谊是生活中的阳光，要永远珍惜。对父母，我要以孝为先。"孝"是中华民族的传统美德，"孝"是对所有中华儿女的道德要求。如果不能报答生我养我的父母的养育之恩，最起码要在生活中关心父母，孝敬父母。

对老师要尊敬，要永远记住他们在我的生活中曾起到多么重要的作用，我头脑中的知识，以及我心中的职业道德、我胸中的丘壑经纬，这些的形成都离不开他们的教导。对社会，要付出自己的努力，献出自己的力量。使社会生活更加稳定，使公共卫生更清洁，使自然环境更美好。树立正确的人生价值观，我相信我的人生将更精彩。

我校 2010 高职生物工程班学生邓 ×× 也在学习体会中谈了她对人生观的看法：

我认为每个人都有自己的人生观，我认为人生是属于自己的，自己的人生自己走，自己去创造，去争取，它最先开始是一张白纸，等待我们自己去图画，等我们自己思想成熟了，图画也正式开始了，由小到大，以至于达成最后的彩图——也就是现在我们自己的理想。自己的人生自己怎么走都不会后悔，只要自己用心了，努力了，那就是最好的结果了，只要我们感觉生活过得充实舒心踏实就行了，这就跟我们平常说的一样："自己动手丰衣足食"是一个道理。人这一生啊，自己就是自己，不必要刻意地去模仿别人的一举一动，哪怕这个人是名人也不需要去模仿，我就是我，我有我的思想，我有我为人处世的方式方法，你就算再怎么刻意地去模仿别人你又变不成他啊，不是吗？欣赏归欣赏，自己归自己，要相信自己一定行，无论什么时候都要对自己有信心，相信自己了，那我们就已经成功一半了。但是我们做人和做事情都要有自己的认识、自己的想法、自己的分寸、自己的见解、自己的原则。别人的意见要听但是主意要自己来定。三人行必有我师焉。做人要谦虚，要谨慎，要多学习别人的优点。这就是我对人生观的基本想法和认识，我的想法虽没有伟人那么伟大，但是我认为这样的人生才最精彩最丰富最有活力。

这段体会中反映出她自信心的复苏。也有的同学在本专题的学习中对如何处理人与人的关系有了理性的认知，对人生成才的目标有了清晰的认识。例如：我校 2012 高职农检（2）班李 ×× 同学在学习体会中谈道：

我们在校大学生正面临着人生发展的最为关键的时期。时代要求我们要在学校生活各方面全方位面对和思考如何正确处理个体与社会的关系等一系列重大问题。我们要学会生存，学会学习，学会创造，学会奉献，这些都是我们将来面向社会和生活所必须具有的最基本、最重要的品质。其中，我认为最核心的就是学会如何做人，学会做一个符合国家繁荣富强与社会不断进步发展所需要的人，学会做一个能正确处理人与人、人与社会、人与自然关系并使之能协调发展的人，做一个有理想、有道德、有高尚情操的人。

我校 2012 高职农检（2）班杨 ×× 同学认为："我们有什么样的人生观就会有什么样的人生态度，所以人生观的选择对我们来说是至关重要的，我们的价值观决定了我们在实践中以怎样的方式处理各种人生问题。反过来，我们的人生态度如何，也会制约着我们对整个世界和人生的看法。"她总结出了"合作、平等、宽容的处世规则"，她在学习体会中写道：

一个人，一个群体的力量总是有限的。"众人拾柴火焰高"，真正伟大的力量也在于团结协作，团结有力量，团结能制胜。社会越发展，人们的合作范围也就越来越广大，合作的形式也越多样。在当今社会竞争日益加剧的形势下，如何进行合作日益成为一个重要的问题。我们要高度重视合作的精神，不光在生活中讲合作，在工作中也要讲合作。如果我们只掌握文化知识和技能，而不懂得如何与他人合作，那么掌握的知识和技能再多，也无法在工作中充分施展。平等待人，是与他人和谐相处的前提。我们与人交往应当做到一视同仁，不能嫌贫爱富，更不能因为家庭、地位、学历、特长、能力等方面的原因而对别人另眼相看。同时要把自尊和尊重他人有机结合起来，我们每个人都希望在交往中得到别人的尊重，但是我们只有尊重他人才会赢得他人的尊重。平等待人就是要我们学会将心比心，学会换位思考，只有我们平等待人，才能换取别人对我们的平等对待。

俗话说，"海纳百川，有容乃大。"宽容是我们人生中必不可少的条件，对于非原则性的问题，我们不必和他人斤斤计较，由于人与人之间的性格、经历、文化和修养等差异的存在，因误会、不解和意见分歧而产生的人际矛盾是不可避免的。这时就要求我们遵循宽容的原则，严于律己，宽以待人，有助于我们消除人际间的紧张和矛盾。当然，宽容不能趋于怯懦，也不等于无原则地一味容忍、退让，更不等于拿原则做交易。

第三，通过社会公德的专题教育，高职学生的社会公德意识被激活，自觉确立了履行社会公德的公民角色意识。以我校 2012 高职农检（2）班窦 ×× 的学习体会为例：

维护社会公共秩序构建平安校园

随着社会的发展，人类社会公共领域越来越大，因而逐渐超越了私人生活的局限，如何处理我们的社会公共秩序也成为一个问题。维护社会公共秩序是我们每个公民的义务与责任。如购物买票时，自觉排队；交通拥挤时，礼让为先等。只要我们每个公民凡事做到严于律己、自觉自律、遵守法规法则，有关部门严格执行规章制度，社会的公共秩序就能得到有效维护。

大学就相当于一个小型的社会圈。若是连这个简单的人际圈都弄不好，那么走向社会你又当怎样在社会立足？现在是我们走向社会的第一层人际网，也应当和谐相处。在同学相处之时多一分大度，在舍友之间多一分理解。同学之间相互信任、坦诚相待，说实话、做实事。在考试时不去作弊，用诚实和实力给自己和老师交上一份满意的答卷。在这个班级里，是一个多民族同学组成班的集体，在我们的日常交流中也会有一些困难。但我们属于一个集体，无论你个人怎么样都不能与他人去争吵。在有问题的时候，应当心平气和地坐下来相互交流沟通、相互体谅。当同学有困难时，我们则会伸出援助之手，一起去解决。如我们班的一位同学，在晚自习时身体突然不适，我们班的几位同学就一起把她送到医院，然后还有很多同学打电话去询问她的病情，关心她。这虽然是一件小事，打电话是一个很小的行为，可由此却可以看出同学之间的团结友好、关心他人的良好氛围就在这时得以凸显。

大学生的人生价值观都已基本形成，对于事物的看法可能存在不同，所以价值认同就显得尤为重要。我们需要一种包容的心态去面对这种差异。如一只珍珠蚌，包容入侵的沙砾，最终磨砺成一颗耀眼的珍珠，而这颗珍珠就是我们所要追求的人际关系。除了这种包容，与人相处还需要真诚、关爱。生病时的一杯热茶，伤心时的一双肩膀，失落时的一句安慰都是人际关系的调合剂，令我们的关系更融洽，令友情升温，营造良好的人际关系。

我们在日常学习生活中有一点小摩擦是很正常的现象。关键在于我们如何对待这些摩擦，我们要本着与人为善的做法去解决矛盾，要善于与人交流思想、减少误会。要多做自我批评，做到他人的缺点让他自己发现改正，更不能去夸大他人的缺点。我们要心胸开阔一点。作为当代大学生，我们要从小事入手，从身边做起，尽到自己的一份责任与义务。

第四，面对高职学生的人生困惑，帮助学生树立正确的恋爱观、婚姻观，学生学会了如何正确处理友情、爱情、婚姻、家庭等复杂的社会关系。

我们曾经把高职《基础》教材中原来的关于爱情问题的一节内容，扩充为一个专题，以集中解决高职学生在恋爱、婚姻问题上的困惑问题，把学生的自主学习的积极性调动起来了。张××同学的结业交流发言，赢得了同学们的阵阵掌声，包含生活中的思考、查阅资料的认真态度，自己所思所想所感，发自内心、感人肺腑，让我们收获了这个专题教学的成就感。

以下是张××同学"基础"课第七专题的学习体会：

我的家庭婚恋观

有人说，婚姻是座围城，里面的人想出来，外面的人想进去；有人说，婚姻是坟墓，埋葬了人们美好的爱情；有人说，婚姻是自私的，是容不得别人来插手的油盐酱醋茶；有人说，婚姻是一场戏，两个人没有主角配角；有人说，婚姻是……我说，婚姻是一个孩子。

我说，婚姻是一个孩子。是因为，孩子的视野很干净，孩子的世界很单纯。孩子容易满足、容易快乐。高兴了就笑、难过了就哭。孩子开心了，周围的人就都开心了；孩子难过了、哭了，周围的人就会想办法让他不哭、让他开心。瞧，一个幸福简单的婚姻不就是该这样美满安乐吗？婚姻中出现的问题一起解决，再多苦痛一起扛。相守一生，你若安好，便是晴天。

但是，无论我们怎么去诠释婚姻，都难以说清楚。中国台湾作家吴淡如说过：婚姻如同一双鞋子。开始不懂，后来细想之下，心一阵惘然。的确，很多年轻人因为冲动，年轻气盛而造就一段婚姻。就如同年轻的我们买鞋子一样，总喜欢那些华丽的、耀眼的、个性的鞋子，根本看不上舒适耐穿的老布鞋，即使再难穿也没关系，都可以忍耐，直到脚起泡、疼痛难耐时，才发现鞋子最重要的作用只是陪自己走路而已。虽然年轻、有资本、敢冲动，但是对待婚姻真的不能够如此轻率。婚姻的失败可能会毁掉女性一生的幸福，甚至是信仰。很多时候，这些伤痛很难治愈。我一直期待着一段"愿得一人心，白首不相离"的浪漫，但是法国剧作家尚福尔却说："恋爱有趣如小说，婚姻无趣如历史。"虽然有些贴切，但难免有些失落。我认为恋爱如同婚姻一样充满着情调，他们的主线是爱。有情调的前提是要坦诚、用心对待。举案齐眉的生活似乎有些平淡，但爱情的抵押就是婚姻。或许，我们还小，不懂什么是爱情，更别说婚姻。但，我想我们有热情，如果不去尝试就永远不知道。莫泊桑说过："没有恋爱的青春便不能称之为青春。爱情最大的敌人是生命、婚姻最大的敌人是熟悉。所有的配偶都只是另一半的第二号人选，因为在他或她的心中总有一个幻象，随着年岁的增长，环境的改变，塑造出一个完美，然而却无法寻觅得到。"

恋爱，是甜蜜的、疯狂的、痴傻的。年轻容易犯错，好多女孩子便傻傻地相信，为他生一个孩子就可以永远拴住他、改变他不负责任的言行。但，亲爱的傻姑娘啊，请你想一想，如果他真的疼你、爱你、负责任，又怎么会做出如此不负责任的举动？恋爱再热烈，也要有道德，不能过头，要适度。不可以因为好奇而偷尝禁果。青春，是用来美妙的，不是用来堕落挥霍的。不管感情有多深，也不能没有尊严，当对方真的没有感情时，请不要以伤害自己来留住对方。这样很傻很幼稚。倒不如，收拾好心情，把他埋在心里，潇洒地说再见，留给对方一个美丽的背影，留住你在他心里最美的画面，而不是一地狼藉、不堪回想。

牵起别人的手，就要有个正当的理由，不能出于任何不良的心理，免得造成别人心里的一个伤口。曾听见世事沧桑的老人们说："配成婚并不意味着配成对。"然而，婚姻是一个过程，需要彼此呵护、建设和更新。一个幸福的女主人会在婚姻生活中添加很多别的元素，无论酸甜苦辣咸，这样不至于让婚姻苦闷乏味。婚姻生活中本就该是我中有你、你中有我。婚姻可以是美满，也可以是灾难。如果相爱，互相可以为对方牺牲、改变。如果一方付出太多，而另一方只是被动接受，总有一天会不平衡，会出现问题。所以，真正幸福的爱情从来都是相互的。

一次业余时间，在饭店兼职。我有幸目睹了一场婚礼，感受了一次幸福。当新娘新郎在红地毯的另一端等待司仪邀请入场的时候，同伴告诉我说，她可以清楚地看到新人急速起伏的胸脯。那是紧张。新郎拿着"火把"高喊："这是生命之火"。然后刷的一下把火把变成了一朵花，从花里取出了一枚戒指，细心地戴在新娘手上。司仪又上前请新娘"往前走三步，然后闭上眼睛，数到三，再回头。"新娘回头的那一瞬，两条红幅从天而降，上书："我愿与你一生相伴；我愿给你一世幸福。"我毫无预兆地一下子就泪流满面。热恋的时候，天天相思，结成夫妻之后又有什么理由不相互扶持、白头到老？有一种感动，叫作"家"。

喜结连理之后，就要面对彼此的父母。独乐乐，不如众乐乐。当另一半的父母在含辛茹苦的时候，你也在等待，所以请和睦相处，怀着感恩的心态。有位名人曾说过"一家人能够相互密切合作，才是世界上唯一真正的幸福"。"一家人"不仅仅指自己的家庭，还包括双方的家庭，关键在一个"和"字。

无论恋爱、婚姻，抑或家庭，都是一种难言的情感、一种责任。我们都要用心去对待。

在 15 年的教学实验中，每每读起当年学生的思政课学习体会，我还是会被感动。一个个不满 20 岁的学生，通过高职思政课问题式专题化教学改革，从开始上课发言都害羞，被我们推动着不断探究学习，思考人生价值、人生理想、社会公德、职业道德、家庭美德等人生课题，直到发言充满自信、娓娓道来，写体会文思泉涌、有条不紊地表达思想，一篇篇入情入理的分析、认知，一行行带着温度的文字，一句句贴近专业的理性思考。是不是说明我们的学生通过思政课学习有了获得感？我们思政课教师提升了高职思政课的思想性、理论性和亲和力、针对性呢？

三、高职思政课实践教学模式创新的实践教学成果

习近平总书记关于"'大思政课'我们要善用之"的指示，是推动思政课改革创新的基本依循。我们不仅要抓好思政课小课堂的改革创新，还要善于把思政课延展到社会实践、课程思政、网络空间等大课堂。

党的十九届六中全会印发《中共中央关于党的百年奋斗重大成就和历史经验的决议》，高度评价了脱贫攻坚精神和抗疫斗争精神：

2020 年，面对突如其来的新冠肺炎疫情，党中央果断决策、沉着应对，坚持人民至上、生命至上，提出坚定信心、同舟共济、科学防治、精准施策的总要求，开展抗击疫情人民战争、总体战、阻击战，周密部署武汉保卫战、湖北保卫战，举全国之力实施规模空前的生命大救援，慎终如始抓好"外防输入、内防反弹"各项工作，坚持统筹疫情防控和经济社会发展，最大限度地保护了人民生命安全和身体健康，在全球率先控制住疫情、率先复工复产、率先恢复经济社会发展，抗疫斗争取得重大战略成果，铸就了伟大抗疫精神。脱贫攻坚是全面建成小康社会的底线任务，只有打赢脱贫攻坚战，才能确保全面建成小康社会、实现第一个百年奋斗目标；必须以更大决心、更精准思路、更有力措施，采取超常举措，实施脱贫攻坚工程。党坚持精准扶贫，确立不愁吃、不愁穿和义务教育、基本医疗、住房安全有保障工作目标，实行"军令状"式责任制，动员全党全国全社会力量，上下同心、尽锐出战，攻克坚中之坚、解决难中之难，组织实施人类历史上规模最大、力度最强的脱贫攻坚战，形成伟大脱贫攻坚精神。党的十八大以来，全国 832 个贫困县全部摘帽，12.8 万个贫困村全部出列，近 1 亿农村贫困人口实现脱贫，提前 10 年实现联合国 2030 年可持续发展议程减贫目标，历史性地解决了绝对贫困问题，创造了人类减贫史上的奇迹。

脱贫攻坚和抗击疫情的过程，让学生感受到习近平新时代中国特色社会主义思想和中

国特色社会主义道路的正确性，感受到中国特色社会主义制度集中力量办大事的优越性。思政课教学的社会氛围、教学效果为之一振，焕然一新，这正是"大思政课"理念的现实之基。

高职院校原有的各个部门多头管理的社会实践活动，力量分散、各自为政，没有形成思想政治教育的协同效应。根据习近平总书记的最新指示，要树立"大思政课"育人格局，做到胸怀天下。如我校马克思主义学院用中国德育馆（新疆馆）、高职思政课实践教学虚拟仿真中心做校内实践教学，学生处负责学生社会实践值周，团委负责"三下乡"、青年志愿者活动，就业创业办负责学生创业活动，教务处和各二级学院负责学生实习实训等。"壹网情深"移动学习平台有一个重要的创新，就是为了学生社会实践的协同发展，统筹评价。即多渠道实践、多主体评价，都围绕思政课同向同行。思政课利用好学校多种学生社会实践活动资源，把各个实践活动都设计好。高职学生的成长、成熟、成才不是一蹴而就的，而是一个渐进的过程，就跟人的生理发育一样，各个实践途径的立交桥要铺设好。进入 5G 时代，要利用好网络空间，上传、展示、评价多途径实践教育成果，纳入思政课实践教学，从而形成教育合力。在社会实践体系建设方面，我校进行了积极的探索（图 5-1）。

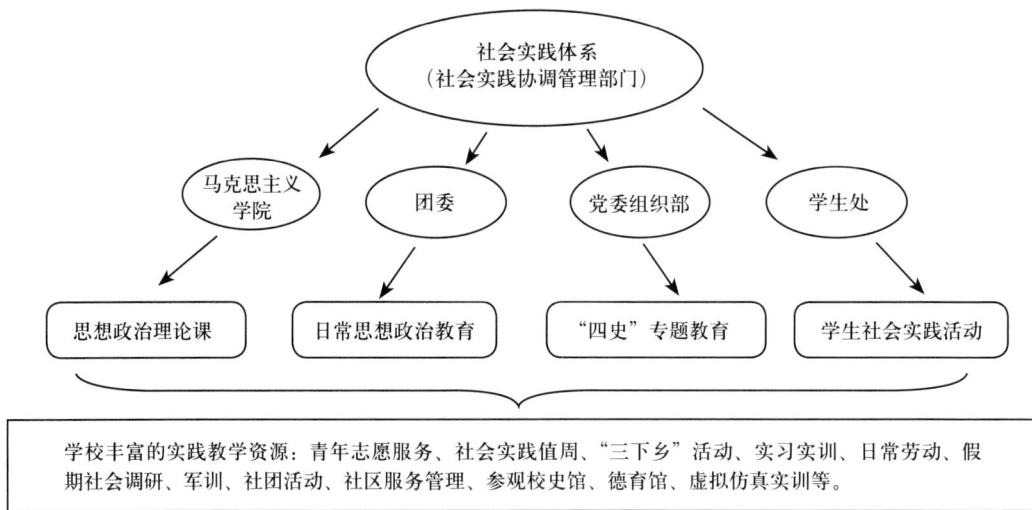

图 5-1　社会实践体系

图 5-1 是最初的设想，随着"壹网情深"平台投入使用，我校思政课实践教学迈出了新的一步。

面对"平视世界一代的大学生"，他们是在不愁吃穿的环境中长大的孩子，课堂中的理论说教启迪作用是有限的。例如，一位学生提交的支农劳动拾棉花体会中写道：

在坚持劳动中感悟成长

　　我们迎着晨曦准备下地，伴随着启明星的升起回到生活基地。真的很苦，很累。在地里，当腰酸背痛一点力气也没有的时候，我没有犹豫就坐在了地埂上，我明白了什么叫身体上的辛苦，累的时候总是不自觉想起爸爸妈妈，他们也在劳动，他们比我更累，真的，只有自己亲身体味了这一切，才会真正明白父母的不易与辛苦，从前的娇宠，从前的溺爱此时历历在目，好想帮他们分担一些，好想自己早一点懂事，体谅爸妈的辛苦，他们的电话总会准时响起，问这问那，我也总是收藏起自己委屈的心情，把最开心最活泼的自己带给他们，让他们放心也让他们省心……父母给了我最好的条件，努力满足我的一切需求，真想回家帮他们做点什么，弥补一下曾经不懂事的自己。

　　由此，我们看到学生在劳动中认识劳动，在换位思考中感恩父母。当然，进入新时代，新疆的万亩棉田用上了现代化的采棉机，学生的这种支农劳动已成为历史。

　　新时代有新的实践教学形式。社会实践值周是我校坚持了几十年的社会实践劳动教育方式。社会实践值周是学生必修的基础课，它与专业文化课一样要严格考核、严格管理，学时为56学时（一周），它包括：校内基地建设劳动、公益劳动与自我服务性劳动，社会实践值周课成绩作为学科成绩记入学生档案。社会实践值周课是一种富有特色的教育教学方式，在提高学生的思想道德修养、培养学生的社会责任感和意志品质等方面起到了重要作用。它是全面贯彻党的教育方针，培养高素质的适应社会主义现代化建设和发展需要的合格人才的出发点和落脚点。社会实践值周课的实施强调了知识的积累、研究和应用，起到了常规教学所不能起到的作用，形成了富有特色的教育教学方式，使学生在实践中学习，在实践中长大，成为社会主义建设的合格的建设者和接班人。学生在值周体会中写道"在值周这短短的7天中，虽然很辛苦，但是我们也收获了很多人生宝贵的经验。这些经验会让我们更好地面对以后社会给我们的难题。比如，在被老师误解、批评时，我不再像以前那样冲动，和老师辩解，学会了忍耐与理解；在检查宿舍时，我们要公平、公正，对人要礼貌，时刻注意自己的一言一行。我们在检查别人时，同时也在检查自己；对待工作要认真负责，同时'敬业乐业'是我们踏上工作岗位、展开职业活动的基本要求，也是一个人职业品格的重要体现。值周虽然很短暂，但那些学到的东西却会一直留在我的生命中，永远不会消失。它会一直激励着我在这漫漫的人生旅途中坚持走下去……"也有同学理性总结："值周班制度是学生自我管理、自我教育和自我服务的一种形式。通过值周班学生自身的文明示范，促进全校学生文明素质的提高；通过其校内服务劳动，增强爱校的

169

集体观念，增强劳动意识、培养劳动习惯；通过值周班学生的群体管理，促进良好的校风校貌的形成。在同学的支持参与下，在班主任的指导帮助下，在班委的组织下，我们圆满地完成了我们的值周任务，在这次活动中我们不但为学校出了力，也锻炼了自己，更让自己深深地留意起了校园的每一个细节。"

创业教育也是我校社会实践的一个重要渠道。学校招生就业办公室，设立"我可创业基地"，对于有创业爱好和兴趣的同学，组织开展创业培训，开展创业的模拟实践，提高创业技能。学生参加全国、自治区各类大学生创业大赛成绩突出，自主创业也如雨后春笋般呈上升态势。如优秀毕业生代表李杰发明五项专利，结缘珍稀苗木。李杰谈体会时说："创业大赛是一个很好的自我学习提高平台。从项目来看，是对自己项目的一个再评估，对目标顾客、市场营销、财务计划、对企业实际运作有了清晰的认识；从个人成长来说，提高了我的沟通能力、解决问题的能力，拓展了人际关系。更重要的是在项目陈述和回答评委问题的过程中，逻辑思维能力也得到提高。""未来比今天更重要；积极比安稳更重要；学习比金钱更重要；自己创业圆梦的同时，也在回报社会。"

团委组织的青年志愿者活动是学校社会实践活动的一个重要途径。一年一度的国际消费者权益日纪念大会，由昌吉州消费维权工作领导小组等主办，以"消费与安全"为主题，引来社会各界大小型企业的关注。我校青年志愿者以学生代表的身份应邀参加了此次活动，在此次活动中，我校青年志愿者充分展示出现代大学生青年志愿者的活泼和热情。对过往行人发放消费者应有权益的条例说明，辨别各种商品小常识的宣传册，使行人们能够充分了解自己手中的权益，树立维权、护法意识，积极配合大会各项工作的开展，使会场气氛更显春天里的丝丝暖意。在服务宣传活动过程中，我们还发现了此次宣传活动引入了各界大小型企业辨别商品真伪的小型展台。我们的青年志愿者也不忘燃起好学之心，借助此次机会，纷纷向解说人员了解并掌握了分辨农业种子、农业科技用具、烟酒、药品等许多商品真伪的小方法，并听取了大会讲解消费者应有哪些权益，对消费者树立维权意识进行倡导。大会结束后，我校青年志愿者发挥不怕脏、苦、累的志愿者精神，对会场进行了整理和打扫，受到了与会各界人士的一致好评。回到学校后，我们青年志愿者又将"3·15"打假、维权、消费与安全的宣传知识活动延伸至校内，以手工彩画报招展板，防伪、打假、维权案例分析宣传栏，发放辨别商品真伪小常识。以宣传册的形式，使同学们也能了解掌握辨别真伪的方式方法，培养同学们打假的正义感，树立同学们的维权意识。此次校内外的大型宣传活动，不仅使消费者了解自己拥有的法律权益，更使他们掌握了辨别真伪的生活常识。相信我们青年志愿者也从中体味到了服务社会的乐趣，这无疑也极大地增强了他们的社会责任感和时代使命感，争做新时代有利于社会和人民的大学生。

志愿者精神是对中华民族团结友爱、助人为乐、见义勇为、尊老爱幼、尊师重教等传统美德的继承和发扬。中华民族拥有五千年悠久文化和灿烂的东方文明，虽未曾举起过"志愿者"的旗帜，但从"乐善好施"的先哲千年古训到"助人为乐"的"雷锋精神"，无数仁人志士早已吟唱出人类道德情感的华彩乐章。尤其是"雷锋精神"，教育和感动了几代人。中华民族的传统美德，是我们人生乃至社会宝贵的精神财富。

高职学校社会实践的形式丰富多彩，如何利用好富集的社会实践教育资源与思政课同向同行，是我们要接续探索的一个课题。

第二节　在高校优秀思政课示范课巡讲中的同行评价

习近平总书记在评价社会治理体系和治理能力问题时指出，"鞋子合不合脚，只有穿的人才知道。中国特色社会主义制度好不好、优越不优越，中国人民最清楚，也最有发言权"。有些人否认思想政治教育是科学，否定高职思政课教师教学方法问题上的探索。我们认为，高职作为一种教育类型，具有其特殊性，思政课问题式专题化教学模式好不好，广大高职院校的学生、思政课教师最有发言权，因为他们是高职思政课教学活动的实践主体。

一、教育部推动思政课改革创新"三巡六创优"措施

2019年4月8日，教育部在京举行学习贯彻习近平总书记在学校思想政治理论课教师座谈会上的重要讲话精神座谈会，进一步深入学习贯彻落实习近平总书记在学校思想政治理论课教师座谈会上的重要讲话精神，提高认识，明确目标，谋划举措，全面推动习近平新时代中国特色社会主义思想进教材进课堂进头脑，切实办好新时代学校思想政治理论课。时任教育部党组书记、部长陈宝生出席座谈会并讲话。陈部长提出"三巡六创优"，即"三巡"活动：优秀思政课示范课巡讲、思政课建设优秀成果巡礼、思政课建设巡察；"六创优"工作：思路创优、师资创优、教材创优、教法创优、机制创优、环境创优。抓好"三巡六创优"活动，实实在在解决思政课建设存在的问题。

学校思想政治理论课教师座谈会是党中央加强党对教育工作的全面领导、落实立德树人

根本任务、办好中国特色社会主义教育的又一次重大部署，充分体现了习近平总书记对教育战线特别是广大思政课教师的亲切关怀和殷切期望。当前和今后一个时期，学习好领会好贯彻好习近平总书记在学校思想政治理论课教师座谈会上的重要讲话精神，是教育战线的头等大事和首要政治任务。

要抓好以优秀思政课示范课巡讲、思政课建设优秀成果巡礼和思政课建设巡察为主要内容的"三巡"活动，在教育战线推广形成学习宣传贯彻习近平总书记重要讲话精神的创新模式，实实在在解决思政课建设存在的问题。

要把思政课建设摆在更加突出的地位，突出抓好"六创优"工作，更好发挥思政课作为立德树人关键课程的不可替代作用，推动形成全党全社会努力办好思政课、教师认真讲好思政课、学生积极学好思政课的良好氛围。一是思路创优。要牢牢把握住思政课的对象是人、关键是思、重点是政、载体是课，从"关键课程"的角度解决好思政课的核心要素、质量标准、保障条件等问题。二是师资创优。要瞄准习近平总书记提出的"六个方面素养"标准，对思政课教师队伍建设存在的问题和薄弱环节进行综合研判，拿出切实有效措施，真正聚集优秀人才，提升思政课教师队伍质量。三是教材创优。要切实抓好经典教材、主体教材、专业教材、案例教材、特色教材、领导报告教材等几类思政课教材建设，抓好抓实理论体系向教材体系的转化，充分体现教材的思想含量、政治含量、学术含量，进一步发挥好思政课教材所承载的历史使命。四是教法创优。要深入落实八个"统一"要求，以辩证唯物主义和历史唯物主义贯穿教学，做到"有虚有实、有棱有角、有情有义、有滋有味、有己有人"。五是机制创优。要以评价机制创新为核心，深入抓好中共中央、国务院《关于加强和改进新形势下高校思想政治工作的意见》贯彻落实工作，在思政课教师队伍建设、思政课教师职业发展规划等机制创新方面多做探索。六是环境创优。要切实将思政课当作"金课"打造，为办好思政课创造良好的政治生态和学术环境，让思政课教师能够潜心育人，让优秀教师有志于长期从事思政课教学。

二、在高校优秀思政课示范课巡讲中展示教学模式

在教育部相关举措中，笔者荣幸地入选教育部高校优秀思想政治理论课示范课百人巡讲团成员，受教育部委派、根据思政课高职高专分教指委等安排在国家教育行政学院"中宣部、教育部第 100 期高校思想政治理论课骨干教师研修班"作"贯彻习近平总书记'3·18'讲话精神，办好高职思想政治理论课"的报告；在兰州大学"中宣部、教育部第 102、103 期高校思想政治理论课骨干教师研修班"作"立足西部地区实际和特点，增强高校思政课的

思想性、理论性和亲和力、针对性"的报告；在兰州石化职业技术大学为全国高职骨干教师培训班作"立足高职高专实际和特点，增强高校思政课的思想性、理论性和亲和力、针对性"的报告。

根据自治区教育工委、教育厅培训邀请，为自治区 5 期专题培训班作"领会习近平总书记关于学校思想政治工作的重要论述，担当起立德树人的使命"的报告；受新疆昌吉州等10 余个州、市、县教育工委邀请，给当地教育系统作"领会习近平总书记关于学校思想政治工作的重要论述，担当起立德树人的使命"的报告。

在服务全国各省份和兄弟院校方面，先后为云南、广西、四川、宁夏等省份的高职院校联盟及陕西铁道职业技术学院、成都职业技术学院、厦门海洋职业技术学院、江苏农牧科技职业技术学院、集美大学、昆明理工大学城市学院、台州职业技术学院、浙江机电职业技术学院、江西环境工程职业技术学院、沧州医学高等专科学校、山东胶州市党建工作培训班、伊犁师范大学、新疆工程学院、乌鲁木齐职业大学等相关单位作报告。报告题目分别为"领会习近平总书记关于学校思想政治工作的重要论述，担当起立德树人的使命""贯彻习近平总书记'3·18'讲话精神，办好高职思想政治理论课""学好思政课做高素质的技术技能型有用之才"等，培训人数达 130 000 人次。

服务各级会议方面，先后在自治区两次贯彻"3·18"会议座谈会，自治区社科联座谈会，吐鲁番市、昌吉州五套班子座谈会，北京师范大学全国中职德育工作研讨会，新疆昌吉全国德育年会，全国供销系统行指委会议等作报告，在吐鲁番市的一次报告吸引7 800 人同听一堂课。

在教育部高校优秀思政课示范课百人巡讲活动中，笔者服务了 13 个省份，其中，报告展示的就是高职问题式专题化教学模式，采用的就是"以案例为导引，以问题为核心"的探究式教学思路，受到高职院校和应用型本科同行的好评，如昆明理工大学城市学院马克思主义学院院长王劲璘说："我们的学生也爱听故事"；在集美大学的报告会后，集美大学马克思主义学院副院长李晋玲说："案例导引符合神经心理学规律，人的爬行脑（控制人的欲望的那部分大脑）更加喜欢视觉化的信息，而不是抽象的信息。"人们是否也喜欢可视化效果的感受，不喜欢干巴巴抽象的数据呢？抖音受到 3 岁儿童到 80 岁老人的普遍欢迎就是这个道理。在南京铁道职业技术学院给 3 000 名入学的新生作报告，同学们兴奋得热烈鼓掌，课堂气氛十分活跃。

第三节 在全国职业院校
推广实验的展示效应

从 2019 年 3 月 18 日到 2022 年 3 月 18 日的三年中，笔者给全国高职院校同仁作过几十场思政课专题报告，指导过多校思政课和全国职业院校技能大赛教学能力比赛的作品设计，取得了不错的成绩。在展示成果推介中坚持高职思政课问题式专题化模式被大家普遍认同。

一、在高职思政课教学展示和教学能力比赛中展示教学设计

为充分发挥职业院校思想政治教育工作的主渠道的作用，推动问题式专题化教学模式推广实验。自 2008 年 6 月起，自治区组织开展了高职院校思政课教学展示和中职学校德育课"精彩一课"说课比赛。历经中职德育课十届说课比赛，高职思政课三届教学展示，充分调动了各职业院校教师参与思政课和德育课教学改革的积极性，通过说课比赛推动了全疆高职院校思政课教师、中职德育课教师树立科学教学理念，拉动了教法、学法改革，培养中高职骨干教师近百位，在全国竞赛中取得一、二等奖 60 人次。

（一）在新疆维吾尔自治区高校思政课教学展示活动中的表现

2020 年 10 月笔者作为新疆维吾尔自治区高校思想政治理论课教学指导委员会委员参加了第四届自治区高校思想政治理论课教学展示活动的评审工作。以"基础"课为例，共收到参赛作品 32 件，包括本科院校和高职院校教师作品，提交的视频、讲稿（个别是教案）和课件。教学展示折射出新疆维吾尔自治区高校思政课建设已经达到一个新水平，步入思政课建设的新时代。从作品看高校思政课教师都能正确把握教材的基本内容、基本要求和基本理论观点，都能够根据新疆学生的思想实际，创造性地把教材体系转化为教学体系。照本宣科的现象在"基础"课展示中基本清零。参加展示的高校思政课教师都能学习贯彻学校思想政治理论课座谈会精神，尤其是部分优秀教师能积极贯彻"八个相统一"原则推动思政课改革创新，开展问题式专题化教学、案例教学、探究式教学方法的探索。以高职为例，个别教师的教学设计、教学素养与 2019 年全国高职高专思政课教学展示相比较，已经达到全国一流水平，彰显了自治区高职思政课教师的理论自信、学术自信。例如，新疆农业职业技术学院

的谭琼琼老师的教学设计，娴熟地运用了高职思政课问题式专题化教学模式，坚持以案例为导引，以问题为核心的探究式专题化教学思路，该教学设计以 2019 年全国最美大学生刘敏成长的故事为核心案例，贯穿教学始终，一案到底，依事论理，将有关人生态度的教学串起来，达到了润物无声的教学境界。再如新疆教育高等专科学校的杨文娟老师的教学设计，以自治区乌什县前进镇国家通用语言小学校长库尔班·尼亚孜成长办学的经历为核心案例，讲透了什么是理想、理想与现实的关系、理想如何变为现实三个问题，教学设计的高明之处是成功地示范了显性教育与隐性教育相统一的教学原则，增强了教学的亲和力和针对性。下面介绍几例"基础"课获奖作品。

优秀展示课一等奖作品：新疆农业职业技术学院谭琼琼示范课讲稿。

笑里去愁——保持积极进取的人生态度

2020 年的开篇足以用惊心动魄来形容，一场疫情让很多人改变了人生轨迹，转变了人生态度，开始对人生有了新的思考和看法。我们总以为来日方长，却忘记了世事无常，人生有太多的意外和困境我们不能掌控，我们唯一能够掌控的就是当意外来临时我们面对它们的态度、克服它们的勇气和信心。这种态度会影响我们的人生抉择，从而造就不同的人生，为什么这么说呢？让我们来听听他们的故事。

一、案例导引

张某从小学习成绩优异，凭着自身的刻苦努力，如愿进入北大学习，并一路从研究生读到了博士，博士的最后一年，因为身体原因选择回老家休养。身体休养好之后，张某就在家附近找了一份工作，心高气傲的他发现工作与想象的差距太大，便辞职待业，他一直坚信自己是金子在哪里都能发光，工作一定会自己来找他，就算找一份当老师的工作，也是要让人家到家里请他去。抱着这样的态度，他在"坚信"中等了 18 年，靠着自己年迈的父母和姐姐接济，安心在家啃老。因为没有经济来源，贫困让自己变成五保户，靠政府救济度日。

她叫刘敏，荣获 2019 年全国最美大学生称号。亲历过汶川地震的她，克服了心理的创伤和身体的残缺，通过努力考上了四川大学，又以优异成绩被保送到南京大学继续读研，现就职于南京省残联，她深知自己的重生，既是属于自己的幸运与努力，更得益于党、国家和社会的关爱，不管是上学还是工作，她都身体力行地关爱社会、回报社会，积极投身于社会公益，用自己的辛勤努力为青少年和残障人士提供力所能及的帮助和关爱。如她自己所言，看淡苦难，向幸福靠近，终究会走过低谷，重拾自信。

二、问题聚焦

这两个故事带给我们什么感悟呢？面对人生所有的突如其来，我们应该以什么样的态度来面对呢？是一个本该绽放个人价值和社会价值的博士生，消极等待，好高骛远成为五保户？还是用残缺的身体笑对所有的困难和磨难，绽放闪亮青春，不同的人生态度造就了截然不同的人生。那么，人生态度为何那么重要？积极的人生态度包括哪些内容？让我们走进今天的探索之旅：笑里去愁——保持积极进取的人生态度。

三、学习探究

（一）为何要树立积极的人生态度？

（1）我们的人生观包括人生目的、人生态度和人生价值，人生目的起着决定作用；人生态度影响着人们对人生目的的持守和人生价值的评判；人生价值制约人生目的和人生态度的选择，三者辩证统一、紧密联系。

（2）人生态度是人生观最直接的表现和反映，是指人们通过生活实践形成的对人生问题的一种稳定的心理倾向和精神状态。它回答的是"人究竟应该怎样活着"的问题。抱有积极进取人生态度的人，热爱生活、珍视生命，能够始终以豁达的心态和务实的精神，脚踏实地地实现人生目标，进而奉献他人，服务社会，实现人生价值；反之，抱着消极无为人生态度的人，会导致上进心失落，在困难和挫折面前消极悲观、畏难退缩，一事无成；所以，没有积极进取的人生态度，再崇高的目标都难以实现。走好人生之路，需要大学生正确认识、处理生活中各种各样的困难和问题，始终保持认真务实、乐观向上、积极进取的人生态度。具体说来，积极的人生态度包括哪几个方面呢？让我们从开篇案例刘敏的故事里寻找答案吧：

这位笑得非常灿烂的女孩就是刘敏，在2008年的汶川地震中，16岁的她被埋在废墟下长达30小时。由于医疗资源的匮乏和抢救生命的迫切，刘敏目睹医生在没有麻醉药的情况下截掉了自己的右腿。严重的内伤使她在重症监护室抢救了2个多月才转危为安。死里逃生的她，继续回到了学校学习。返校最初，迎面而来的是假肢的疼痛、别人异样的眼光和消沉的意志，种种的不适应让她的月考名次成为班级倒数第三名，直到班主任直截了当地问她以后要靠什么来养活自己的时候，警醒的刘敏开始认真对待生活，对待学习，意识到只有认真读书才能改变命运，也重新燃起了斗志，到了高二期末全市统考的时候，她的成绩奇迹般地恢复到了年级第四名。在不断提高自己、锻炼自己的同时，她积极投身社会公益，用自己的亲身经历去感染别人、鼓励别人，为这个社会撒播阳光。

（二）我们应树立怎样的人生态度？

说到这里，我们可以感受到一个关键词，那就是认真，这就是我们积极的人生态度的第一个内容——人生须认真。地震致残是刻在刘敏生命中的印记，经历过生死的考验，她领悟到了生的意义。认真对待生命，这是对生命的尊重，也是对自己负责；认真对待生活，感谢生活给予的磨难能够让自己成长；认真对社会负责，尽一己之力服务他人，回馈社会，实现人生价值，所有的成功都是基于"认真"二字，大学生在面对人生中各种问题时，不要把玩世不恭当个性，更不能把满不在乎当借口，人生没有重播键，所以请认真对待生命，对待亲人朋友，认真担负起新时代国家和民族赋予大学生应有的担当和责任，做一个有价值、有责任的人。正如习近平总书记指出：要正确对待一时的成败得失，处优而不养尊，受挫而不短志，使顺境逆境都成为人生的财富而不是人生的包袱。

《管子·乘马》有云：事者，生于虑，成于务，失于傲。有了认真的态度，就需要我们脚踏实地、实事求是地践行。故事主人公刘敏意识到只有读书能改变命运时，便脚踏实地，从头开始，为了学习没有周末没有寒暑假，不分昼夜地努力，走路吃饭甚至上厕所都在背知识点，如此的拼命使成绩从倒数进到了年级第四名；大学期间，扎实努力，修得了经济学／法学双学士学位，参加竞赛，钻研科研，服务集体，服务学生，保送上研；毕业后，就职于江苏省残联，在工作中积极筹备励志报告团，积极鼓励和引导更多残疾人走出阴霾，从学习到工作，正是靠着一步一个脚印，知行合一、学以致用，刘敏创造了属于自己的一片精彩。这正体现了积极的人生态度的第二个内容——人生当务实。

习近平总书记发表 2018 年新年贺词时指出：九层之台，起于累土。要把这个蓝图变为现实，必须不驰于空想、不骛于虚声，一步一个脚印，踏踏实实干好工作。"天下难事，必作于易；天下大事，必作于细"。一个国家是如此，一个人更当如此。大学生们现在处在一个最好的时代，有着大好机遇，关键是要迈稳步子、夯实根基、久久为功。即使是小目标，也要一步一步完成它，始终坚信成功的背后，永远是艰辛努力。要把艰苦环境作为磨炼自己的机遇，把小事当作大事干，只要坚韧不拔、百折不挠，成功就一定在前方等你。

俄国著名诗人普希金在诗中写道："假如生活欺骗了你，不要悲伤，不要心急！忧郁的日子里须要镇静；相信吧，快乐的日子将会来临！"设身处地想一下，如果我们经历了刘敏的经历，我们能否和她一样有今天的成就。我们不禁会想，能帮助她克服一道道难关的，除了认真、务实，还有什么呢？那就是积极的人生态度的第三个内容——人生须乐观。刘敏也经历过彷徨、迷茫、恐惧，但是她用乐观克服了所有，因为她的自信阳光，她签约了全球最大的假肢器具公司——奥托博克公司，成为中国地区形象大使，成为残疾人的形象典范；因为她的乐观坚强，她被南京大学校长吕建院士称为"励志姐"。

意外和磨难没有压垮她，她的乐观坚强让幸福和成功向她敞开了怀抱，只有热爱生活的人，才能真正拥有生活。大学生处于人生特定的成长阶段，面对学业、就业、恋爱等各种实际问题，会有暂时的失意和挫折，既然躲避不了，那就坦然面对，相信生活是美好的，前途是光明的，在生活实践中不断调整心态、磨炼意志，形成乐观向上的人生态度。正如习近平总书记关于青年工作重要思想中指出：要有平常之心。青年人要理性面对前进路上的困难和挑战，要有苦中作乐的豁达，有自得其乐的心态，在戒浮戒躁中磨炼心性。

从废墟中活下来到创造自己的精彩，刘敏通过不断的进取和努力，获得了无数的鲜花、掌声和荣誉，现在的她仍然没有停住脚步，仍然在为残疾人努力奔走，这种劲头就是积极的人生态度的第四个内容——人生要进取。身残志不残，刘敏发起了"全国大学生抗灾减灾灾后重建国际论坛"，参与组建了"中华康复工程基金会"，以不知疲倦的精神帮助需要关爱的孩子们，并为他们募捐，用公益活动向社会传递爱心；与世界残奥冠军波波夫先生等优秀残疾运动员一起挑战残疾极限运动，给予广大残障人士更多的生活乐趣和希望等，这些努力让刘敏获得了2019年最美大学生、中国大学生自强之星、第十三届中国大学生年度人物、全国高校"百名研究生党员标兵"等荣誉称号。这些响亮的称号后面凝聚着无数的汗水和泪水，也凝聚着她不懈的努力。

这个世界发展更新速度太快，我们总是能在不经意间充满惊喜与感叹，当想象力被一次次刷新的时候，活在当下的你，又是否明白一个亘古不变的道理：人生在于不断突破进取，这是前进的动力。"樱桃好吃树难栽，幸福不是从天降。"没有天上掉馅饼的事情，我们始终要保持积极进取的姿态，保持忧患意识，勇于战胜困难和挑战。只有在实践中发扬自强不息、敢为人先、百折不挠、坚忍不拔的精神，始终保持蓬勃朝气、昂扬锐气，充分发挥创造力，才能书写人生的新篇章。

我的有些学生经常会担忧自己的高职学历不高，自己的专业水平没有竞争力。诚然起跑线虽然不同，但是不能停止奔跑，不能贪图安逸，不能满足现状，更不能自暴自弃，否则当你走出象牙塔时你会发现自己已经被时代抛出去太远，希望每位大学生能够认真对待生活和自己，脚踏实地，积极乐观，不断进取，用积极的人生态度去坦然面对人生当中的所有意外、霜雪和荆棘，永远满怀希望，永远面向光明，要坚信高职的学生也能精彩，让青春年华在为国家、为人民的奉献中焕发出绚丽光彩。

不念过往、不负当下、不畏将来，才是幸福的活法。每个人都是自己人生的主角，希望在芸芸众生中，一个普通的你拼尽全力活出最好的自己。

四、行动体验

请同学们思考：我们一直在说要实现人生价值，那么评判人生价值的标准是什么呢？各位同学请在教学平台上留言，本次授课到此结束，我们期待下节课见！

优秀展示课二等奖作品：新疆师范高等专科学校杨文娟示范课讲稿。

理想与现实的关系

今天我们讲课的主题是"基础"课第五专题中的理想与现实的关系。

一、案例导引

说到理想与现实，我相信作为青年学生对这个话题都比较感兴趣。那么，首先我们来了解一下这位"梦想校长"，他就是新疆维吾尔自治区乌什县前进镇国家通用语言小学校长库尔班·尼亚孜。库尔班是乌什县前进镇"走出去"的第一个大学生，毕业后当过教师，也做过生意，走遍大半个中国后他回到家乡，发现由于地处偏远，绝大多数维吾尔族群众不懂国家通用语言，在就业、与外界交流等方面都比较困难，使人生的发展受到了限制。于是在 2003 年的一天，出于一种强烈的责任感和使命感，他有了一个坚定的梦想，那就是在家乡办一所国家通用语言小学，让孩子们走出封闭的天地，走向外面的世界，跟上现代化的脚步。但现实却是残酷的，不被人理解、遭到人们质疑，教师不断流失等重重困难接踵而至，可他并没有气馁。终究，理想像划破黑暗的明灯。如今他坚持办国家通用语言文字教育的理想，通过艰辛努力已经变成了现实。他一手创办的乌什县前进镇小学也受到社会的广泛关注。从农民之子到自治区人大代表，再到全国人大代表，他先后获得过全国改革先锋奖章、五一劳动奖章、全国道德模范，以及"最美奋斗者"等荣誉称号。56 岁的库尔班·尼亚孜，人生充满了精彩。

同学们，是什么支撑着他从一名平凡的农民之子成长为一名具有社会影响力的人物呢？那是梦想！尽管在他梦想启航的时候面对的现实与理想差距很大，但他从没有动摇过。最终经过艰苦奋斗，他不仅实现了自己的梦想，也为家乡的孩子们筑起了他们的人生梦想。他对理想的坚定与执着是我们应该学习的。

我相信每个人都有自己的理想，但当我们面对现实的时候，可能常常会感到理想很丰满，现实却很骨感；现实就像一棵幼嫩的小苗，一开始是那么的渺小和微弱，而理想往往又像是这棵倒影中的树一样，那么的高大和遥不可及。如何才能从嫩芽成长为一棵参天大树呢？那就必须要深深扎根于土壤中，不断吸取养分、历经风霜雨雪，对我们大学生来说，就是要脚踏实地、不怕困难、勇往直前，正确认识和处理好理想与现实的关系。

二、问题聚焦

是的，理想是美好的，现实却并不总是那么一帆风顺，理想与现实之间总是存在着差距。那么，究竟什么是理想？我们应该怎样去看待理想与现实的关系？如何才能将理想转化为现实呢？

179

三、学习探究

究竟什么是理想呢？

接下来，我们就围绕这三个问题进行学习探究。

理想是人们在实践中形成的、有实现可能性的、对未来社会和自身发展目标的向往与追求，是人们的世界观、人生观和价值观在奋斗目标上的集中体现。

理想信念是胜利之"钥"、精神之"钙"、思想的"总开关"，它对我们来说非常重要。我们大学生不仅要有理想，还应该有崇高的理想、远大的理想！

我们来看库尔班·尼亚孜的理想，他的理想就是崇高的、远大的。同时，他的理想是在实践中形成的：他回到家乡发现语言不通是孩子们走出去的最大障碍，而且他认识到国家通用语言教学必须要从娃娃抓起。因此他在实践中萌生了办一所国家通用语言小学的理想。他的理想是有实现可能性的：通过他多年的耐心教育，原先完全不懂国家通用语言的孩子们不仅学会了写毛笔字，还因为掌握了国家通用语言打开了实现人生理想的大门。他的理想是对未来社会和自身发展目标的向往与追求：他希望通过创办国家通用语言小学，让孩子们了解中华优秀传统文化，使他们热爱祖国，促进民族团结，为新疆社会稳定和长治久安做贡献；我们也从他追求理想的奋斗目标上看到了他正确而高尚的世界观、人生观和价值观。

正是这个崇高的理想，成为库尔班·尼亚孜这些年思想和行为的"总开关"，也是他战胜一切困难的精神支柱。

同学们，这就是理想。那么你的理想是什么？你又是怎样看待理想与现实的呢？

基于理想与现实总是有差距，我们应该辩证地去看待理想与现实的矛盾。

人生就像一只遨游在大海中的小船，理想和现实就好比是这只船上的两支桨。试想，如果摒弃其中的一支，这只船将会出现什么状况？是的，它会原地转圈，从而无法驶向远方。

因此，我们在看待理想与现实的关系上，必须要防止两种认识偏向：第一种就是用理想来否定现实，认为现实太残酷，因此对现实充满了抱怨而萎靡不振；第二种就是用现实来否定理想，认为理想太过遥远，是虚无缥缈的，导致胸无大志而碌碌无为。那我们究竟该如何处理理想与现实的关系呢？

习近平总书记曾说过，我们既不能离开发展中国特色社会主义事业、实现民族复兴的现实工作而空谈远大理想，也不能因为实现共产主义是一个漫长的历史过程就讳言甚至丢掉远大理想。

因此，一方面，我们必须得承认理想和现实存在对立的一面，理想必然不能等同于现实，否则就失去了理想存在的意义；二者的矛盾是属于"应然"和"实然"的矛盾，简单来说，就是一件事情本来应该是那样的，实际上却是这样的。我们回到开篇的案例，库尔班·尼亚孜的理想与现实就存在对立的一面。他想象中能够顺利创办一所国家通用语言小学，并达到理想的教学效果是"应然"，而建校之初的艰辛与曲折却是"实然"。同样，我们实现共产主义的远大理想与我国仍然处于并将长期处于社会主义初级阶段的现实之间也存在着"应然"与"实然"的矛盾。那么怎样才能让这个"实然"变成"应然"呢？这就是我们要理解的另外一个方面，理想与现实的关系。

理想受现实的规定和制约，是在对现实认识的基础上发展起来的。一方面，现实中包含着理想的因素，孕育着理想的发展；另一方面，理想中也包含着现实，在一定的条件下，理想可以转化为未来的现实。无论是我们中国特色社会主义的共同理想还是库尔班·尼亚孜的个人理想都是基于对现实分析的基础上而产生的，都可以通过持之以恒的努力转化为未来的现实。因此从这个角度来看，理想和现实又是统一在一起的。脱离现实而谈理想，理想就会成为空想。中国特色社会主义理想如果脱离了我们国家的现实国情，最终就可能变成空想；库尔班·尼亚孜通过创办国家通用语言小学改变家乡面貌的理想，如果脱离了普及国家通用语言文字教育和大力弘扬中华优秀传统文化的社会现实需求，也终将只可能是幻影。

因此，我们绝不能割裂理想与现实，必须辩证地去看待二者的关系。

那么，我们在搞清楚理想是什么，怎样正确地看待理想与现实的关系之后，我们还必须清楚一个实践性的问题，那就是如何才能将理想转化为现实？

关于这个问题，习近平总书记给出了答案，他说广大青年要保持初生牛犊不怕虎的劲头，不懂就学，不会就练，没有条件就努力创造条件。"志之所趋，无远弗届，穷山距海，不能限也。"对想做、爱做的事要敢试敢为，努力从无到有、从小到大，把理想变为现实。

具体来说，首先就要求我们要充分认识到理想的长期性、艰巨性和曲折性。

我们继续来看库尔班·尼亚孜理想的实现过程。首先，他的理想从最初的树立到初步实现再到今天的巨大成就足足用了十几年，这是一个漫长的过程，体现了长期性；其次，在他创办国家通用语言小学之初，遭到了家人的反对、朋友的误解、资金上的紧缺，再加上他为了达到语境效果，坚持聘请清一色汉族老师，导致与刚开始一点都不懂国家通用语言的孩子们语言不通、沟通困难等各种问题，这体现了实现理想的艰巨性；在好不容易招来80多名学生之后，第一天上课不到5分钟孩子们就跑光了，维吾尔族老乡们对他创办国家通用语言小学不理解，有些人甚至在他准备扩大校舍施工的时候进行威胁和阻挠。正当学校逐渐步入正轨时，不少孩子却被家长转到了其他学校，最多的时候，一天就走了十几个孩子。周围不少人对民办学校不信任，说库尔班·尼亚孜办学是假，划地挣钱是真，一时间谣言四起。再加上，因为没有国家编制，好不容易招来的老师不断大量流失等，他的理想也经历了一系列曲折。所以我们看到，理想的实现不可能一蹴而就，而是需要一个过程。

这类的例子还很多，比如马克思完成《资本论》用了40年，司马迁完成《史记》用了30年，达尔文的《物种起源》一写就是27年，就连曹雪芹的《红楼梦》也用了10年之久，他们的成果无不经历了漫长的时间和艰巨而曲折的历程。一般来说，理想越是远大，它的实现过程就越复杂，需要的时间也就越漫长。实现理想、创造未来，必须有战胜种种艰难险阻并坚定不移的信心和坚忍不拔的毅力。无论是个人理想还是社会理想的实现，都需要一个过程，我们要有足够的耐心和毅力才能实现。

实现中国梦，必须凝聚中国力量。空谈误国，实干兴邦。我们要用14亿中国人的智慧和力量，一代又一代中国人的不懈努力，把我们的国家建设好，把我们的民族发展好。因此，中华民族伟大复兴的中国梦的实现，也同样是一个长期、艰巨和曲折的历程。

在认识到理想的实现需要一个过程之后，我们还必须具备艰苦奋斗的精神。

习近平总书记指出："人类的美好理想，都不可能唾手可得，都离不开筚路蓝缕、手胼足胝的艰苦奋斗。"

我们再次回到库尔班·尼亚孜的案例中。这些年，库尔班·尼亚孜被人吐过口水、被人骂过疯子，学校的围墙几次被人推倒，他自己带着老师一次次修补，宿舍也被人放过火，但他都一一克服，从来没有放弃过办学的理想，如今他的理想终于实现了。这正是他为之艰苦奋斗的结果。

正是艰苦奋斗的精神不断地成就着个人理想，也推动着我们中华民族一步步实现我们的共同理想，并走向更加辉煌的未来！

那么，请同学们思考一下：我们已经进入了新时代，在物质生活已经十分丰富的今天，还需要像老一辈那样艰苦奋斗吗？

答案很显然，艰苦奋斗是我们的传家宝，无论何时我们都不能丢弃它。

一方面，物质生活条件的改善，社会观念的变化，只是赋予艰苦奋斗以新的时代内涵和实践要求，但艰苦奋斗的精神是永远不会过时的。

怎么理解艰苦奋斗新的时代内涵呢？不同的时代，艰苦奋斗侧重的内涵和要求是不一样的，比如在新民主主义革命时期，即使是"小米加步枪"也要冲锋陷阵，为解放全中国而献身；在社会主义建设初期，踊跃到最艰苦的地方和祖国最需要的地方去；在我们社会主义新时代，我们要一起撸起袖子加油干。具体对于我们大学生来说，艰苦奋斗最主要就是在学习上要有知难而上、敢于拼搏的精神。

另一方面，讲艰苦奋斗也并不是不讲物质利益，而是为了实现既定的理想，不怕吃大苦、耐大劳，不惜献出自己的一切。

我们并不是提倡大家非得穿补丁摞补丁的衣服，也不是要让大家继续过食不果腹、衣不蔽体的生活才算艰苦，而是主张不铺张浪费、不追求奢靡，在为实现人生理想和社会理想的奋斗过程中吃苦耐劳、无私忘我。

我们的国家，我们的民族，从积贫积弱一步一步走到今天的发展、繁荣，靠的就是一代又一代人的顽强拼搏，靠的就是中华民族自强不息的奋斗精神。

说了这么多，最关键的还是咱们大学生要将理想付诸行动。实践，只有实践才是通往理想的桥。

在学习上，我们要刻苦钻研、不畏艰难，孜孜不倦地学习理论和专业知识；在生活上，我们要艰苦朴素、勤俭节约，抵制和反对铺张奢华的思想和生活作风；在工作上，我们要做到奋发图强、不怕困难、不避艰险，努力完成各项任务。

让我们用习近平总书记在 2020 年 7 月 7 日给中国石油大学（北京）克拉玛依校区毕业生的回信中的一段话，作为总结："前进的道路从不会一帆风顺，实现中华民族伟大复兴的中国梦需要一代一代青年矢志奋斗。同学们生逢其时、肩负重任。希望全国广大高校毕业生志存高远、脚踏实地，不畏艰难险阻，勇担时代使命，把个人的理想追求融入党和国家事业之中，为党、为祖国、为人民多作贡献。"

总结一下，我们今天的课主要通过和大家一起分享库尔班·尼亚孜理想的实现过程，围绕着什么是理想、如何看待理想与现实的关系，以及怎样将理想转化为现实三个问题展开。通过分析，我们看到库尔班·尼亚孜把在家乡创办国家通用语言小学作为自己的人生理想，恰恰与当前大力推行国家通用语言文字教育、发扬中华优秀传统文化、增强文化自信的社会现实需求相一致，这充分体现了他对时代和社会的责任担当。当一个人的个人理想与国家、社会的现实需要相一致时，就是科学的、崇高的理想，库尔班·尼亚孜在他崇高理想的指引下，在为自己带来了荣誉的同时，也为社会和人民做出了贡献，实现了他的人生价值。

这就是我们青年学生应该学习的榜样。

四、行动体验

最后，我们结合下一节课将要讲解的内容给大家留一道课后拓展延伸题：当代中国面临着重要的发展机遇，也面临着前所未有的困难和挑战。新时代大学生该如何把个人理想与实现中国梦的社会理想结合在一起？

以下是我们推荐的参考书目，供大家学习。

今天我们的课到此结束，同学们再见！

第四届新疆维吾尔自治区高校思政课教学展示活动，"基础"课一等奖谭琼琼、二等奖杨文娟都是自治区"基础"课建设团队集体备课训练出来的优秀教师，她们自觉地运用了高职思政课问题式专题化教学模式，坚持以案例为导引、以问题为核心的探究式专题化教学思路。5位评委独立看教学展示视频，同时被她们的教学设计所吸引，同时给予好评，这不是偶然的。

在该教学展示活动中，高职院校出彩的教师有很多。巴音职业技术学院的魏凯老师荣获"概论"课一等奖，新疆农业职业技术学院王萌哲老师荣获"形势与政策"课二等奖。获奖作品展示如下。

教学展示"概论"课一等奖巴音职业技术学院魏凯讲稿。

国泰民安：坚持总体国家安全观

【教学目标】

1. 知识目标：引导学生了解总体国家安全观提出的时代背景，理解总体国家安全观的丰富内涵和特点。

2. 能力目标：提升学生国家安全意识，提高学生新时代维护国家安全的能力，强化责任担当，引导学生把爱国情、强国志、报国行自觉融入实现中华民族伟大复兴的奋斗之中。

3. 素养目标：通过学习中国特色社会主义安全道路，让学生更加坚定"四个自信"，更加自觉做到"两个维护"。

【教学内容】

1. 总体国家安全观的提出是顺应世界深刻变化趋势的必然要求，也是走好新时代新征程的必然要求。总体国家安全观承载着确保中华民族伟大复兴进程不被迟滞或打断的历史使命。

2. 总体国家安全观最核心的部分是人民安全，坚持人民安全、政治安全、国家利益至上有机统一，坚持统筹发展和安全两件大事。总体国家安全观关键在"总体"，强调的是系统思维，突出的是"大安全"理念。

3. 当代大学生要坚持祖国利益高于一切，国家安全人人有责。要爱国爱疆，提升国家安全意识；要辨清是非，提高维护国家安全能力；要聚焦总目标，强化责任担当。

【教学难点】

1. 正确全面理解总体国家安全观的内涵及特点。

2. 引导学生以实际行动坚持国家安全观，做国家安全的守护者。

【教学导入】

同学们好！今天我们一起来学习"概论"课专题十五"一枝一叶总关情：坚持在发展中保障和改善民生"的第三讲"国泰民安：坚持总体国家安全观"。首先，我们一起来观看一个微视频片段。

一、案例导引

微视频：全民"抗疫"（1分钟）。

二、问题聚焦

请同学们思考以下两个问题：

1. 视频中展现的是什么场景？

2. 视频内容和国家安全有什么关系？

教师启发：突如其来的新冠肺炎疫情再次表明，重大传染性疾病和生物安全风险是事关国家安全和发展、事关社会大局稳定的重大风险挑战。它对人民生命安全和身体健康造成严重威胁，在很多方面波及国家安全。此次疫情再次证明，实现中华民族伟大复兴的中国梦，保证人民安居乐业，国家安全是头等大事。

面对日益复杂的安全形势，中国共产党安而不忘危，从实现中华民族伟大复兴中国梦的高度，提出了总体国家安全观点，回答了"实现什么样的安全"这一问题。党的十九大报告55次提到"安全"，其中18处是"国家安全"，并把"坚持总体国家安全观"纳入"十四个坚持"，作为党治国理政的基本方略之一，成为习近平新时代中国特色社会主义思想的重要组成部分。

三、学习探究

下面，我们从三个方面一起来学习总体国家安全观：

1. 为什么要提出总体国家安全观？

2. 什么是总体国家安全观？

3. 如何坚持总体国家安全观？

（一）为什么要提出总体国家安全观？

1. 顺应了世界深刻变化新趋势的必然要求

当今世界正处于百年未有之大变局。一方面，和平与发展仍是时代主题，世界多极化、经济全球化、社会信息化、文化多样化深入发展，和平发展大势不可逆转；另一方面，当今世界并不太平，世界经济增长动能不足，冷战思维死灰复燃，逆全球化思潮上扬，霸权主义、强权政治再次抬头，大国竞争更趋激烈，地区热点此起彼伏，贫富分化、恐怖主义、传染疾病、大气污染等深度重塑国际政治生态和安全形态。安全问题同政治、经济、文化、民族、宗教等问题紧密相关，非传统安全威胁和传统安全威胁相互交织，使得安全的整体性、关联性增强，国家面临的安全挑战更加复杂，不确定性因素也明显增加。在这些因素的促动下，中国发展的外部安全高度敏感、复杂。

2. 走好新时代新征程的必然要求

中国特色社会主义进入新时代，中华民族迎来了从站起来、富起来到强起来的伟大飞跃，迎来了实现伟大复兴的光明前景，但复兴之路绝不是只有鲜花和掌声的坦途，在新征程上，还有许多"娄山关""腊子口"需要跨越，还有许多"雪山""草地"需要征服。攻坚克难、闯关夺隘既面临过去长期积累而成的矛盾，也面临在解决旧矛盾过程中新产生的矛盾，人民对国家安全提出了新的期待和要求。人民希望国家更加强大，更有力地维护国家统一和民族团结；人民希望党和政府更加主动作为，更有效地保护人民生命财产安全；人民希望着力解决空气、水、土壤污染以及农产品、食品药品安全等突出问题。

正是在中华民族伟大复兴战略全局与世界百年未有之大变局这两个重大历史性进程的交互作用下，总体国家安全观以一系列紧密联系、相互贯通的基本观点，科学回答了中国这样一个发展中的社会主义大国如何维护和塑造国家安全的一系列基本问题，标志着我们党对国家安全基本规律的认识达到了新高度。

总体国家安全观承载着确保中华民族伟大复兴进程不被迟滞或打断的历史使命。

（二）什么是总体国家安全观？

上课前，老师在学习平台上面发放了调查问卷，调查问卷显示，有81.6%的同学听过"坚持总体国家安全观"，绝大多数同学了解国家安全涵盖的领域，54.6%的同学正确回答了国家安全教育日。

概念：总体国家安全观是指坚持国家利益至上，以人民安全为宗旨，以政治安全为根本，以经济安全为基础，以军事、文化、社会安全为保障，以促进国际安全为依托，维护各领域国家安全，构建国家安全体系，走中国特色国家安全道路。总体国家安全观的概念比较难理解，同学们要抓住"特色"二字，我们来了解到底"特"在什么地方。下面我们来看看两张图片。

图片展示：①湖北省成功治愈高龄患者情况。②全国确诊住院患者治疗费用情况。

我国举全国之力"战疫"，为人民的生命健康筑起了坚实"长城"，彰显了"以人民为中心"的发展理念。我们不惜一切代价抢救每一个生命，不遗漏一个感染者，不放弃每一位病患，做到应收尽收、应治尽治。上至百岁老人，下至初生婴儿，确保一个不漏，全部免费治疗。

没有比较就没有伤害，下面我们看看西方国家在疫情防控中是怎么做的。

案例：英国老人被迫同意放弃疫情急救。

视频：特朗普答记者问"这就是人生"。

教师总结：

特点1：总体国家安全观强调以人民安全为宗旨，把人民安全作为国家安全最核心的部分，其他方面和领域的安全都要统一于人民安全。

特点2：总体国家安全观坚持人民安全、政治安全、国家利益至上有机统一。

在抗击疫情过程中，党和国家把人民生命和健康放在第一位，采取了一系列果断有效的措施。在疫情期间，西方敌对势力将疫情问题政治化、污名化，借机抹黑中国，损害我国国家形象，诋毁我国国家制度。

《华尔街日报》发表《中国是真正的亚洲病夫》；特朗普把新冠肺炎病毒称为"中国病毒"。这些都是我们每个小组提供的素材，下面我们请第二组同学来介绍一下《纽约时报》的"驰名双标"。

教师总结：西方国家对待中西疫情防控具有双重标准。他们的用意就是借机抹黑中国，诋毁中国共产党的领导和社会主义制度，意图阻断中华民族伟大复兴的步伐。对此类危害我国政治安全的恶劣行径，党和国家通过外交、宣传等多种途径予以强烈回击，有效维护了我国政治安全和国家利益，为抗击疫情提供了坚强政治保障。

因此，总体国家安全观必须把维护政治安全作为根本，巩固政权安全和制度安全，维护中国共产党的领导和执政地位、维护中国特色社会主义制度。把国家利益至上作为准则，坚决维护国家主权、安全、发展利益，绝不拿自己的核心利益做交易，绝不放弃自己的正当权益。人民安全、政治安全、国家利益至上三者紧密关联、相辅相成，这是中国特色国家安全理论的重要特征。

特点3：总体国家安全观统筹发展和安全两件大事。发展是安全的基础，安全是发展的条件；富国才能强兵，强兵才能卫国。总体国家安全观不仅把安全与发展联系起来，而且把安全与发展置于同样重要的地位，这是对"以经济建设为中心"与时俱进的创新和发展，更加凸显了安全的重要性。在疫情期间，"世界工厂"开足马力，全国抗疫物资源源不断送往一线，打出了保障物资供给的"组合拳"，这正体现了发展对安全的支撑保障作用。

总之，总体国家安全观关键在"总体"，强调的是系统思维，突出的是"大安全"理念。它把分散的国家安全认识凝聚为一个整体的国家安全新观念。提出了"十个重视"，既重视外部安全又重视内部安全、既重视国土安全又重视国民安全、既重视传统安全又重视非传统安全、既重视发展问题又重视安全问题、既重视自身安全又重视共同安全。涵盖政治、军事、国土、经济、文化、社会、科技、网络、生态、资源等诸多领域，无所不在，并且将随着社会发展而不断拓展。

（三）如何坚持总体国家安全观？

视频：国礼待之。

讨论：他们为什么能够享受国家最高礼遇？

教师总结：他们为确保人民生命和健康安全做出了重要贡献。他们的名字和功绩，国家不会忘记，人民不会忘记，历史不会忘记，将永远铭刻在共和国的丰碑上！

在疫情防控过程中，全国 3 900 多万名党员、干部战斗在抗疫一线，1 300 多万名党员参加志愿服务，近 400 名党员、干部为保卫人民生命安全献出了宝贵生命。"哪里有什么白衣天使，不过是一群孩子换了一身衣服。"世上没有从天而降的英雄，只有挺身而出的凡人。在他们心中，祖国利益高于一切，国家安全人人有责。

国家安全不是模糊遥远的概念，而是明确具体的、细微的，与每个人息息相关。那么，作为新时代的青年，我们怎么做才能坚持总体国家安全观，做祖国利益的守护者呢？我想，要从以下三个方面下功夫：

（1）爱国爱疆，提升国家安全意识。在疫情期间，一些人毫无家国情怀，置国家安全于不顾，肆意损害国家利益，抹黑国家形象，成为反华势力的棋子；一些人为了刷流量获利，直播生吃各种野生动物，比如老鼠、壁虎等，在国外产生了很多负面影响；留学生许可馨在网络上大唱反调，发表反国家言论，遭来一片唾骂；《方方日记》以难以想象的速度完成了翻译并在海外出版，成为所谓了解武汉疫情的真实"写照"，成为反华势力攻击我国的利器。

（2）辨清是非，提高维护国家安全能力。在我们新疆，意识形态领域的斗争是非常复杂的，大家对民族、宗教、极端化等问题一定要辨清是非，提高自己维护国家安全的能力。

（3）聚焦新疆总目标，强化责任担当。习近平总书记在全国抗击新冠肺炎疫情表彰大会上说：参加抗疫的医务人员中有近一半是"90 后""00 后"，……青年一代不怕苦、不畏难、不惧牺牲，用臂膀扛起如山的责任，展现出青春激昂的风采，展现出中华民族的希望！让我们一起为他们点赞！

我想，大家要树立"功成不必在我，功成必定有我"的崇高境界，一起携起手来筑牢国家安全防线，为中华民族伟大复兴提供坚强的安全保障，确保我们每个人的中国梦顺利实现。唯有如此，我们才能自豪地说："此生无悔入华夏，来生愿在种花家。"

今天的课上到这里，谢谢大家！

四、行动体验

新疆在国家安全方面面临哪些挑战？作为大学生应该怎么做？

【阅读篇目】

习近平在全国抗击新冠肺炎疫情表彰大会上的讲话。（人民网，2020 年 9 月 8 日）

教学展示"形势与政策"课二等奖新疆农业职业技术学院王萌哲讲稿。

在疫情防控中彰显爱国主义伟力！

大家好！

我是新疆农业职业技术学院的老师王萌哲，很荣幸能够有机会和大家一起来探讨这样一个问题：在疫情防控中彰显爱国主义伟力！

一、问题聚焦

首先，老师想问大家三个问题：

1. 你是中国人吗？

2. 你爱中国吗？

3. 你愿意中国好吗？

虽然隔着屏幕，老师也一样能够感受得到同学们的回答，答案一定是：我是中国人，我爱中国，我愿意中国好！

这三个问题是南开大学创办人之一张伯苓提出的著名的"爱国三问"。

1935 年 9 月 17 日，面对当时积贫积弱的国家，在南开大学新学年的开学典礼上，校长张伯苓提出了著名的"爱国三问"，可以说，这三个问题承载着当时中国人的救国理想。

在中国特色社会主义进入新时代，决胜全面建成小康社会的关键时刻，我们遭遇了前所未有的新冠肺炎疫情，我们正经历着一场"大战"和"大考"的磨砺，在抗击疫情的过程中，14 亿中国人民用实际行动书写了可歌可泣的新时代爱国主义篇章。在我们的身边，就涌现出许多平凡的英雄，从他们的身上，我们能够感受到满满的中国温度。

二、案例导引

下面，老师给大家分享一个案例，这个案例就发生在我们身边。

新疆昌吉回族自治州呼图壁县雀尔沟镇南山牧村老党员阿力德克·沙哈巴，他一直通过电视新闻和村里的大喇叭、小喇叭的宣传，时刻关注着疫情防控的消息。2020 年 2 月 9 日，也就是我国疫情最为吃紧的时候，他和妻子商量后，决定向湖北省武汉市捐款 1 万元，向他所在的南山牧村村委会捐款 2 000 元。

阿力德克一直热心公益，他曾向地震灾区捐款，每年还资助困难家庭。在疫情防控期间，他看着村干部们每天坚守在一线，又带着家人给村干部们送去了热乎乎的抓饭和奶茶。阿力德克说："吃水不能忘了山泉，吃肉不能忘了草原。我一辈子都不会忘了党的恩情，现在武汉有难，作为党员我也要出一份力。"

这个故事就发生在我们身边，新疆昌吉。

大家听完之后有什么样的感受呢？

我相信，从阿力德克的身上，我们一定能够感受得到那份浓浓的家国情怀！

其实，爱国，是这个人世间最深沉、最持久的情感，也是每个公民都应当履行的责任和义务，同样是中华儿女对祖国母亲的报答。

新冠肺炎疫情突如其来，我们全国人民都投入到了这场"战疫"当中。可以说，这是一场没有硝烟的"战疫"，这是一场中华儿女报答祖国的"战疫"。在这场"战疫"中，祖国依靠的就是我们每一个普通人。我们每一个人都成为爱国战士。

三、学习探究

本次课程，我们将给大家讲解以下三部分的内容：

第一部分　爱国主义是中华民族生生不息的重要精神基因

第二部分　疫情防控中的爱国主义精神

第三部分　传承爱国情怀，与新时代同进步

首先，我们来看第一部分：爱国主义是中华民族生生不息的重要精神基因。

习近平总书记在纪念五四运动100周年大会上的讲话中指出："历史深刻表明，爱国主义自古以来就流淌在中华民族的血脉之中，去不掉，打不破，灭不了，是中国人民和中华民族维护民族独立和民族尊严的强大精神动力，只要高举爱国主义的伟大旗帜，中国人民和中华民族就能在改造中国、改造世界的拼搏中迸发出排山倒海的历史伟力！"

纵观中华民族历史发展的长河，近代以来，中国日益沦落成为半殖民地半封建社会，国家失去了独立，民族失去了尊严，人民失去了幸福，中华民族到了生死存亡的关键时刻。

面对苦难，中国人民以高度的爱国主义精神奋起抗争，抵抗侵略，捍卫主权，维护独立，谋求解放，在救亡图存的道路上，百折不挠，前赴后继。

五四运动可以说是近代以来中华民族爱国主义精神发展的一个高峰，它也拉开了新民主主义革命的历史大幕。五四运动的主力是学生和青年，他们的爱国精神，为真理和正义而战的精神，不畏强暴、勇于斗争的精神，值得任何时代的青年和学生学习。

中华人民共和国成立以来，"两弹一星"精神、"抗洪精神""抗击'非典'精神""载人航天精神""女排精神"等民族精神，是中华民族伟大精神的一次又一次升华，这些都集中体现了以爱国主义为核心的民族精神！

近百年来，在中国共产党的领导下，中国人民的爱国主义同革命、建设、改革的伟大实践紧紧联系在一起，为实现民族独立解放、国家繁荣发展、人民幸福生活而不懈努力、接续奋斗。

正如习近平总书记所说："爱国主义是中华民族精神的核心。爱国主义精神深深植根于中华民族心中，是中华民族的精神基因，维系着华夏大地上各个民族的团结统一，激励着一代又一代中华儿女为祖国发展繁荣而不懈奋斗。"

可以说，爱国主义构成了中华民族几千年来生生不息的发展动力。在当下，在坚持和发展新时代中国特色社会主义的伟大事业中，坚持和弘扬爱国主义精神具有十分重要的意义。

2020年，突如其来的新冠肺炎疫情，侵袭全国、肆虐全球，面对疫情，全国人民在以习近平同志为核心的党中央集中统一领导下，打响了疫情防控阻击战。党员干部冲锋在前、身先士卒，广大医务工作者医者仁心、不畏艰险，全体人民群众守望相助、众志成城，这些都是新时代爱国主义精神的具体真实写照。

接下来，我们具体学习第二部分：疫情防控中的爱国主义精神。

面对疫情的来势汹汹，我们同时间赛跑、与病魔较量，团结一心、共克时艰，这已经成为全国上下的热切呼喊，也成为这个时代的强音。在此次疫情防控的过程中，在中央统筹调度、强力督导下，"战疫"动员能力得到充分激发，中华民族展现出了空前团结。

无论是在2020年年初，疫情在武汉的大暴发，还是后来三伏天里暴发的新疆疫情，纵观整个防控过程，为了有效切断传染路径，全国人民上下一心，全民动员，令行禁止，听从党和政府指挥，自觉居家隔离。

为保障物资供应，许多企业复工复产，全力保障前线"战疫"急需。

土耳其华侨华人采购的20多箱口罩急需运回国内捐赠给抗击疫情的医院，200多名正准备搭乘飞机返回国内的中国游客在得知此事后，主动让出自己的行李额度，将这批医疗物资免费带回国内。在飞机起飞前，大家一起在伊斯坦布尔机场为中国加油。

白衣天使本是披上白大褂的凡胎肉身，却因职业属性和医者仁心，成为冲锋在"战场"最前沿的攻坚力量和最可敬可爱的人。在防疫过程中，全国3 900多万名党员、干部战斗在抗疫一线，1 300多万名党员参加志愿服务，近400名党员、干部为保卫人民生命安全献出了宝贵生命。

可以说，在疫情面前，中华儿女同舟共济、众志成城，构筑起防控疫情的钢铁长城。

同时，我们还主动加强与国际社会的紧密合作。

联合国秘书长古特雷斯表示："中国人民为尽量减轻新冠肺炎疫情造成的负面影响，实施严格的防控措施，以牺牲正常生活的方式为全人类做出了贡献。"

世界卫生组织总干事谭德塞表示："中国针对新冠肺炎疫情所采取的防控措施是前所未有的，而且是卓有成效的，最大程度上阻止了疫情的传播。"

中国人民用实际行动书写了践行人类命运共同体理念的大国担当。

在这次大战大考面前，中华民族不断彰显出了爱国主义伟力，可以说，我们党、政府和人民交出了合格的答卷，这场伟大的斗争实践，将会给党和国家带来一笔丰厚的精神资产，这也将会永久载入中华民族的史册当中。

各位同学，在驰援湖北的医护人员中，有1.2万多名是"90后"，广大青年成为抗疫一线的主力军。习近平总书记在给北京大学援鄂医疗队全体"90后"党员回信中指出，新时代的中国青年是好样的，是堪当大任的。"青年强则国家强，青年兴则国家兴"。同学们，作为新时代大学生，我们应该如何传承爱国情怀呢？

最后，我们来学习第三部分：传承爱国情怀，与新时代同进步。

习近平总书记在纪念五四运动100周年大会上的讲话中指出："新时代中国青年要听党话、跟党走，胸怀忧国忧民之心、爱国爱民之情，不断奉献祖国、奉献人民，以一生的真情投入、一辈子的顽强奋斗来体现爱国主义情怀，让爱国主义的伟大旗帜始终在心中高高飘扬！"

同学们，放眼未来中华民族伟大复兴的光辉之路，作为新时代的青年，你们肩负使命，任重道远，在新时代的历史方位中，青年大学生应该如何弘扬爱国主义精神呢？面对前方的激流险滩，我们应该怎样做，才能不辜负党的期望、人民的期待、民族的重托，才能不辜负我们这个伟大的新时代呢？

我认为，作为青年大学生，要做到以下几点：

首先，要坚定理想信念。疫情发生以来，党中央按照坚定信心、同舟共济、科学防治、精准施策的总要求，采取了一系列措施，体现出中国制度的显著优势和中国精神的磅礴力量。大学生要坚定理想信念，确立对中国特色社会主义共同理想的执着追求，并在投身实现中国梦的伟大实践中实现自己的人生价值。

其次，我们还需要提高思想认识。爱国主义精神是中华民族精神的核心，具有很强的时代性，在不同的历史时期、不同阶段具有不同的具体内涵。在新时代，我们更要继承和发扬前辈可歌可泣的爱国主义精神，面对新的困难和挑战，提高思想认识，紧听习近平总书记的召唤，践行爱国奋斗精神。

再次，要坚定政治信念。我们要以习近平新时代中国特色社会主义思想武装头脑，通过不断学习和实践，逐步提高自身政治理论修养，始终坚定政治信念，并树立正确的世界观、人生观、价值观，以集体和国家利益为重，从而为践行爱国主义精神奠定政治思想基础。

最后，我们要练就报国本领。在疫情防控期间，要听从学校安排，做好疫情防控工作，学好学业，始终保持艰苦奋斗的前进姿态，为实现中华民族伟大复兴的中国梦建功立业。

各位新时代的大学生们，在新的历史时期，让我们深刻认识时代赋予我们的使命和担当，用自己的实际行动谱写爱国奋斗之曲，为我们伟大的祖国繁荣昌盛贡献自己的青春力量。

我的授课完毕，感谢大家！

这些优秀示范课的教学内容充满吸引力，教学设计的思维脉络相同，都采用问题式专题化教学模式，遵循了"以案例为导引，以问题为核心"的探究式专题化教学思路。授课教师都来自新疆维吾尔自治区高职"基础"课在线开放课程建设团队，4 人中 2 个一等奖、2 个二等奖，向我们展示了教学模式推广实验的显著成效。

第四届教学展示活动中，本科院校部分优秀教师主动聚焦《中华人民共和国民法典》颁布、2020 年抗疫斗争故事等热点和焦点问题，弘扬中国精神、社会主义核心价值观，进行马克思主义世界观、人生观、价值观、道德观、法治观教育，彰显了思政课教学的学理性、逻辑性，突出了思想性、理论性。例如新疆农业大学的蒲丽霞老师，聚焦民法典颁布用习近平以人民为中心思想旁征博引讲法治，娴熟地运用批判性与建设性相统一的原则中西对比讲民法典的核心理念，运用主导性与主体性相结合的原则紧扣学生关心的热点、焦点问题，塑造典型案例以案说法，通俗易懂，增强了说服力。新疆师范大学李红杰老师，从创设人生观教育情境开始激发学生兴趣，将问题连串起来，利用身边的中国故事，用学术语言讲透了学理，彰显了让学生心服口服的教学魅力。新疆医科大学的郭艳艳老师聚焦抗疫精神讲中国精神，贴近医科大学人才培养目标进行教学设计，讲好中国抗疫故事、弘扬中国精神课例。他们的教学设计也体现了问题式专题化教学模式的艺术魅力。

（二）在全国高职高专思政课教学展示和全国职业院校技能大赛教师教学能力比赛中优秀选手的作品中的表现

2022 年 1 月 6 日，在教育部高校思政理论课教指委成立大会上，教育部部长怀进鹏讲话强调，要推动高校思政课高质量发展，坚持问题导向、目标导向和效果导向相结合，强队伍、建机制、聚合力。

2022 年 1 月 18 日，在高校思政课创新中心、教育部高校思政课教指委联席会议上，教育部社科司徐青森司长提出工作要求：贯彻习近平总书记关于"大思政课"建设要求，建设

"一大系统，两大支撑、五大实验区"。1月25日，高职高专思政课分教指委与山东商业职业技术学院"德法"课创新中心落实联席会议精神，启动相关工作。高职高专思政课分教指委主任委员、复旦大学教授高国希传达会议精神，提出建设"案例库、问题库、资源库"工作要求。山东商业职业技术学院"德法"课创新中心，通过一个寒假的辛勤工作，基本完成"三库"建设任务，笔者专门学习和审阅了"德法"课问题库、案例库、资源库，对50个问题、381个案例和456个资源，尤其是20个课件内容进行了学习研究，总体认为：由六所院校名师团队打造的"德法"课问题库、案例库和教学资源库，能有效地将教材体系转化成教学体系，教学资源丰富，包括视频、音频、案例、学术资源、参考资料、课件等能够基本满足课堂教学需要；相关高职思政课名师都遵循了教育部部长怀进鹏在教指委成立大会上的讲话要求"突出高校思政课高质量发展，坚持问题导向、目标导向和效果导向相结合"，课件设计能够体现坚持以依论理，因事而化、因时而进、因时而新，问题意识突出；善于运用探究式教学，注重谈论、互动，能够运用体验式思想政治教育规律，坚持运用"八个相统一"教学原则指导教学设计，符合高职类型教育的实际。高职"德法"课"三库"建设的作者有：全国职业院校技能大赛教师教学能力比赛2019年一等奖选手武汉软件工程职业学院郭晓雯、2020年一等奖选手浙江经济职业技术学院鲍旦颖和2021年一等奖选手长沙民政职业技术学院张晓琳；首届全国高校思政课教学展示活动特等奖选手潍坊职业学院周娉、第二届全国高校思政课教学展示活动特等奖选手辽阳职业技术学院解雅梦；2021年山东省职业院校教师教学能力比赛一等奖选手山东商业职业技术学院赵萌。

总之，教育部倡导高校思政课创新中心建设问题库、案例库、资源库，是对案例教学、问题式教学、专题化教学改革趋势的认同和激励。在教学设计中普遍提倡归纳法教学思维，先案例，再问题，再探究，或者带着问题看视频案例，即从具体到抽象，再从抽象到具体。把感性的具体事实（案例）作为科学抽象的依据和前提，从具体到抽象，再从抽象上升到理性的具体（概念、判断、推理，形成观点、立场、方法）是以案例为导引、以问题为核心探究式教学的思维导向。高职问题式专题化教学模式正在全国高职思政课教学实践中推广运用。

二、在全国职业院校讲党史活动中展示实践教学成果

2021年，在庆祝中国共产党成立100周年之际，在全国高职高专院校思政课建设联盟的组织下，来自全国百所高职院校思政课名师齐聚嘉兴，在南湖红船旁启动了"职业院校百名名师讲党史"活动。全国196名获国家级、省级表彰的高职思政课教学名师参加，选题源

于各名师的学校所在地，其录制地点也都选在历史事件发生的现场或纪念地、纪念馆等。作为高职院校的思政课教师，在中国共产党成立百年之际，结合各地特色资源讲党史，挖掘党史所蕴含的红色基因，将红色文化融入职业教育，用红色基因涵养正气，用党的实践创造和历史经验启迪智慧、砥砺品格，聚焦立德树人，这是高职教育人勇于担当、积极作为的一种态度。

联盟理事长杜安国认为，名师讲党史，一是要讲出信仰，讲出立场。面对当前错综复杂的国际大环境，讲党史，就是要坚持正确的历史观，讲出马克思主义的政治信仰，讲出以人民为中心的立场，讲出中国共产党人特有的精神追求。二是要讲出自信，讲出新时代的主旋律。思政课教师要有"当代意识"和时代高度，从历史长河、时代大潮、全球风云变幻中把握与当代现实生活本质相契合的价值观念，将中国人民已经和正在书写的时代篇章作为丰富而生动的教学素材和教学资源，扎根广袤的中国大地，与社会实践充分互动、与时代同频共振。三是要讲出智慧和方法。百年党史，是党的不懈奋斗史、党的理论探索史和党的自身建设史三者的有机融合，并且统一于实现中华民族伟大复兴的历史进程。要从历史和现实、理论和实践的结合上，从国内和国际对比的维度上，讲出理论背后的思想性、思想背后的战略性、战略背后的智慧性，启发学生思考，培养学生运用马克思主义基本原理、方法分析和解决问题的能力。

名师讲党史的视频是具有创新价值的成果，联盟将把这些成果以微课的形式在联盟官方网站、学习强国等平台播出，供全国高职院校的教师和学生共同学习。活动力图以示范课堂为抓手，形成品牌效应，推动思政课教学水平整体进步，带动职业院校思政教育质量整体提升。我认为是"大思政课"视域下一次全国实践教学成果展示，是一次利用革命文化展馆资源、在社会实践中讲好党史课的有益尝试。全国共有 166 件优秀作品，新疆有 5 位职业院校名师参加了本次活动，其中巴音郭楞职业技术学院魏凯副教授讲"核盾牌是这样铸成的——马兰丰碑"；原石河子职业技术学院莫生叶老师讲"兵团屯垦戍边事业的开创者——王震"；新疆农业职业技术学院王学利教授讲"中国特色社会主义进入新时代——从'巴郎子的故事'说起"、谭琼琼副教授讲"一元纸币上的姑娘——金茂芳"、李晓曈教授讲"新疆虎穴血玄黄——陈潭秋在新疆的抗战之路"。新疆维吾尔自治区荣获优秀组织奖。

利用中国德育馆（新疆馆）资源，我以学校思政课教师座谈会展板为导引，引导学生理解习近平新时代中国特色社会主义思想是马克思主义基本原理与中华优秀传统文化相结合的结晶，鼓励学生学好思政课。我的微课讲解稿如下。

中国特色社会主义进入新时代——从"巴郎子的故事"说起

同学们！大家好！我们现在所处的新疆农业职业技术学院图书馆六楼，建设了中国德育馆（新疆馆）。有的学校可能有体育馆、校史馆、科技馆，新疆农业职业技术学院建设了中国德育馆，是为了说明一个大事件：学校思想政治理论课教师座谈会。我带大家一起参观中国德育馆。

时代是思想之母，实践是理论之源。党的十八大后，中国特色社会主义进入新时代。恩格斯曾指出："历史从哪里开始，思想进程也应该从哪里开始。"习近平新时代中国特色社会主义思想就是在当代中国正在经历着的我国历史上最为广泛而深刻的社会变革和人类历史上最为宏大的实践创新的基础上应运而生的，新时代中国德育思想也在经历创造性转化、创新性发展。

2019年3月18日，习近平总书记亲自主持召开了学校思想政治理论课教师座谈会。陈宝生部长说，党的总书记亲自主持这个主题的座谈会，在中国共产党百年历史上是第一次，在中华人民共和国教育史上更是具有里程碑意义的大事件。在座谈会上，先后有8位代表向总书记汇报思政课，我代表全国职业院校向习近平总书记汇报了高职思政课改革创新和教育部示范马克思主义学院建设情况。作为这个历史事件的亲历者，在与会8位发言代表中，我是唯一被总书记提问的代表。"巴郎子是谁？"总书记提问，会后"巴郎子的故事"广为流传。今天我就从巴郎子的故事说起。我向总书记汇报：针对职业院校学生形象思维能力较强、抽象思维能力较弱这一群体性特征，我以学生喜欢"听故事"为切入点，创新了"以案例为导引，以问题为核心"的探究式专题化教学模式。努力按总书记的要求，让马克思主义说中国话，让课堂有家常话，让基本原理变成生动道理。为了说明问题，我列举了一个课例，就是"基础"的第一课——中国特色社会主义进入新时代。我先给学生讲一个故事导入新课：一个维吾尔族老乡为逃避义务教育，向乡政府报告说他的"巴郎子"（儿子）死了；实行十五年免费教育政策后，他又去报告说"巴郎子"（儿子）活了！那么，新时代的变化是什么？学生畅所欲言：从不愿意上学到踊跃上学，从上完初中就回家结婚到现在走进大学课堂；从住"笆子房"（篱笆抹上泥的房）到富民安居房；从看不起病到得病有农村合作医疗；等等。最终学生认同了"中国特色社会主义走进了新时代"。现在座谈会召开两年了，总书记的提问仿佛还在耳边回荡。同学们，这巴郎子"一死一活"的故事不正是中国特色社会主义进入新时代，新疆民生问题的真实写照吗？从进入新时代到第三次中央新疆工作座谈会召开，新疆有1 000万各族群众乔迁新居。

新时代孕育新思想，新思想指导新实践。习近平总书记指出，新时代中国特色社会主义思想就是在当前这个发展阶段中国共产党历史性提出来的。中华民族几千年来形成了博大精深的优秀传统文化，我们党带领人民在革命、建设、改革过程中锻造的革命文化和社会主义先进文化，为思政课建设提供了深厚力量。同学们，大家参观的古代厅、近代厅和现代厅就是根据总书记的这个逻辑布展的。

思政课是落实立德树人根本任务的关键课程。我们办中国特色社会主义教育，就是要理直气壮开好思政课，用习近平新时代中国特色社会主义思想铸魂育人。思政课作用不可替代，思政课教师责任重大。

习近平总书记强调，办好思政课，要放在世界百年未有之大变局、党和国家事业发展全局中来看待，要从坚持和发展中国特色社会主义、建设社会主义现代化强国、实现中华民族伟大复兴的高度来对待。我们该如何认识？同学们，习近平新时代中国特色社会主义思想是坚持把马克思主义基本原理与中国具体实际相结合、同中华优秀传统文化相结合的产物，彰显了中国特色社会主义深厚的文化底蕴。参观了中国德育馆古代厅，你就会了解从炎帝和黄帝的阪泉之战开启中华 5 000 年文明史起，中华民族有一千余年是走在世界前列的，留下了老子、孔子、庄子、孟子等闻名于世的思想家，留下了以儒释道为核心的丰富德育思想；参观近代厅我们会了解 182 年以来无数仁人志士上下求索、寻求救国救民的道路，尤其是 100 年以来在中国共产党的领导下，无数革命先烈浴血奋战、艰苦奋斗、成立中华人民共和国的德育思想，留下了中国共产党的精神谱系。我们党以马克思主义中国化理论成果毛泽东思想、邓小平理论、科学发展观、"三个代表"重要思想和习近平新时代中国特色社会主义思想为指导，我们迎来了中华民族从站起来、富起来到强起来的伟大飞跃。习近平总书记说，当今世界，要说哪个政党、哪个国家、哪个民族能够自信的话，那中国共产党、中华人民共和国、中华民族是最有理由自信的。同学们，我们生逢盛世，有了对中国特色社会主义的"四个自信"，面对世界百年未有之大变局，未来 30 年，面对建设中国特色社会主义现代化强国的新征程，我们能否担当起完成中华民族千秋伟业的时代大任，成为拥护中国共产党领导和我国社会主义制度、立志为中国特色社会主义事业奋斗终身的有用人才，这是总书记对我们大学生的殷切期待。

习近平总书记曾语重心长地指出："办好思政课，是我非常关心的一件事。党的十八大以来，党中央先后召开全国高校思想政治工作会议、全国教育大会，我就思政课建设多次讲过意见。"他在座谈会上强调，办好思政课关键在教师，关键在发挥教师的积极性、主动性和创造性，并对思政课教师提出了"六要"的基本素质要求，对思政课改革提出了增强"思想性、理论性和亲和力、针对性"的目标要求及其"八个相统一"的教学原则。除了对老师们提出要求外，他还要求"要建立党委统一领导、党政齐抓共管、有关部门各负其责、全社会协同配合的工作格局，推动形成全党全社会努力办好思政课、教师认真讲好思政课、学生积极学好思政课的良好氛围"。

2021年3月22日，为纪念习近平总书记"3·18"重要讲话两周年，教育部召开用习近平新时代中国特色社会主义思想铸魂育人座谈会。我作为教育部大中小学思想政治理论课建设指导委员会专家指导组成员，参加了座谈会。陈宝生部长指出，在习近平总书记亲自谋划、亲自指导和亲切关怀下，思政课建设取得前所未有的巨大进步，铸魂育人书写了奋进篇章。现在，全党全社会对思政课的认识发生了深刻变化，用习近平新时代中国特色社会主义思想铸魂育人成为教育工作的主题主线；大中小幼一体化思想政治工作体系率先形成示范引领；改革创新取得实质性进展，学生满意度和认同感连创新高。

孔子曰："教学相长"。习近平总书记指出："思政课要坚持主导性与主体性相统一"。思政课座谈会是给教师开的，但是教师的教离不开学生的学，教与学的辩证统一就会教学相长。2021年全国高职高专院校思政课建设联盟启动名师讲党史活动，目的就是要在以党史为重点的"四史"教育中开辟铸魂育人新境界。从学史明理、学史增信、学史崇德、学史力行的要求出发，老师希望同学们要在以下四个方面用情用力：第一，在学习党史和思政课理论学习的结合中领悟习近平新时代中国特色社会主义思想"为人民谋幸福、为民族谋复兴、为世界谋大同"的精神主线，弄明白"马克思主义为什么行？中国共产党为什么能？中国特色社会主义为什么好？"的道理；第二，在党史学习的纵横比较中筑牢对中国特色社会主义自信之基。面对祖国取得的辉煌成绩不骄傲，面对世界百年未有之大变局，树立忧患意识，用历史的变焦镜、思想的透视镜、时代的反光镜，在纵横比较中牢固树立"四个自信"；第三，在职业院校名师讲党史的学习活动中领会传承中国共产党精神谱系的精神内核，在红船精神、井冈山精神、长征精神、延安精神、西柏坡精神、抗美援朝精神、抗疫精神等微党课的学习中汲取精神营养；第四，在中国特色社会主义建设的伟大实践中锻炼成长。投身"三下乡"、青年志愿者、实习实训、抗击新冠肺炎疫情、乡村振兴等志愿服务中去，把理论学习的小课堂融入社会实践的大课堂，善于向人民学习、在实践锻炼中成长。

同学们，站在"两个一百年"历史交汇点上，今天我与大家一起分享了一个具有里程碑意义的大事件：学校思想政治理论课教师座谈会。作为这个事件的亲历者，希望帮助大家一起在以党史为重点的"四史"学习活动中感悟习近平新时代中国特色社会主义思想伟力，体会这一思想浓郁的中国味、深厚的中国情、浩然的民族魂，弘扬社会主义核心价值观，扣好我们人生的扣子，点亮理想的灯，照亮前行的路！为中华民族伟大复兴的中国梦而勤力同心，不懈奋斗！

再例如，我校谭琼琼副教授的微课讲稿如下。

一元纸币上的姑娘——金茂芳

在新疆石河子的军垦文化广场，有一个戈壁母亲的雕塑，这是为新疆生产建设兵团女性建造的一座丰碑。中间怀中抱着一位婴儿的母亲肖像的原型就是我们今天的主人公——金茂芳，除此之外，她有另外一个身份，她还是中国人民银行 1962 年发行的第三版人民币一元纸币上女拖拉机手肖像的人物原型之一，她是新疆生产建设兵团第一代进疆女兵，更是中华人民共和国第一代女拖拉机手。这辆"莫特斯"35 匹马力轮式拖拉机，产于 20 世纪四五十年代的苏联。1958 年，我国第一次引进了 8 台，就是这个操纵杆改变了金茂芳的一生。今天让我们走进她的故事，从艰苦奋斗创佳绩、无私奉献终不悔、兵团精神代代传三个关键点带大家回顾那段红色的艰辛岁月，感悟兵团精神。

1949 年秋，王震将军率解放军第一兵团解放新疆。1954 年 8 月，遵照毛泽东主席指示，解放军驻疆 10.5 万官兵连同 6 万多家属集体就地转业，在条件恶劣难以补给的情况下，发挥南泥湾精神，组建生产建设兵团。这些刚刚为解放全中国立下汗马功劳的英雄，一手握枪，一手拿镐，在这块贫瘠荒凉的土地上又开辟了新的战场，履行屯垦戍边的职责。

为了更好地发展新疆，王震将军决定从内地招收女兵来疆。1950—1951 年，8 000 多名湖南女兵进入新疆，"八千湘女上天山"的故事就是从这而来。之后，山东、江苏、湖北、上海，还有广西等省份的一批又一批女青年加入屯垦事业的建设当中。金茂芳就是其中一员，那么她是如何成为拖拉机手，又做出了哪些成绩呢？让我们进入第一部分内容——艰苦奋斗创佳绩。

1933 年 11 月，金茂芳出生于山东省济宁市邹县的一个地主家庭，家庭条件非常优越，但也正是因为地主家庭出身，她被很多招工单位拒之门外。1952 年 5 月，兵团在山东省招一批女兵，她高兴得一夜没合眼，从小就崇拜军人的她第一时间报了名。父母极力反对都没有动摇她参军的决心。那一年，19 岁的她踏上了西行的列车，经过 33 天的长途跋涉，到达了新疆石河子，在望不到边的戈壁滩上，看到艰苦的环境和地窝子，很多女兵后悔痛哭，但金茂芳看到了新生活的开始。

进疆女兵可以自由选择自己的工作，她当时是如何做选择的呢？我们听听金茂芳老人自己怎么说……

因为努力刻苦，365 天全年无休，在 1958—1964 年担任"莫特斯"机车组组长期间，金茂芳工作时间共计 3.3 万小时，完成了 25.83 万个标准亩、节约油料 5 万多公斤，机车越过 6 个大修期，节约费用 8 万多元。她曾创下一天播种 120 亩和 7 年时间完成 20 年任务的劳动纪录，还带出了一批男拖拉机手，声名远播。

其间也经历了难以想象的艰辛和困难，下面让我们分享一则小故事：1959 年的寒冬，零下 45℃ 让所有柴油冻住，在无比恶劣的天气下，金茂芳要开着拖拉机从莫索湾到石河子，这段经历也让金茂芳刻骨铭心。到底经历了什么呢？让我们听听她的讲述："75 公里开了四天四夜才到，嘴肿得说不出话，手肿得拿不住任何东西。"因为"莫特斯"拖拉机是她的心头宝，她比心疼自己的孩子还心疼它。兵团有 8 辆"莫特斯"拖拉机，只有金茂芳曾经驾驶的拖拉机至今保存完整，并被新疆生产建设兵团军垦博物馆收藏，现为国家一级革命文物。

在这么艰苦的条件下，金茂芳坚持了整整 14 年。1956 年，金茂芳被兵团评为"二级英雄模范"，是兵团"12 面红旗"之一。随后，她又多次被评为全国、自治区和兵团"劳动模范"。

进疆女兵肩负的任务除了保卫边疆和生产建设，他们还要与戍边的战士结为夫妻，金茂芳也不例外，她们用一生书写了奋斗的光辉篇章。我们进入第二部分内容——无私奉献终不悔。

金茂芳选择了和比她大两岁的战友王盛基自由恋爱，在 1955 年，他们递交了结婚申请，一直到 1956 年初，新婚姻法颁布实施，两人在石河子机耕农场举行了婚礼，他们在一起生活了 16 个年头。因为丈夫不能生育，她收养了 2 个亲戚的孩子并视如己出。1972 年，王盛基患上胃癌去世，金茂芳克服种种困难，艰辛地带着一儿一女一直没有再婚。雕塑中这位怀抱婴儿的母亲形象，就是以金茂芳为代表的女兵为原型创作的，就是为了纪念献了青春献子孙的第一代戈壁母亲，感恩她们的默默坚守，感恩她们的无私奉献。

金茂芳的故事感动很多人，她也获得无数荣誉，但她始终保持谦虚的态度，她还经常参加社区和学校组织的关心下一代活动，给大家讲述兵团历史，讲述她当年的劳动场景、生活经历。

金茂芳老人的身上体现了在几十年的屯垦奋斗史中形成的兵团精神——热爱祖国、无私奉献、艰苦创业、开拓进取，兵团精神是民族精神和时代精神的具体实践和生动写照，是中国精神的重要组成部分。习近平总书记在第三次中央新疆工作座谈会上强调："要弘扬民族精神和时代精神，践行胡杨精神和兵团精神，激励各级干部在新时代扎根边疆、奉献边疆。"

兵团精神字少但是千斤重，它根植于兵团屯垦戍边事业的伟大实践，是几代兵团人为新疆繁荣、边疆安宁、祖国强盛，无怨无悔贡献了青春和生命，用汗水和鲜血书写了兵团精神的壮丽诗篇。所以我们一定要发扬兵团精神，常怀感恩之心，铭记为建设兵团奉献一生的军垦战士们，让兵团精神永远传承下去。

谭琼琼老师讲稿设计就是从新疆石河子军垦文化广场一个戈壁母亲的雕塑引出金茂芳的故事，然后提出问题，解密她的人生经历，层层导入。笔者的讲解稿的构思就是从中国德育馆最后一张展板，即笔者参加学校思想政治理论课教师座谈会的展板，从"巴郎子"的故事说起，引出问题，让学生在思考中聆听讲解。我们红色文化展馆讲解作品，都有一个共同的特点，即坚持问题式教学模式，以案例为导引、以问题为核心的探究学习思路铺陈内容设计，这样的讲法让学生感兴趣，容易入脑入心。

三、在高职思政课建设优秀成果巡礼中提升社会影响力

2019年，为贯彻落实学校思想政治理论课教师座谈会精神，全国各高校结合本校实际，创新发展出包括专题教学、案例教学、情景教学、网络教学在内的一大批品牌教学法。在课堂教学方面，清华大学的因材施教法、北京师范大学的分众教学法、中央财经大学的"问题链"教学法、东北师范大学的"四维并进"教学法、浙江大学的情景式教学法、西北大学的叙事教学法等都在全国产生了较大影响；在实践教学方面，江西师范大学的"红色基因传承"教学方法、天津商务职业学院的任务驱动式实践教学模式受到学生好评；在新媒体教学方面，清华大学线上线下相结合的研究方法、复旦大学的混合式慕课教学平台等受到专家普遍认可……不少学生反映：多样化的教学模式改变了自己原先对思政课的刻板印象，老师们精心设计的教学模式，尊重学生个性与特点，有效调动了学生学习主体性，使思政课变得"有意思""都爱听""真相信"，一些课堂已经从"点名课"成为"网红课"，一座难求。

习近平总书记曾评价：我们拥有一支可信、可敬、可靠，乐为、敢为、有为的思政课教师队伍。2020年3月，教育部出台了《新时代高等学校思想政治理论课教师队伍建设规定》，为高校思政课教师更好发挥思政课落实立德树人根本任务的关键课程作用，成为用习近平新时代中国特色社会主义思想铸魂育人的中坚力量，努力培养担当民族复兴大任的时代新人，培养德智体美劳全面发展的社会主义建设者和接班人提供了制度保障。

（一）主流媒体持续对我校思政课教学改革跟踪报道

2016年12月，全国高校思想政治工作会议召开，我们迎来高校思政课建设的春天。2017年5月，教育部组织200多位专家在全国2 000多所高校开展全方位调研，组织专家随机听取3 000堂思政课，向30 000多名大学生发放的问卷调查显示，91.8%的学生表示喜欢

或比较喜欢思政课教师。

我们的教学改革也备受媒体关注。2018 年 3 月 30 日,《新疆日报》以《让思政课焕发生命活力——记新疆农业职业技术学院马克思主义学院院长王学利》一文进行报道;同日,新疆天山网以《[走进高校思政课堂]王学利:创新思政课堂 点亮学生信仰》为题进行了报道。2018 年 3 月 31 日,新疆卫视以《创新授课模式,让课堂教学更加生动有趣》报道了我们"壹网情深"移动学习平台投入实验的事迹。2019 年 3 月 29 日,新疆维吾尔自治区召开贯彻学校思想政治理论课教师座谈会精神座谈会,我被自治区安排第一个以"立足新疆实际,搞好研究上好高职思政课"做重点发言,介绍示范马克思主义学院建设和教学模式创新工作情况。2019 年 4 月 1 日,《新疆日报》做题为《为学生点亮理想的灯——记优秀知识分子典型、新疆农业职业技术学院马克思主义学院院长王学利》专题报道。4 月 4 日,自治区召开宣传教育文化工作座谈会,安排我做了以"立足新疆高职实际扎扎实实抓好思想政治理论课"为题的重点发言。2019 年 7 月 4 日,高校思政课优秀示范课巡讲,新疆维吾尔自治区政府网发文"吐鲁番市 7 588 名教育工作者同听思政课",报道了我给吐鲁番市全市教师讲的一堂巡讲示范课。

2020 年 9 月 9 日,新疆维吾尔自治区召开庆祝第 34 个教师节座谈会,我荣幸地作为优秀教师代表被邀请参会并发言。我以"坚持立德树人办好思政课"为题,代表新疆高职思政课教师发言,心情无比激动。我激动地说:"我从事思政课教学工作 31 年。上高中的时候读着《师魂》长大,大学毕业后我也成了一名思政课教师。31 年来,我做过初中政治课教师、党校教师,如今是新疆唯一的国家高职'双高校'的马克思主义学院院长。在几十年教师生涯中曾有改行从政的机会,有几次被调到北京、天津从教的机会,我都放弃了。我舍不得新疆职业院校思政课的三尺讲台,我在思政工作改革创新中找到了人生价值。"

习近平总书记说:培养什么人,怎样培养人,为谁培养人是教育的根本问题,思政课是落实立德树人根本任务的关键课程,教好思政课不容易。陈宝生部长讲,思政课是在学生的大脑里搞建设、在学生的成长过程中搞建设,用习近平新时代中国特色社会主义思想铸魂育人是思政课的根本任务。教好思政课不容易,教好职业院校的思政课更不容易。高职学生理论学习热情不高、学习基础不牢、自信心不足,如何让低着头进校的学生昂着头走出校门并高质量就业,是高职思政课教师义不容辞的责任。

办好思政课关键在教师,关键在教师的主动性、积极性和创造性。目前,我校近 10 名青年骨干教师成长为国家教学能手、教学骨干和自治区高职思政课名师,我本人入选全国高校思政课教师 2014 年度影响力人物、2017 年全国最美思政课教师,我校马克思主义学院荣获 2018 年"全国三八红旗集体"荣誉称号。

在教育部全国高校思政课建设优秀成果巡礼活动开始后的一段时间里，我每周的课堂基本上都有几家媒体记者听课，我讲课记者听课、录课，我下课记者采访学生、采访我。来的是《新疆日报》《新疆经济报》、新疆电视台、新疆教育电视台和新华社、天山网等的记者。

2021 年 6 月 18 日，中央网信办、教育部、团中央、北京大学联合举办"把青春华章写在祖国大地上——网络主题宣传和互动引导活动"，应邀参与的高校有清华大学、中国人民大学、复旦大学、西安交通大学、郑州大学、武汉大学、兰州大学、山东大学、东北师范大学、南京师范大学、新疆农业职业技术学院、中国戏曲学院、福建师范大学。我校是唯一被邀请的职业院校。在《中国青年报》（6 月 22 日）以"如何上好平视世界一代的大思政课"为题的系列报道中，我撰写的《高职思政课必须面对教育对象的类型性》成为高职院校唯一入选文章。

2021 年 9 月 10 日教师节，《新疆日报》再次邀请我做了一次直播课，题目是"听全国最美思政课教师的公开课"。我分享了从教 32 年来是如何通过加强教学研究和创新，让更多学生在思政课中汲取做人做事的智慧。从自己求学讲起，从思考如何让学生专注学习讲起，从思政课的意义和作用讲起，从为祖国培养更多人才讲起，一个小时的分享直播得到了网友热烈关注，在石榴云客户端直播间有 8.6 万人次收看；在天山网和今日头条、新浪微博、快手等平台有 3.4 万人次观看了直播。看完直播，网友纷纷留言："祝老师们节日快乐，愿培养出更多社会主义建设者和接班人""思政课是育人育才的基础课，解决的是思想'总开关'问题""好老师的魅力就在于讲得生动、清晰、易懂"……新疆投资发展（集团）有限责任公司组织部分职工参观报史馆、参加分享会，经受理想信念教育。"老师是个崇高的职业，做思政课老师更有意义"，该公司职工李荔说。讲好一堂课着实不容易，思政课都是大道理，能深入浅出地讲，让学生们爱听、入脑入心更是不容易。新疆投资发展（集团）有限责任公司党群工作部副部长王勇感同身受，他说："不仅学生需要思政课，国企职工也需要思政教育，可以帮助他们树立坚定的理想信念，为高质量发展做贡献。"

12 万观众观看我的一节直播课，是《新疆日报》媒体人创造的奇迹，也是我教师生涯的一个纪录。对于一个普通的高校思政课教师来说，这是教师节最好的礼物，说明我讲思政课大家爱听。

（二）示范课上了《中国教育报》头版头条

《中国教育报》记者蒋夫尔来我校马克思主义学院听了两天课，并采访了师生。2019 年

5 月 10 日，关于我的思政课教学模式创新的报道刊登在《中国教育报》头版头条。

用活案例讲透大道理
——记新疆农业职业技术学院教授王学利

上课开始了，投影上显示的题目是"明大道、认公理、弘大德，树立核心价值观"，一看题目，就和教科书上的不一样。

原来，这是新疆农业职业技术学院马克思主义学院教授王学利给这节课取的"小名"。这节课的内容是"思想道德修养与法律基础"第四章"践行社会主义核心价值观"。"小名"直接点出这节课的核心要点，学生能更容易理解。给枯燥的理论标题取"小名"，是王学利多年的习惯，这是他在教学上"以学生为中心"的常用做法。"学生怎么样好理解、能接受，我就怎样取'小名'。"王学利说。

王学利从事思政课教学已 30 年。几十年的历练、积累和打磨，让他早已成为学生心目中的"明星教师"，也成为同行学习的榜样和楷模。2017 年，王学利被评为"全国最美思政课教师"。

走上职业院校思政课创新之路

以前新疆农业职业技术学院的思政课堂，理论性太强，学生不爱听，也听不进去，甚至出现了"你讲你的课，我睡我的觉"的现象。这样的场面，让王学利心里深感不安。他知道，这不能全怪学生，因为职业院校的学生和普通本科院校的学生有着不同的特点。

王学利和学生做起了朋友。通过与学生的深入交流，他发现这些孩子的形象思维很活跃，而抽象思维则相对弱一些。他们对故事有着特殊的喜爱，而对生硬的理论则提不起兴趣。

可是，思政教科书写满了理论，怎么办？"摆在我面前的一大难题，就是让学生对思政课感兴趣。"王学利说，"要实现这个目标，困难不小。"

被王学利取名为"明大道、认公理、弘大德，树立核心价值观"的课开始了。王学利没有拿起教科书，而是给学生讲了自己到国外访问的经历。故事讲完后，王学利抛出了一个观点：从国际视角来看，不同国家都有属于自己的价值观。

之后，他带领学生走出课堂，来到教室旁的中国德育馆（新疆馆）进行现场教学。站在中国古代德育展板前，王学利给学生介绍起中国德育的发展。此时此刻，他俨然变成了一名解说员，旁征博引的讲解深深地吸引着学生们。学生睁大好奇的眼睛，细细品味着颇具历史纵深感的中国古代德育的发展史。

又一个故事讲完了，这堂思政课的核心问题也就此引出：一个民族、一个国家为什么要树立核心价值观？

回到教室，学生们分成 4 个小组进行了一番讨论，王学利就此进行价值观、核心价值观、社会主义核心价值观层层递进、抽丝剥茧式的解读。

这堂课，王学利运用的正是他创新的思政课教学新模式：以案例为导引、以问题为核心的探究式专题化教学模式（现在概括为高职问题式专题化教学模式）。

从未间断思政课的科学研究

如何让职业院校的学生爱上思政课、受益于思政课，一直是王学利科研的主攻方向。在研究过程中，王学利一直在思考怎样做。

"记得第一次给中职学生上哲学基础知识课，发现学生们不爱听。"王学利说，"于是，我便用做科研的方法进行了一场实验。"

王学利在班里发起了一场"哲学基础知识"辩论赛，学生们的热情一下子高涨起来，围绕"理论与实践到底谁重要"的主题展开了激烈的辩论。王学利因势利导，进行点评和引导，给双方鼓励打气。一堂课下来，学生在不知不觉中掌握了他们原本不爱听的哲学基础知识。

从此，王学利便紧紧抓住"给谁教、怎么教"的问题不放。"'给谁教'，毫无疑问是给新疆农业职业技术学院的学生教。"王学利说。于是，他以"学生能听懂、爱听课"为目标进行思政课课程体系转化研究。

大一学生飞尔顿印象最深的是有一次王学利讲爱国主义。"王老师一节课只给我们讲了一个钱学森回国报效祖国的故事。这一堂课，讲透了爱国主义的精神追求、行为表现、意义价值，深深触动了我。"

这堂课是王学利"以学生为中心，以体验为中心"的思政课改革实践：用学生爱听的故事，讲透讲清讲深，让学生感受到爱国主义情怀，同时认识到爱国主义是价值追求，要靠行动来体现。

后来，王学利在研究中发现，"探究式专题化教学"更能激发学生课上的热情和积极性。

针对学生特点，王学利尝试以案例为导引，在案例结尾处抛出当堂思政课的核心问题，之后再组织学生讨论和探究。一堂课下来，完成一个专题教学。王学利用这个办法，一环扣一环，让学生沉浸其中。

"思政课专题化教学研究"这个课题，王学利研究了 6 年。这 6 年，他从思政课堂出发，从学生出发，从实效性出发进行创新，坚持"依事论理"的理念，找到了给职校生讲思政课理论适宜且科学的方式方法。

探究式专题化教学模式在新疆广泛应用

"第一次上王老师的思政课，我就眼前一亮，没想到，原来思政课还可以这样上，还可以如此有意思。"大一学生阿孜古丽对记者说,"故事很新鲜,讲理论不生硬,还让我们参与实践体验,每堂思政课收获都很大。"

王学利的思政课创新科研成果"以案例为导引、以问题为核心的探究式专题化教学模式"在新疆职业院校得到了广泛应用。

王学利通过生动故事,用家常话一下子就能把党的惠民政策受老百姓拥护欢迎的事实,讲清楚讲透。

每堂思政课,王学利都要认真备课,他喜欢把眼下最新的时政新闻,以及自己在社会调查中了解到的真实故事,还有国家发展取得的成就讲进去。"都是用事实说话,学生们听了、看了就能明白。"王学利说,"对学生提出的问题,我都会有理有据地回答。"

"过去,很多问题很困惑,甚至迷茫,就是我们不能正确地看问题,或者看问题的角度不对。王老师在思政课上总是为我们释疑解惑,教给我们观察社会和看世界的方法,为我们打开了一扇扇窗。"阿孜古丽说,"王老师的每堂思政课都有价值和意义,我们都爱上这样的思政课。"

30年奋斗和努力中,王学利用实践和创新,很好地回答了职业院校思政课如何解决学生感不感兴趣、认同不认同、信不信和行不行这些关键问题。

30年里,王学利有很多次机会离开新疆,到北京、天津等地的高校任教,然而,面对优厚待遇,他没有动心。他像个农民,扎根在边疆职业院校的思政课这块田地里。"虽然很累很辛苦,但只要站上思政课讲台,我就把一切都忘了。"王学利说。(《中国教育报》记者蒋夫尔)

这是对我从事高职思政课问题式专题化教学模式研究与实验13年的极大激励,也是给我们新疆思政课教师理直气壮地讲好思政课在鼓劲、加油,为我们高职思政课问题式专题化教学模式创新喝彩。

第六章

新时代高职马克思主义学院建设的学理思考与实践探索

2019 年 3 月 18 日，《人民日报》报载《谱写立德铸魂的奋进篇章》的文章：目前，全国绝大多数高校建立了直属学校领导、独立的思想政治理论课教学科研二级机构。截至 2018 年底，全国有 85.2% 的高校设有独立二级机构，其中本科高校有 1109 所，占本科高校总数 89.5%；教育部直属高校 100% 设置独立二级机构；高职高专院校有 1135 所，占高职高专院校总数 81.3%。全国高校有马克思主义学院近 750 所，在 75 所教育部直属高校中，有 71 所建立了马克思主义学院，占 95%；36 所其他部委属高校中，有 20 所高校建立了马克思主义学院；此外还有 58 所民办本科院校、134 所高职高专院校也建立了马克思主义学院。但是，回到 2015 年，那时候高职能不能建马克思主义学院？高职马克思主义学院是个什么标准？这是一个重大理论和现实课题。

第一节　高职马克思主义学院建设的学理思考

//

党的十八大以来，以习近平同志为核心的党中央高度重视高校马克思主义学院建设，2015 年中共中央宣传部启动了全国高校重点马克思主义学院建设项目，2016 年教育部启动了高校示范马克思主义学院建设项目，2016 年 12 月，习近平总书记在全国高校思想政治工作会议上发表重要讲话，全国高校马克思主义学院建设如沐春风。2018 年 5 月 2 日和 2019 年 1 月 17 日，习近平总书记先后考察了北京大学、南开大学的马克思主义学院，他在考察时强调，高校马克思主义学院要坚持"马院姓马，在马言马"的鲜明导向和办学原则，为巩固马克思主义在意识形态领域的指导地位，推动马克思主义进校园、进课堂、进学生头脑，发挥应有作用。这是以习近平同志为核心的党中央对全国高校马克思主义学院的亲切关怀，为如何办好马克思主义学院在指导思想和办学原则上指明了方向，为全国高职马克思主义学院建设提供了基本依循，高职马克思主义学院如雨后春笋，萌生了生机和活力。2019 年 3 月 18 日，习近平总书记主持召开了学校思想政治理论课教师座谈会并发表重要讲话，作为全国职业院校代表的我参加了座谈会并向习近平总书记汇报了高职思政课改革创新和教育部示范马克思主义学院建设的情况，全国高职思政课教师备受鼓舞，不但增强了讲好思政课的信心，还激发了办好高职马克思主义学院的动力。厘清高职马克思主义学院建设的基本问题，成为高职院校的广泛关切。

一、高职马克思主义学院建设的理论意义和现实意义

1. 高职建设马克思主义学院是坚持马克思主义在意识形态领域指导地位的根本制度的内在需要

习近平总书记在 2016 年庆祝建党 95 周年大会上指出："马克思主义是我们立党立国的根本指导思想。背离或放弃马克思主义，我们党就会失去灵魂、迷失方向。在坚持马克思主义指导地位这一根本问题上，我们必须坚定不移，任何时候任何情况下都不能有丝毫动摇。"党的十九届四中全会审议通过的《中共中央关于坚持和完善中国特色社会主义制度　推进国家治理体系和治理能力现代化若干重大问题的决定》强调，要坚持马克思主义在意识形态领域指导地位的根本制度。……把坚持以马克思主义为指导全面落实到思想理论建设、哲学社会科学研究、教育教学各方面。走进中国特色社会主义新时代，我国面临世界百年未有之大变局，国际形势复杂多变，风险挑战之严峻前所未有。我们必须继承党的光荣传统，高举马克思主义的旗帜，尤其是坚持习近平新时代中国特色社会主义思想。它是新时代中国共产党坚持和发展马克思主义的最新理论成果，它以一系列原创性战略性重大思想观点丰富和发展了马克思主义，是当代中国马克思主义、21 世纪马克思主义，是我们党和国家应对新的风险挑战，带领中国人民实现中华民族伟大复兴中国梦的伟大目标的强国思想。马克思主义是我国高职院校鲜亮的底色，建设好高职马克思主义学院意义重大，它是事关举什么旗、走什么路、为谁培养人的方向性问题。

2. 高职建设马克思主义学院是学校坚持社会主义办学方向必然要求

坚持社会主义办学方向，我们必须始终做到习近平总书记在全国高校思想政治工作会议上指出的"四个坚持不懈"，即坚持不懈传播马克思主义科学理论、坚持不懈培育和弘扬社会主义核心价值观、坚持不懈促进高校和谐稳定、坚持不懈培育优良校风和学风。在我国高职院校，一段时期里存在着重专业建设轻思政课教学、重技能培养轻"三全育人"等不良倾向。原教育部部长陈宝生指出的"目前德育仍存在'软、浮、虚、乱、散'问题。'软'，说起来重要，做起来次要甚至不要"主要表现为：由于编制不足等原因思政课管理部门设置级别不达标，领导职数配置不够；思政课教师短缺、思政课学时缩水、大班授课；科研课题少、成果不多，课堂教学质量不高等现象。出现了令人担忧的思政课被边缘化的风险，对标"四个坚持不懈"就是存在有的学校不能很好地坚持社会主义办学方向的问题。与此相反，全国成立了马克思主义学院的高职院校党委都坚决贯彻习近平总书记的重要讲话精神，高度重视思政课建设，配齐了马克思主义学院的班子，建强了一支思政课教师队伍，教学科研成

绩斐然，马克思主义学院办公环境焕然一新。实践证明，建设好高职马克思主义学院是事关高职院校培养什么人、怎样培养人的重大问题，是检验一所高职院校能否坚持社会主义办学方向的重要砝码。

3. 高职建设马克思主义学院是培养社会主义建设者和接班人的实践要求

培养什么人的问题是教育的首要问题。社会主义的本质特征决定了我国教育必须坚持"四为"方向，即教育要为人民服务、为中国共产党治国理政服务、为巩固和发展中国特色社会主义制度服务、为改革开放和社会主义现代化建设服务。在这个问题上必须旗帜鲜明，毫不含糊。我们必须培养一代又一代拥护中国共产党领导和我国社会主义制度、立志为中国特色社会主义事业奋斗终身的有用人才。思政课是落实立德树人根本任务的关键课程，马克思主义学院是管理思政课的责任部门，要坚持"马院姓马，在马言马"的鲜明导向。2019 年国务院印发《国家职业教育改革实施方案》指出：职业教育是有别于普通教育的一种教育类型。新类型开启新征程，职业院校与普通教育的教育目标是一致的，都是要培养担当民族复兴大任的时代新人。但是由于教育对象、人才培养目标、培养方式、评价方法等方面的不同，高职院校更迫切地需要开展"给谁教和怎么教"的研究，以提升思政课教学的思想性、理论性和亲和力、针对性；更需要加强社会服务，扩大社会影响力，赢得话语权，探索行之有效的思想政治教育方法。高职马克思主义学院在职业院校思想政治教育规律的探索中无疑会发挥主力军的作用，是高职办好思政课的方向盘，对于培育一批优质教学资源，推出一批内容准确、思想深刻、形式活泼的优质示范课堂，带动高职思政课质量和水平的全面提升，提高教学和科研水平，强化社会服务，打造学习研究宣传马克思主义科学理论的坚强阵地具有重要的实践意义。

二、高职马克思主义学院建设的实践探索和学理逻辑

1. 全国高校马克思主义学院建设的实践发展脉络

高校为什么要建立马克思主义学院？1992 年 4 月，北京大学成立了全国第一家马克思主义学院。在成立之初，北京大学马克思主义学院提出要做到"四个真"的价值导向，即"对马克思主义的干部和教师，要真学、真信、真教、真干马克思主义"，这是对马克思主义学院办院原则的最初表达。2007 年 4 月，北京大学马克思主义学院在实践经验的总结中把成立马克思主义学院的重要性概括为"四个有利于"，即"有利于高举一面旗帜，有利于凝聚一支队伍，有利于建设一个学科，有利于开好一类课程"。这是对马克思主义学院办院原则的进一步丰富和发展。

高职院校能不能建立马克思主义学院？2015 年 10 月，我在参加中宣部理论局组织的全国

重点马克思主义学院的评审工作中深受启发：全国重点马克思主义学院建设的申报材料让我认识到马克思主义学院建设的基本内容，中宣部理论局和教育部社科司领导认为高职可以成立马克思主义学院。随后，新疆农业职业技术学院党委开始论证马克思主义学院建设方案。与此同时，浙江金融职业学院党委书记周建松基于该校已有的教师队伍、课程建设和科研成果提出成立马克思主义学院，方案得到了浙江省委宣传部和教育厅的大力支持，于是，弘扬红船精神中开天辟地的首创精神——浙江金融职业学院于 2015 年 9 月成立了全国首家高职马克思主义学院，广东工程职业技术学院相继成立全国第二家高职马克思主义学院。经过半年论证准备，2016 年 2 月，新疆农业职业技术学院在新疆维吾尔自治区党委宣传部和教育厅的支持下，将学校社科部、思想政治教育研究所和新疆职业院校思想政治教育研究中心三个二级机构功能整合，正式成立集理论教学、科学研究和社会服务功能于一体的全国第三家高职马克思主义学院。如何抓好高职马克思主义学院的建设？当时还没有马克思主义学院建设标准，全国高职人开始了不懈的探索。2016 年全国高校思想政治工作会议后，高校马克思主义学院进入快速发展阶段，2016 年底，全国高校马克思主义学院有 454 家，其中高职马克思主义学院 20 家；截至 2019 年 10 月 23 日，全国高校马克思主义学院有 936 家，其中高职马克思主义学院 194 家。不到 4 年时间本科高校马克思主义学院数量增长了 69.7%，高职马克思主义学院数量增加 8.7 倍。

2. 马克思主义学院建设标准公布为高职马克思主义学院建设规范化指明方向

西南大学马克思主义学院院长白显良教授认为马克思主义学院建设有四维目标，即理论教学、学科建设、社会服务、人才培养。2016 年 7 月，我校承办全国首届高职高专院校思政课实践教学推进会暨思政课改革创新高峰论坛，我立足高职实际，结合白显良院长的指导，提出高职马克思主义学院三维目标论，即高职马克思主义学院建设的目标是理论教学、科学研究和社会服务。

教育部社科司于 2017 年正式公布的高等学校马克思主义学院建设标准（2017 年本）和 2019 年公布的普通高等学校马克思主义学院建设标准（2019 年本）均提出了五维目标（表 6-1）。

表 6-1　普通高等学校马克思主义学院建设标准

（2019 年本）

一级指标	二级指标	具体要求
组织领导与管理	领导责任	3 条具体要求
	机构设置	3 条具体要求
	工作机制	3 具体要求

一级指标	二级指标	具体要求
组织领导与管理	基础建设	3具体要求
思想政治理论课教学	组织教学	5条具体要求
	教学实施	3条具体要求
	教学改革	4条具体要求
	教学考评	4条具体要求
	师资配备	4条具体要求
马克思主义学科建设	学科设置	2条具体要求
	科学研究	4条具体要求
	人才培养	5条具体要求
社会服务与社会影响力	决策咨询	2条具体要求
	理论宣讲	3条具体要求
党建与思想教育	支部建设	4条具体要求
	师德师风	2条具体要求
	文化建设	3条具体要求

从普通高校马克思主义学院标准指标体系分析，高职马克思主义学院建设的短板"学科建设"和"人才培养"（专门人才）进入了二级指标。在2019年本指标体系中，一级指标5个、二级指标17个没有变化，三级指标（具体要求）从56个增长到57个，其内涵与时俱进修订为贯彻学校思想政治理论课教师座谈会精神的相关要求。从二级指标看"学科设置"和"人才培养"，仍然是高职马克思主义学院的瓶颈和短板。

3. 高职教育突破层次教育瓶颈向类型教育转化，马克思主义学院建设探索的空间更大

"职教20条"提出："完善学历教育与培训并重的现代职业教育体系，畅通技术技能人才成长渠道。发展以职业需求为导向、以实践能力培养为重点、以产学研用结合为途径的专业学位研究生培养模式，加强专业学位硕士研究生培养。推动具备条件的普通本科高校向应用型转变，鼓励有条件的普通高校开办应用技术类型专业或课程。开展本科层次职业教育试点。"从此，高职教育不再是层次教育而是类型教育，2019年底，南京工业职业技术学院正式升本，从实践上回答了何谓"类型教育"这个问题。高职院校思想政治教育有如下类型特点：第一，教育对象的类型性；第二，教育主体的复合性；第三，教育内容的职业性；第四，教育过程的实践性；第五，教学方法的知行统一性；第六，教育途径的多元性；第七，教育评价的全方位性。高职马克思主义学院建设作为类型教育，其建设探索具有深远的发展

空间和实践价值。

三、提升高职马克思主义学院建设水平的实践探索

中共中央办公厅、国务院办公厅印发的《关于深化新时代学校思想政治理论课改革创新的若干意见》(以下简称《意见》)强调：要"全面提升高校马克思主义学院建设水平"；教育部社科司公布《普通高等学校马克思主义学院建设标准（2019年本）》(以下简称《标准》)。这是贯彻习近平总书记学校思想政治理论课教师座谈会精神的重要举措，为高职马克思主义学院建设提供了基本依循。高职马克思主义学院建设需要解决几个突出问题。

一是要加强高职马克思主义学院的机构建设。《意见》第16条指出：要"将马克思主义学院作为重点学院、马克思主义理论学科作为重点学科、思政课作为重点课程加强建设，在发展规划、人才引进、公共资源使用等方面给予马克思主义学院优先保障。建好建强一批全国重点马克思主义学院和示范性马克思主义学院，依托有条件的高校马克思主义学院建设一批习近平新时代中国特色社会主义思想研究院"。《标准》要求："学校党政领导班子带头学习贯彻习近平新时代中国特色社会主义思想，树牢'四个意识'，坚定'四个自信'，坚决做到'两个维护'，自觉在政治立场、政治方向、政治原则、政治道路上同以习近平同志为核心的党中央保持高度一致，坚决贯彻落实习近平总书记关于教育的重要论述特别是关于高校思想政治理论课、马克思主义学院建设的重要指示批示和党中央决策部署，深入贯彻落实学校思想政治理论课教师座谈会、全国教育大会、全国高校思想政治工作会议精神，全面推动习近平新时代中国特色社会主义思想进教材进课堂进学生头脑，用习近平新时代中国特色社会主义思想铸魂育人。"马克思主义学院就要有马克思主义学院的样子，高职马克思主义学院在机构设置上应该对标对表马克思主义学院建设标准。《标准》提出："学院党政领导班子职数合理，按政治强、学术强、作风好要求配备齐全，勇于担当作为。班子成员是中共党员，长期从事思想政治理论课教学和马克思主义理论学科研究，有奉献精神，开拓进取，群众认可""本、专科思想政治理论课教学应按课程分别设置教研室（组）""党政工团组织机构健全，教学委员会、学术委员会、学位评定委员会等机构运转有效。"《标准》为高职马克思主义学院的组织领导与管理，尤其是机构设置指明了努力方向。

二是要抓好高职马克思主义学院的思政教师队伍建设。《意见》要求"各地在核定编制时要充分考虑思政课教师配备要求。高校要严格按照师生比不低于1∶350的比例核定专职思政课教师岗位，在编制内配足，且不得挪作他用，并尽快配备到位。"《标准》要求"按照师生比不低于1∶350的比例设置专职教师岗位，制定计划加快配齐建强专职教师队伍。

专兼职教师应具有马克思主义理论学科或相关学科背景；新任专职教师原则上是中共党员。""按照政治要强、情怀要深、思维要新、视野要广、自律要严、人格要正的素养要求，建设一支专职为主、专兼结合、数量充足、素质优良的思想政治理论课教师队伍。"《意见》和《标准》对马克思主义学院教师的数量和质量提出要求，但从全国高职思政课管理部门来看，教师短缺仍然是主要矛盾。数量不足导致教师工作量超负荷，没有时间进修和做科研，大班授课导致教学质量下降，教师缺乏成就感，学生没有获得感，思政课教师的职业生涯规划与职业素养提升路径不畅。从《意见》及《标准》来看，政策明晰给力，但从执行情况分析校本政策体系才发挥着至关重要的作用。

三是要积极推进高职思政课的改革创新。职业教育是与普通教育相区别的一种教育类型。《标准》提出：要"系统组织教师开展教学改革创新，坚持政治性和学理性相统一、价值性和知识性相统一、建设性和批判性相统一、理论性和实践性相统一、统一性和多样性相统一、主导性和主体性相统一、灌输性和启发性相统一、显性教育和隐性教育相统一。注重改进教学模式，提倡专题教学，注重从理论和实践、历史和现实、国际和国内的结合上回答学生关心的热点难点问题，培育推广形式多样、效果良好、受学生欢迎的教学方法，培育推广'配方'新颖、'工艺'精湛、'包装'时尚有特色的品牌课。"从高职马克思主义学院的实践情况分析，着力点有以下几个：①推进教学模式创新。高职思政课改革创新的关键是如何将思政课教材体系转化为解决高职学生思想问题的教学体系，切实解决好学生感不感兴趣、认同不认同、信不信和行不行的问题。思政课教学不能照本宣科，只有创新教学模式，让学生有体验、有思考，学生才会认同价值导向。我校创新了问题式专题化教学模式，并用该模式先后申报自治区高校思政课重点课程"基础"和"概论"两门课程；采用该专题化教学模式，正在建设一门贴近新疆高职特点的"基础"在线资源开放课，力图对全疆高职院校起到示范和引领的作用。②建设高职在线资源开放课。在线开放课是基于服务学生自主学习，实现翻转课堂的教学改革需要，服务高职学徒制教学改革的发展需要，服务社会学习者、学生重修需要的一项系统工程，是破解传统教学模式自主学习环节瓶颈的关键工程。目前，全国高职马克思主义学院在线开放课已经取得一批成果，如山东商业职业技术学院的王岳喜、广东轻工职业技术学院的储水江、浙江商业职业技术学院的张国宏已经主持完成高职在线开放课程建设任务并如期上线，建设在线开放课程是推动高职思政课改革创新的标志性工程。

四是要加强高职马克思主义学院的科学研究工作。《标准》提出："紧紧围绕坚持和发展中国特色社会主义，紧密跟踪亿万人民的创造性实践，深入研究回答时代和实践提出的新的重大课题；紧紧围绕进一步办好高校思想政治理论课，深入研究思想政治理论课教学重点难点问题和教学方法改革创新。""坚持以思想政治理论课教学为核心的科研导向。开展科研成果评优奖励，加大对中青年教师的科研支持力度。""支持教师经常参与国内外高水平学术研讨交流。有条件的学院积极举办与马克思主义理论学科相关的国际性、全国性、区域性学术会议，提高马克思主义理论学科的学术影响力和国际影响力。"目前据初步了解，山东商业职业技术学院马克思主义学院、广东轻工职业技术学院马克思主义学院、新疆农业职业技术学院马克思主义学院、浙江金融职业学院马克思主义学院、重庆城市管理职业学院马克思主义学院、广西机电职业技术学院马克思主义学院、广州番禺职业技术学院马克思主义学院、西安铁路职业技术学院马克思主义学院等 10 多所高职马克思主义学院在科研上已走在全国高职前列。

五是要加强高职马克思主义学院的社会服务工作。《标准》要求：在决策服务方面要"积极组织教师围绕重大现实问题、重大理论问题和重大实践经验总结开展调研，提交咨询报告。""支持教师参与各级党委政府重要文件、报告等起草工作，参与企事业单位决策咨询。"在理论宣讲方面要"自觉承担起举旗帜、聚民心、育新人、兴文化、展形象的使命任务""支持教师参加各级宣讲团，进行马克思主义理论和党的路线方针政策宣讲""支持教师在主流媒体刊发有影响的理论文章，创作通俗理论读物、音像作品，参加各类媒体政论节目，弘扬主旋律，传播正能量，抵制和批判各种错误思潮。"在这方面全国高职马克思主义学院在积极作为。社会服务是高职马克思主义学院的内在职能，只能加强不能削弱。

六是要加强高职马克思主义学院党的建设。《标准》提出，"围绕推动全面从严治党向纵深发展，把政治建设摆在首位，着力提高组织力和领导力，突出政治功能、强化政治引领，按照有利于党的领导、有利于党组织活动、有利于党员教育管理的原则，调整优化支部设置，推行在教研室设置教师党支部""充分发挥党支部的战斗堡垒作用""实施党员先锋工程和党员名师工程，创设党员教育管理服务示范岗，使师生党员发挥先锋模范作用。"目前，在全国高职马克思主义学院中，山东商业职业技术学院马克思主义学院党支部、江苏财经职业技术学院马克思主义学院直属党支部和广东工程职业技术学院马克思主义学院直属党支部已经入围教育部首批"全国党建工作样板支部"培育创建单位名单；山东商业职业技术学院马克思主义学院被评选为全国黄大年式教学团队；新疆农业职业技术学院马克思主义学院入选"全国三八红旗先进集体"，为全国高职马克思主义学院树立了标杆。加强党的政治领导是办好马克思主义学院的先决条件。

第二节 高职示范马克思主义
学院建设的实践探索

2015 年，中宣部、教育部印发《普通高校思想政治理论课建设体系创新计划》指出：实施高校思想政治理论课建设体系创新计划的任务之一，就是要建强独立二级机构，重点建设一批马克思主义学院，稳定经费投入渠道，强化高校党委责任，不断健全基本要求、具体责任分工明确、政策制度完善，有利于形成工作合力的思想政治理论课建设条件保障体系。

《高等学校马克思主义学院建设标准（2017 年本）》《普通高等学校马克思主义学院建设标准（2019 年本）》均提出五维目标：组织领导与管理、思想政治理论课教学、马克思主义学科建设、社会服务与社会影响力、党建与思想教育。马克思主义学院建设标准的公布为高职马克思主义学院建设规范化指明了方向。2017 年 7 月，我校获批 2017 年度全国高校示范马克思主义学院和优秀教学科研团队建设项目"职业院校思想政治理论课实践教学研究"（项目编号：17JDSZK047），我们以项目建设为纽带，积极推进马克思主义学院建设，取得了可喜的成效。立项极大地激发了刚满周岁的新疆农业职业技术学院马克思主义学院改革创新的动力，全体教师精神为之一振，学校党委决定 1 ∶ 1 配套 40 万元经费支持马克思主义学院建设。5 年来，我校从认识到行动取得长足进步。

一、党委高度重视，率先成立高职马克思主义学院

1. 加强政治领导和工作指导，牢牢把握意识形态工作领导权

新疆农业职业技术学院是全国首批 28 所国家示范性高职院校、黄炎培职业教育"优秀学校"、全国"百所德育科研名校"、全国实践育人创新创业基地。2004 年 12 月，学院独立设置思政课教学二级机构社科部；2006 年 2 月，成立独立设置的二级科研机构思想政治教育研究所，6 月挂靠学校思想政治教育研究所成立新疆职业院校思想政治教育研究中心、新疆职业院校思想政治教育研究会。2016 年 2 月，新疆农业职业技术学院在新疆维吾尔自治区党委宣传部和教育厅领导的支持下，将学校社科部、思想政治教育研究所和新疆职业院校思想政治教育研究中心三个二级机构功能整合，正式成立集思政课教学、科学研究和社会服务功能于一体的全国第三家高职马克思主义学院。

借全国高校思想政治工作会议召开的东风，学校党委把立德树人作为立身之本，高度重视马克思主义学院建设，制定出台了《思想政治理论课与马克思主义学院行动计划》。学校党委书记、校长每学年到马克思主义学院听取思政课教学工作汇报，解决实际问题；每学期针对新生讲授开学第一课等思政课。学校分管领导每学期到堂听课 2 次以上。成立了以校党委书记主管，宣传部、教务处、团委、学生处、科研处、财务处等部门共同参与的思想政治理论课建设领导小组，负责统筹协调推进学校思政课的教育教学、人才培养、科研立项、社会实践、经费保障等工作。

2. 把马克思主义学院建设列入学校事业发展规划，领导班子建设合理，内设机构齐全，专项经费得到保障

在我校马克思主义学院成立之初，加强马克思主义学院建设就被列入学校的"十三五"事业发展规划，并作为学校 2017 年度重要工作任务。在党委的大力支持下，马克思主义学院在教学、科研、社会服务等方面得到有力的保障，年均预算 50 万元；2019 年，纳入新疆农业职业技术学院中国特色高水平高职学校和专业建设方案，并作为子项目助力示范马克思主义学院建设，实施"培根"工程，打造全国一流高职马克思主义学院，提升思想政治教育吸引力，投入建设经费 128 万元；2020 年，加强马克思主义学院建设被列入学校的"十四五"事业发展规划，以五维目标为导向，目标明确，持续发力，成效显著（表 6-2）。

表 6-2　马克思主义学院近年发展规划

2017 年	2019 年	2020 年
列入学校的"十三五"事业发展规划	纳入学校中国特色高水平高职学校和专业建设方案	列入学校的"十四五"事业发展规划

马克思主义学院是学校党委独立设置直属学校领导的、与学校其他二级院（系）行政同级的二级机构，统一开设全校思政课、统一管理思政课教师、统一负责马克思主义理论课程建设，从而巩固马克思主义在高校意识形态领域的指导地位。配齐了马克思主义学院领导班子，如党总支书记、院长、副院长，班子成员都是中共党员，且都从事马克思主义理论学科研究和思政课教学。

教学机构设立马克思主义中国化教研室、"思想道德与法治"教研室、"简明新疆地方史教程"教研室和"形势与政策"教研室。设习近平新时代中国特色社会主义思想学习研究中心、中国社科院世界宗教研究所·新疆农职院宗教中国化研究中心、"大思政课"实践教学协同创新发展中心、职业院校德育活动课教学研究工作室。

研究机构设立学校思想政治教育研究所、新疆职业院校思想政治教育研究中心（2020

年 10 月更名为新疆职业院校党建与思想政治工作创新发展中心）。2021 年 10 月，牵头成立新疆职业院校"大思政课"建设和创新联席会。

挂靠的党建与思想政治教育社会服务机构：全国高职高专党委书记论坛主任委员会秘书处、新疆职业院校思想政治教育研究会秘书处；全国高职高专院校思政课建设联盟副会长单位；2020 年成为教育部大中小学思政课一体化建设指导委员会专家指导组成员单位，2021 年成为教育部高校思想政治理论课教学指导委员会"高职高专思政课"分教指委副主任委员单位、中国职业技术教育学会德育工作委员会副主任单位。马克思主义学院办公场所有图书馆六楼一层 800 平方米的中国德育馆（新疆馆）、实践教学虚拟体验中心，"壹网情深"移动学习平台录播室，图书资料室，宗教中国化研究中心；图书馆五楼一层 200 平方米，含四个教研室、一个名师工作室、会议室；四楼一间研究中心书记、院长办公室。配备办公用房和教学设备、办公设备等，满足教学及办公需要。

学校在保障思政课教学科研机构正常运转的各项经费的同时，从 2016 年按照专科院校每生每年不低于 15 元增加到 2020 年不低于 30 元的标准划拨专项经费，用于教师学术交流、实践研修等。马克思主义学院专项经费安排使用明确，专款专用，到 2022 年各项经费预算达 130 万元。

二、推进专题化教学模式改革，立德树人结硕果

1. 教学管理规范，制度完整，保证教学秩序

教学管理制度比较健全，建立了"马克思主义学院教研室集体备课制度""马克思主义学院教研室教师互相听课制度""马克思主义学院教学管理制度"等教学内容和教学质量监控整套制度体系。使用了马克思主义理论研究和建设工程重点教材、思政课最新版本统编教材。"形势与政策"课根据教育部下发的教育教学要点组织教学，选用中宣部和教育部组织制作的《时事报告（大学生版）》和《时事》DVD 作为学生学习辅导资料。按照思政课 2020 年最新要求，严格落实了课程学分与学时要求。实行小班授课，授课时间安排合理。

严格执行"集体备课制度"，马克思主义学院实行每周五固定的集体备课，集中研讨教学内容，改进教学方法，充分利用多媒体信息化教学手段，实现优质教学资源共建共享，提高学生学习自主性和创新性。学校于 2020 年 3 月入围教育部深化新时代学校思想政治理论课改革创新先行试点校，搭建了新疆职业院校思政课集体备课虚拟教研室线上备课平台。

采用督导听课、学生评教和教师听课互评手段监督教学过程，并将教学评价纳入教师

年终考核，提高教学质量的价值取向。积极探索考试评价方式改革，注重考查学生运用马克思主义立场、观点、方法分析问题和解决问题的能力。对学生采取过程评价与考试评价相结合的综合考评办法，注重学生的平时学习表现、探究活动表现、实践教学成绩，成绩由课堂平时成绩、理论教学考核成绩以及实践教学成绩三部分组成：平时（30%）+实践（30%）+期末考试（40%）= 总评。2020 年在疫情的影响下，按照教育部"停课不停学"的总体要求，充分利用在线资源开放课的课程资源，以教师在线授课和学习完成在线资源开放课相结合、以在线资源开放课在线测试和课程论文相结合的方式，全面考查学生掌握基本理论知识的水平和综合素质能力。

2. 创新高职思政课问题式专题化教学模式，办好思政理论课

《中共中央中宣部 教育部关于进一步加强和改进高等学校思想政治理论课的意见》指出："思想政治理论课教学方式和方法要努力贴近学生实际，符合教育教学规律和学生学习特点。"完成从全国高校通用思政课教材体系向高职教学体系转化是我们教学改革首要问题，专题化教学改革是我们教改的突破口。

2007 年，我校启动高职思政课专题化教学改革，力求解决思政课亲和力和针对性问题。2021 年，凝练为高职问题式专题化教学模式，遵循"自主学习—案例激趣—问题导思—合作探究—行动体验"专题教学环节开展教学改革，坚持因事而化、因时而进、因势而新，正确处理问题导向与理论体系的关系，重视培养学生的实践能力。思政课连续 15 年学生评教排名第一。

3. 思政课课程建设实现新突破

"基础"课程于 2008 年成功获批自治区第一批思政课重点课程，2011 年顺利结项，为打造 2019 年国家级在线开放课程打下坚实基础。2017 年我们开始建设"概论"自治区第二批重点课程，2022 年启动"概论"课在线资源开放课建设（表 6–3）。

表 6-3 思政课课程建设情况

2008 年	2016 年	2019 年	2022 年
"基础"课获得自治区高校第一批思想政治理论课重点课程立项	"概论"课获批自治区重点课程立项	自治区党委教育工委委托项目"基础"在线资源开放课立项	自治区党委教育工委委托项目"概论"在线资源开放课立项

2018 年末我们启动"基础"在线开放课程建设，以帮助新疆大学生提高思想道德素质和法治素养，培育爱国爱疆、担当奉献的社会主义事业的建设者和接班人为目标；采用高职问题式专题化教学模式，基于服务学生自主学习，实现翻转课堂的教学改革，服务高职学徒

制教学改革的发展需要，服务社会学习者、学生重修的需要；坚持"八个相统一"原则推进高职"基础"课改革创新，旨在建设一套完整的高质量的教学资源，集自主学习课件、微课、测试题、线上考试于一体服务在线自主学习。联合新疆工程学院、巴音郭楞职业技术学院、新疆交通职业技术学院、新疆师范高等专科学校、哈密职业技术学院、阿克苏职业技术学院、昌吉职业技术学院、乌鲁木齐职业大学、新疆医科大学、克拉玛依职业技术学院 10 所院校，精选了教学经验丰富、年富力强、能够熟练运用信息化教学手段、教学设计灵活的近 30 名一线的骨干教师共同建设，课程目前已经进入中后期建设阶段。为了更好推进在线资源开放课建设，组织编写了《高职"思想道德与法治"专题化课程设计案例集》，即将由高等教育出版社正式出版。

2019 年，新疆农业职业技术学院成功入选"双高计划"，按照建设目标，分年度按步骤支持建成高职"德法""概论""马克思主义基本原理""简明新疆地方史教程"等在线资源开放课程。

4. 实践教学与思政课教学同向同行，协同联动，强化价值认同

（1）高职思政课与日常思想政治教育同频共振的探索

将大学生党的启蒙教育工程"党在我心中　永远跟党走""四史"教育活动与"概论"课相协同；将德育活动课与"道法"课相协同；将"简明新疆地方史教程"课与三进两联一交友、民族团结一家亲活动相协同，实现了思政课与日常思想政治教育同频共振。

（2）推进实践教学改革创新，打造新疆职业院校思政课教师研修基地

打造中国德育馆（新疆馆），铸牢中华民族共同体意识，推动社会主义核心价值观落细落小落实。实施学生自主学习工程，打造"壹网情深"移动学习平台，建设新疆职业院校教学资源库。

5. 创先争优引领教育教学，培养了一支全国知名的高职优秀教学团队

坚持开放办马克思主义学院的思路，长期聘用中国社科院世界宗教研究所赵文洪研究员、清华大学吴潜涛教授、中国人民大学陶文昭教授、天津师范大学李朝阳教授、西南大学白显良教授和王永友教授、四川大学冯兵教授、北京师范大学熊晓琳教授、南京师范大学王刚教授、新疆师范大学梁玉春教授、新疆大学杨丽教授等全国高校知名教授，同时聘请全国高职知名教授储水江、王岳喜、李新萍、邹宏秋、黄振宣、喻永均等长期协作。客座教授各有所长、专业全面、涉及面广，本专科兼顾、结构合理。

马克思主义学院教师荣获全国高校思想政治理论课 2014 年度影响力人物 1 人次，入选全国"最美思政课教师"1 人次；有全国高校思政课名师工作室 1 个、全国高职高专院校思

政课教学能手 1 名、全国高职高专院校思政课教学骨干 1 名、自治区高校思政课学科带头人 1 名、自治区高校思政课骨干教师 2 名、自治区首批高校思政课名师工作室 1 个、自治区高职高专首批思政课名师工作室 4 个、全国高校思政课首届教学展示二等奖 1 人，在自治区思政课教学展示活动、自治区高校思政课说课大赛等竞赛中获得一等奖 15 人次、二等奖 8 人次、三等奖 5 人次，4 节课进入国家示范马克思主义学院展示课，3 个微课点入选全国职业院校名师讲党史资源库（表 6-4）。

表 6-4　师资队伍情况

2016 年师资队伍	2022 年师资队伍
专职教师 21 人，其中教授 1 人、副教授 7 人，高级职称教师占比 57.1%；具有硕士学位教师 16 人，在读博士学位教师 1 人，硕士及以上学位教师占比 81%	专职教师 42 人，新增教授 2 人、副教授 3 人、高级职称 10 人；硕士及以上学位 40 人，占教师比例 95%

建设全国高校思政课名师工作室（新疆农业职业技术学院）、自治区高校思政课名工作室和高职高专思政课名师工作室集群，培养了一批思政课教学名师，立足工作室建设，进行党建与思想政治教育、课程思政、实践教学协同、中华优秀传统文化、革命文化和社会主义先进文化、宗教中国化等研究工作，服务全国和自治区思政课教师研修工作。

在实践锻炼中，马克思主义学院获得了 2018 年全国三八红旗集体荣誉称号、昌吉州工人先锋号荣誉称号。

三、围绕教学抓科研，科学研究有建树

2017 年成功获批高校示范马克思主义学院和优秀教学科研团队建设项目重点项目——"职业院校思想政治理论课实践教学研究"（项目编号：17JDSZK047）；2018 年成功立项国家社科基金项目 1 项，成功获评教育部优秀思想政治理论课青年教师择优资助项目 1 项；2021 年立项全国高校思政课名师工作室（新疆农业职业技术学院）项目。依托 2017 年教育部高校示范马克思主义学院和优秀教学科研团队建设项目开展实践教学研究；依托国家社科基金项目积极开展新疆特色项目研究；依托教育部优秀中青年思想政治理论课教师择优资助计划项目积极开展课程思政研究。马克思主义学院把教学科研双强作为教师队伍建设标准，成果在新疆高职院校乃至全国高职院校位居前列，起到了示范引领作用（表 6-5）。

表 6-5　马克思主义学院的科研情况

2016 年马克思主义学院科研情况	2022 年马克思主义学院科研情况
教育部优秀思想政治理论课青年教师项目 1 项、自治区及地厅级课题 5 项；主编教材 3 部；撰写论文 20 多篇	国家社科基金 1 项；教育部高校示范马克思主义学院和优秀科研团队、全国高校思政课名师工作室；青年资助 3 项，教育部专项课题、自治区思想政治教育"十三五"规划课题 30 多项，地厅级课题 13 项；出版专著、教材 10 多部；撰写论文百余篇

马克思主义学院团队确立了发展目标和任务，制定了合理的考核和奖罚制度；每位教师制定了个人职业生涯五年规划，团队目标与个人规划一致，充分调动了团队成员的积极性。

学校加强对青年教师的培养，支持专任教师攻读马克思主义理论学科博士学位，并给予相应的资金支持，不断提高思政课教师的综合素质和教学水平，形成了优良的教学梯队。重视对思政课教师的培养培训和学习考察，近 5 年来积极组织专任教师参加国外学术交流考察、教育部学习进修项目及自治区级各项培训活动 80 多次，扩大了马克思主义学院在全国的影响力。

四、奉献担当抓服务，理论宣传有贡献

（1）服务全国职教，宣讲辐射全国，勇于奉献。马克思主义学院积极为教育部、自治区、自治州宣讲，提供决策咨询。参与教育部、自治区党委教育工委文件起草和调研、咨询服务 9 次。有 2019 年教育部高校优秀思政课示范课百人巡讲团成员 1 人、自治区全国教育大会宣讲团 1 人、自治区十九届四中全会宣讲团 1 人、自治区第三次中央新疆工作座谈会宣讲团 1 人、自治区十九届六中全会宣讲团 1 人；参与昌吉回族自治州党委宣讲团宣讲 5 人次、党委教育工委宣讲 3 人次。

（2）助力新疆总目标，社会服务有实效。马克思主义学院团队在寒暑假期间，赴阿克苏、和田、喀什、克州四个地区开展大走访活动，做了 60 多场培训、培训干部近 4 万人。马克思主义学院两次被自治区宣传部、自治区教育工委确定为重点宣传对象。

（3）依托中国德育馆（新疆馆），打造中华传统文化德育方法体系观摩学习的实践平台，开展德育馆宣讲百余场，受众面达 6 000 多人，成为服务全国教师和学生感知中华优秀传统文化、革命文化和社会主义先进文化的实践教学基地。

（4）助力脱贫攻坚，扶贫扶志勇担当。2020 年 3 月，学校被教育部列入深化新时代学校思政课改革创新先行试点校。马克思主义学院承担了整体构建新疆职业院校思政课一体化集体备课机制的建设任务。疫情期间，率先创建马克思主义学院思政课虚拟教研室，整体帮扶和田 3 所高校马克思主义学院，组织了 3 次线上集体备课活动，带动全疆 120 多名中高职

思政课骨干、名师参加研讨。目前，正在与《人民日报》旗下的"人民德育"合作研发新疆职业院校"壹网情深"移动学习平台。在教育扶贫扶志的道路上，不辜负自治区党委重托，依托自治区职业院校思政课教育研究中心、研究会，带领新疆职业院校思政课教师队伍，改革创新、锐意进取，继续谱写为党育人、为国育才，用习近平新时代中国特色社会主义思想铸魂育人的新篇章。

（5）为党育人是导向，为国育才有作为。依托新疆职业院校思想政治教育研究中心、研究会，先后为全疆职业院校培训党委书记、校长、思政课骨干教师、辅导员、班主任近万人。2019年，马克思主义学院承担首期中等职业学校思政课教师专业技能培训项目；2020年和2021年承办自治区职业院校党委书记、校长、教学副校长、系部骨干教师培训项目。

马克思主义学院推进"青苗培育"工程，服务学院青年马克思主义社团。定期举办习近平新时代中国特色社会主义思想培训，利用中国德育馆（新疆馆）宣讲为载体，培育中华优秀传统文化、革命文化和社会主义先进文化素养。社团少数民族大学生100%提交入党申请书，在学校民族团结班级评比、民族团结宿舍评比、一对一民汉结对子等活动中发挥了模范带头作用。

（6）组织开展自治区职业院校思政科研服务活动。主持研究编写了多套职业院校区域德育教材，在新疆和全国的部分职业院校推广实验；组织开展学术交流活动，开展自治区首期中等职业学校思政课教师专业技能培训班，帮助自治区党委教育工委、教育厅先后组织评选首批自治区高职高专思政课名师工作室15个、中职思政课骨干教师31名、职业院校名班主任工作室30个，提升了自治区职业院校德育工作队伍的素质和能力。马克思主义学院被新疆电视台、新疆人民广播电台、《新疆日报》《新疆经济报》、天山网等多家主流媒体报道，在新疆的社会影响力进一步扩大。

五、抓党建促教研，持续优化马克思主义学院运行机制

自党的十九大以来，马克思主义学院党总支充分发挥政治核心作用，在坚持政治路线、政治立场、政治方向上发挥领导作用；在贯彻党的路线、方针、政策上发挥保证监督作用；在思想政治工作和宣传思想工作上发挥教育引领作用；在"三重一大"问题决策上发挥决策参与作用；在动员党员教师推动学科建设上发挥凝聚人心作用；在维护稳定与舆情掌控上发挥"促进和谐"作用。在教学、科研、青年教师培养、社会服务等方面积极创新，工作成效显著，在全疆形成"领头雁效应"。

1. 党组织领导和运行体制健全，工作机制完善

（1）党总支充分发挥政治核心和保障监督作用，保证决策贯彻执行、监督作用充分发挥。落实领导责任，及时研究解决新情况、新问题，强化监督检查，切实履行教育党员、管理党员、监督党员的直接和主体职责，加强对学院工作的全面领导，为学院各项工作高水平地开展提供了坚强政治保障。

（2）党建工作融入学院工作各环节。建立党政分工合作、协调运行的工作机制，定期召开党总支委员会议，坚持党政工作同计划同部署，党政共同推进工作开展。

（3）党建工作融入教育教学管理全过程。在教学工作中，贯彻党的教育政策和方针，积极推进思政进课堂、进教材、进学生头脑。加强党组织对教学工作的监督，全面监督教师、学生的思想动态和行动。

（4）党总支把党风廉政建设工作列入党总支工作重要议事日程，主动落实好"一岗双责"。严格工作规范，加强日常工作中的廉政学习教育工作。

2. 加强班子建设，推动建强党支部

马克思主义学院党总支研究制定党总支党建工作责任清单，抓任务细化分解，定期督查工作进度，推动工作落实；落实民主集中制，凡是重大事情及时召开党政联席会。抓党建双带头人标杆支部试点，马克思主义中国化教研室党支部成功获批自治区高校"双带头人"教师党支部。

3. 严格落实政治把关，意识形态工作体系健全

党总支书记亲自挂帅，全面负责组织落实意识形态工作责任制。严格落实党总支书记第一责任、分管领导直接责任和班子成员的"一岗双责"。成立了安全维稳工作领导小组，形成了"重点突出、责任到位、措施得当"的安全维稳工作机制和意识形态工作体系，确保学院各项工作的有序进行。

4. 制度治党，推进基层党建规范化

优化党支部设置，按照教学科研机构设置教师党支部，所属党支部按期换届，严格按照程序选举党支部委员会和书记、副书记。建立健全党支部工作考核评价办法，完善责任清单，细化责任要求，加强督促检查。扎实推进党史学习教育常态化长效化，严格执行党员领导干部民主生活会、"三会一课"和民主评议党员等制度。严格党员管理，组织关系管理有序，党费收缴管理规范。做好党内统计工作，加强党建工作信息化建设。

5. 加强作风建设，抓教风促学风

在学院构建"三全育人，五育并举"的"大思政课"育人体系中找准定位，坚持立德树

人，加强师德建设，继续加强对学生人才培养的指导，培养学生良好的职业素养，用知识的力量以及个人的品格魅力、专业魅力吸引、引导学生，积极解决学生普遍关心的难点热点问题，尽全力维护校园的和谐和新疆的社会稳定和长治久安。

6. 加强师德师风建设

把政治标准摆在首要位置，扎实推进师德师风建设。把师德师风作为教师职称晋升、评先选优和年度考核的第一标准，贯彻落实教育部印发的《新时代高校教师职业行为十项准则》，对政治上不过关和德行上有硬伤的"一票否决"。加强教师思想政治教育，建立思政课教师准入和退出机制。强化教师理想信念教育，把社会主义核心价值观纳入教师教育体系，将"政治上过硬"作为教师入职的硬性条件。

7. 严守思想文化阵地

管好学院的课堂、教师、教材、网络、思想文化阵地，理论联系实际，形成马克思主义学院特色文化。在实践基础上充分考虑时代要求，培育特色文化氛围，提升理论品质，引领校园文化。

8. 大力推进教师党支部书记"党建带头人、学术带头人"培育工程

选优配强教师党支部书记。在"理论修养扎实、政治修养突出、道德修养崇高"的基础上，优先选用"领头雁"式的党员，精心培育帮扶，强化党组织队伍建设。

9. 协同创新，思想政治教育工作彰显特色

（1）严格落实党总支学习制度，持续提升发展推力

为全面贯彻党的基本路线和教育方针，及时传达贯彻党和国家的方针、政策，传达落实学校文件精神、会议精神，加强理论学习，严格落实党总支学习制度，将学习融入党总支发展的全过程，学习内容既及时融入党的最新理论成果，又紧扣党总支中心工作，为立德树人工作和党总支的发展提供理论支撑。由于党总支狠抓学习，教师党员在科研和教学上不断实现突破，提升了教育教学能力和教学管理能力，带动学生党员将党员精神贯穿到学习、生活中，进一步发挥党员模范带头作用，有效地推进了我院学生工作的开展，在学校起到良好的引领示范作用。同步实施课程思政建设工程，构建全课程育人模式，推动立德树人落地生根。

（2）打造党建业务双强的师资团队

加强科学研究，促进科学发展。思政课教师要坚持教学与科研相结合，努力探索攻克教学难关，强化马克思主义理论学科和科研对教学的支撑作用。每位教师确立自己的学科方向，制定职业生涯规划，实施科研任务考核评价机制。

加大人才培养力度，积极申报本科专业，招收本科学生。在教师队伍引进中，培养引进教育学、心理学、伦理学、马克思主义发展史等专业的教师，与本科专业相匹配；配备行政教学秘书，加强规范管理。与高职马克思主义学生社团相结合，培养政治信念坚定、拥有爱国情怀、树立远大理想、不断提升自身素养的新时代青年大学生。

（3）强化社会服务，弘扬和传播正能量

按照教育部办公厅印发的《深化新时代学校思想政治理论课改革创新先行试点工作方案》（教社科厅函〔2020〕2号）通知要求，为了提高思政课教学质量，落实立德树人根本任务，建立了新疆职业院校思政课教师"手拉手"备课机制，发挥思政课建设强校和高水平思政课专家示范带动作用，不断深化思政课教师教学能力建设，以集体备课为抓手统筹推进职业院校思政课一体化建设，实现思政课建设内涵式发展。

获批自治区高校首批"双带头人"教师党支部书记工作室和学校首批党支部书记工作室，着力打造覆盖全疆的精英团队。

六、建设全国一流高职马克思主义学院的展望

（一）"十四五"期间马克思主义学院发展的基础与机遇

2019年3月8日学校思想政治理论课教师座谈会后，全国思政课建设进入春天。我校完成教育部高校示范马克思主义学院建设任务，自治区启动重点马克思主义学院建设工程，我院入选自治区重点马克思主义学院，马克思主义学院服务社会影响力日益增强。

2021年9月21日，中共中央办公厅印发《关于加强新时代马克思主义学院建设的意见》，强调"加强马克思主义学院建设，是深化马克思主义理论研究和建设的重要举措，是培养担当民族复兴大任时代新人的内在要求，对于构建以马克思主义为指导的中国特色哲学社会科学，建设具有强大凝聚力和引领力的社会主义意识形态，进一步丰富和发展当代中国马克思主义、21世纪马克思主义，对于彰显中国大学社会主义底色，引导青年学生牢固树立共产主义远大理想和中国特色社会主义共同理想，培养一代又一代社会主义建设者和接班人，具有重要意义"；要求"必须适应新形势新任务的迫切需要，立足党和国家事业全局，把加强马克思主义学院建设作为基础性、战略性工程，推动实现高质量发展"；明确加强新时代马克思主义学院建设，要"全面贯彻党的教育方针，坚持社会主义办学方向，落实立德树人根本任务，把马克思主义中国化最新成果的教学和研究作为重中之重，进一步明确职责使命，推动内涵式发展，强化政策保障，着力打造马克思主义理论教育教学、研究宣传和人才培养的坚强阵地，为全面建设社会主义现代化国家、实现中华民族伟大复兴的中国

梦提供坚实学理支撑和人才支持"；指出"要扎实推动马克思主义学院内涵式发展。……大力推进思想政治理论课改革创新，在政治引导、学理阐释和价值塑造上下工夫，提升教学实效。……立足新时代中国特色社会主义鲜活实践，找准切入点、聚焦点、结合点，加强马克思主义理论研究宣传。着力打造一支信仰坚定、理论功底扎实、数量充足、结构优化的高素质教师队伍，切实增强使命感、认同感、获得感。提高专业人才培养质量，源源不断培养马克思主义理论后备人才"；提出"以育人成效为标准，完善体现马克思主义理论学科特点、符合思想政治理论课教学内在要求、有利于教师职业发展的考核评价体系。以培养真学真懂真信真用马克思主义的教师为目标，完善培训体系，加大支持力度，健全教师成长激励机制。牢固树立全员、全程、全方位育人理念，建立协同育人机制，实现课程思政与思政课程同向同行、日常思政工作与思政课程同频共振"；要求"马克思主义学院所在单位要将马克思主义学院作为重点学院、马克思主义理论学科作为重点学科、思想政治理论课作为重点课程加强建设，给予优先保障。"

（二）推动我校马克思主义学院"十四五"期间发展的几点思考

（1）持续深化高职问题式专题化教学改革，实施学生自主学习工程，建设新疆职业院校思政课教学资源库，把"壹网情深"移动学习平台推广到天山南北，打造新疆网络思政政治教育品牌。一是完成新疆职业院校思政课教学资源库一体化建设，实现全疆职业院校党建和思想政治工作教育资源的共建、共享；二是坚持以学生为中心，推动"壹网情深"移动学习终端升级；三是实施课程建设升级工程，建成国家精品在线开放课程。

（2）加强科研研究，扩大学术交流，推动高职思政课高质量发展。支持教师申报国家课题，经常参与高水平学术研讨交流，提升教师科研能力；加大科研人才培养力度，深入实施青年马克思主义者培养工程。"十四五"期间，让教师人人有进修学习、参加区内外学术交流的机会。同时，加大请进来的力度，定期请国内知名专家来疆培训指导马克思主义学院教师、辅导员。依托全国高校思政课名师工作室（新疆农业职业技术学院）项目，完成教育部深化新时代学校思政课改革创新先行试点校建设任务，让线上集体备课常态化。推动教学能力和科研水平不断提高，努力打造政治强、情怀深、思维新、视野广、自律严、人格正的思政课教师队伍。

（3）加强社会服务，建设自治区职业院校思政课教师培训基地，提升马克思主义学院的影响力。依托教育部大中小学思政课一体化建设指导委员会专家指导组成员单位、教育部高校思政课教指委"全国高职高专思政课"分教指委副主任委员单位、全国高职高专党委书记论坛主任委员会常务副会长单位、全国高职高专院校思政课建设联盟副会长单位、中国职业技术教育学会德育工作委员会副主任单位的全国站位，主持开展自治区"大思政课"建设和创新联席会、自治区职业院校党建和思想政治工作创新发展中心、新疆职业院校思想政治教育研究会的日常工作，服务全国职教。紧紧围绕自治区党委教育工委、教育厅要求开展专题研究，当好"思想库"和"智囊团"。积极引导和鼓励教师参加自治区和昌吉州理论宣讲活动，开展与学科建设和科研工作相关的社会调研和实践活动，通过成果转化为推动社会发展进步、弘扬正能量，鼓励教师积极参加教育系行政部门的文件起草和决策咨询，努力提供高质量的决策参考和政策咨询。

（4）加强马克思主义学院党的建设和教师思想政治教育工作。能否建设一支优秀的思政课教学团队，取决于马克思主义学院党组织的领导水平、党支部的战斗堡垒作用的发挥和思想政治教育工作的成效。一个没有共同奋斗目标、没有共同信仰、不能够同心同德的团队是干不成大事的，在建设一流高职马克思主义学院这项事业中，也不例外。

参考文献

［1］习近平.思政课是落实立德树人根本任务的关键课程 [J].求是，2020（8）.

［2］贾友军，李咏宾."中国近现代史纲要"课专题式教学的基本思路研究 [J].中国农业教育，2012（2）.

［3］杨近平."中国近现代史纲要"专题教学研究述评 [J].河南教育学院学报，2011（4）.

［4］王庭芳.毛泽东思想和中国特色社会主义理论体系概论专题化教学的几点认识 [J].教育教学，2011（1）.

［5］李霞.思想道德修养与法律基础"专题化开放式"教学模式探析 [J].唐山师范学院学报，2011（9）.

［6］赵杰宏.《思想道德修养与法律基础》教学模式思考 [J].网络财富，2011（6）.

［7］安明霞.《思想道德修养与法律基础》专题式教学研究基于教学内容的思考 [J].湖北经济学院学报，2012（3）.

［8］李昌国.《中国近现代史纲要》专题教学的思考 [J].黑龙江史志，2009（17）.

［9］谭希培.大学生思想热点问题导向——深化思想政治理论课专题教学的一条途径 [J].思想政治理论课教学，2011（1）.

［10］刘志国.对"概论"课程专题化教学的探索 [J]，边疆经济与文化，2011（5）.

［11］胜令霞."概论"课专题化教学要抓好四个环节 [J].安阳师范学院学报，2011（1）.

［12］向祚群，王飞霞.高校"概论"课专题式教学理念与设计思路优化问题研究 [J].广西教育学院学报，2012（2）.

［13］薛华等.高职院校概论课专题教学法研究与运用 [J].长沙大学学报2012（1）.

［14］罗金彪.高职院校思想政治理论课专题化教学模式的实践与思考 [J].重庆电子工程职业学院学报，2012（1）.

［15］陈学峰.基于"问题"的高校政治理论课教学 [J].黑龙江高教研究，2008（9）.

［16］张威.简论案例专题式教学设计在当代世界经济与政治课程中的运用 [J].学园，2012（5）.

［17］高建红.利用专题参与式教学增强高职思想政治理论课教学的吸引力 [J].广西教育，2011（1）.

[18] 旷永青. 论高校思想政治理论课参与式教学的多媒体化 [J]. 广西民族大学学报，2007（5）.

[19] 李静. 宁夏大学教学组专题教学模式的四个转变 [J]. 边疆经济与文化，2010（10）.

[20] 曾立荣. 浅谈"概论"课专题教学 [J]. 教育探索，2011（3）.

[21] 袁建勤，勒系琳. 形势与政策课专题化教学探索 [J]. 江西教育科研，2005（11）.

[22] 付洪安，艾志. 以考试、考查方法改革为切入点推进高校思想政治理论课教学改革 [J]. 辽宁工业大学学报，2010（4）.

[23] 黄馨. 专题研究型教学模式在"思想道德修养与法律基础"课中的运用 [J]. 教育与职业，2010（5）.

[24] 刘文平. 高职院校思想政治理论课专题式教学模式刍议 [J]. 无锡职业技术学院学报，2009（6）.

[25] 陈元进，李忠东等. 对高职思想政治理论课"三化"教学改革的探索 [J]. 职教论坛，2011（26）.

[26] 上海市教育科学研究院，麦可思研究院. 2012 中国高等职业教育人才培养质量年度报告 [N]. 中国教育报，2012 年 10 月 17 日.

[27] 肖运安. 我国高等职业教育发展回顾与展望 [J]. 南昌高专学报，2010 年第 3 期.

[28] 汪黎. 关于国外高等职业教育对我国高等职业教育发展的启示 [J]. 求是，2009（2）.

[29] 张澜. 我国高等职业教育教学模式改革初探——研究性学习理念的指导与应用 [J]. 成人教育，2006（8）.

[30] 王凤基. 对我国高职课程体系改革的分析与思考 [J]. 高教探索，2010（4）.

[31] 张建国，赵惠君. 我国高等职业教育课程体系的改革与发展趋向 [J]. 长江工程职业技术学院学报，2009（6）.

[32] 吴猛，张晓琳. 优化高职院校思想政治理论课程建设研究 [J]. 湖南社会科学，2010（4）.

[33] 任占营. 高职院校专业群建设的变革意蕴探析 [J]. 高等工程教育研究，2019（6）.

[34] 任占营. 新时代高职院校强化内涵建设的关键问题探析 [J]. 中国职业技术教育，2018（19）.

[35] 骆郁廷，丁雪琴. 论高校思想政治理论课程评价的主体 [J]. 思想理论教育，2007（7）.

[36] 任祥. 高校思想政治教育实效性评价分析 [N]. 光明日报，2010 年 3 月 16 日.

[37] 谭希培. 学生热点难点问题导向——深化思想政治理论课专题教学及其针对性的一条途径. 马克思主义研究网，2011 年 8 月 18 日.

[38] 黄光扬. 正确认识和科学使用档案袋评价方法 [J]. 课程·教材·教法，2003（2）.

[39] 佘双好，马桂磬. 新时代高校思想政治工作的主要成就、基本经验与发展趋势 [J]. 思想

政治教育，2022（2）.

［40］陈宝生 . 写好"奋进之笔"新篇章 迈出高教强国建设新步伐 [J]. 中国高等教育，2019（8）.

［41］陈占安 . 关于建强建优全国重点马克思主义学院的思考 [J]. 思想理论教育导刊，2021（8）.

［42］贾元丽 . 全国首届高职高专院校思政课实践教学推进会暨思政课改革创新高峰论坛综述 [J]. 思想理论教育导刊，2016（12）.

后 记

习近平总书记在学校思想政治理论课教师座谈会上的重要讲话为新形势下加强和改进学校思政课改革创新指明了努力方向，提供了基本遵循。

高等职业教育是我国高等教育的重要组成部分，已占据我国高等教育的半壁江山，是与经济社会联系非常密切的教育类型，为培养生产、建设、管理和服务第一线所需要的高素质技术技能型人才作出了巨大贡献。党的十八大以来，全面落实教育规划纲要，推进高等职业教育内涵发展，提高高等职业教育人才培养质量，要求高职院校必须进一步加强和改进党建和思想政治工作，切实提升党建和思想政治工作科学化水平。

我国高等职业教育虽然起步较晚，但经过 40 多年的创新发展，高职院校在实践探索中逐步形成了一条以服务为宗旨，以促进高质量就业为导向，产学研结合的发展道路，逐步成为国民教育中的重要组成部分。高职院校党建和思想政治工作也在高职院校的蓬勃发展中同步推进，在提升党建科学化水平、推进校园文化建设、深化思想政治理论课程改革、加强辅导员队伍建设方面取得了成绩。

高职院校在办学宗旨、人才培养目标、校企合作、工学结合、德技并修人才培养模式以及教育对象等方面的特殊性，决定了高职院校党建和思想政治工作有其自身独有的特点和规律，需要进一步研究和把握。

一是要在遵循高校党建和思想政治工作一般规律、借鉴普通高等学校典型经验做法的基础上，立足主动建设，从高职院校办学定位和人才培养要求，特别是高职院校学生特点出发，科学谋划、扎实推进，不断积累成功经验、优秀人才和先进理念，在创新中求发展，在量变中谋质变，逐步探索出一条符合教育规律、具有高职特色的高职院校党建和思想政治工作发展路径。二是要注重理论和实践研究，准确把握高职院校党建和思想政治工作面临的新形势新任务，强化问题意识，立足学科前沿，紧紧围绕工作中的现实问题、重点任务、工作难题，着重加强前沿性规律性问题研究，重点开展教育环境、方法途径、交叉学科以及高职教育特殊性等相关问题研究，为提高高职院校党建和思想政治工作科学化水平，推进高职院校党建和思想政治工作创新发展提供理论支撑。三是要注重提升质量，围绕落实习近平总书记在全国高校思想政治工作会议上提出的"把立德树人作为教育的根本任务"，坚持不懈地抓《国家职业教育改革实施方案》的落实，强力推进《职业教育提质培优行动计划（2020—2023 年）》落细落实，创新机制推动《关于推动现代职业教育高质量发展的意见》落地生根。加快现代职业教育发展，高职院校党建和思想政治工作要将工作重心落到提高工作质量上来，服务和促进高职院校人才培养质量和内涵式发展，努力实现与普通高等学校同步推进、同步发展，努力开创高职院校党建和思想政治工作、人才培养工作新局面。

本书立足高职思政课教学实际，从高职教育发展的历史、课程体系的变革、思政课教学对象和思想政治教育的特点及问题出发，论述了高职思政课问题式专题化教学的必要性和重要性；从高职思政课问题式专题化教学的目的、原则、途径与方法、评估等方面系统阐述了高职思政课问题式专题化教学模式创新的内涵；从高职思政课问题式专题化教学的总体设计、具体实施、案例举要及展望等方面介绍了高职思政课问题式专题化教学模式的实践；从实践教学、网络空间和课程思政三个维度分析了"大思政课"育人体系的构建与实践和以学生为中心的理念；从高职思政课教师和学生主体和高校优秀思政课巡讲、巡礼和示范马克思主义学院建设的实践角度，系统梳理了高职思政课问题式专题化教学改革的成效。总体来看，本书具有以下几个方面的新意和特色。

第一，从我国高等职业教育发展的历史进程出发，梳理高等职业教育和高职学生思想政治教育的特点，查找思政课教学存在的问题，从而帮助高职思政课教师清醒认识创新高职思政课问题式专题化教学模式的必要性和重要性，具有一定的理论深度和实践厚度。

第二，从高职学生思想特点和成长规律出发，创新高职思政课问题式专题化教学模式，坚持"以案例为导引、以问题为核心"创新探究式专题化教学思路，从理论体系到实践导引都是高职思政课教学团队长期从事高职思政课教学实践经验的凝练总结，也是对高职在思想政治教育理念、教学对象、教学原则、教学内容、教学手段、教学方法、社会实践、网络教学、课程思政、教学评价系统研究和综合运用基础上的实践创新，对高职思政课教师开展教学改革与实验具有积极的借鉴意义。

第三，从提高思政课问题式专题化教学的针对性和实效性出发，坚持系统论的观点，从提升教育合力的视角整体构建高职"大思政课"途径体系的广度、管理机制创新的高度；系统论述了高职思政课与日常思想政治教育的关系、与党的建设的关系、与社会实践的关系、与网络学习的关系、与课程思政课的关系、与"十育人"体系的关系；分析了落实"三全育人，五育并举"工作要求下的若干关系问题，如高职思政课教师育人与其他教职员工育人的关系、教师与学生的关系等。贯彻落实习近平总书记"'大思政课'我们要善用之"的重要指示和批示精神，本书在理论模式和实践体系构建上具有一定新意。

过去的 2021 年，是我国职业教育发展史上具有里程碑意义的一年，党中央、国务院召开了全国职业教育大会，习近平总书记对职业教育工作作出重要指示强调，在全面建设社会主义现代化国家新征程中，职业教育前途广阔、大有可为，要求我们培养更多的高素质技术技能人才、能工巧匠、大国工匠。同年，习近平总书记提出了"大思政课"的理念，这是推动思政课改革创新的最新理论依循。高职思政课建设及党建和思想政治工作需要做的探索和努力还很多，这既有一系列理论问题，也有很多实践问题。本书坚持用习近平新时代中国特色社会主义思想铸魂育人的指导思想，贯彻落实习近平总书记在学校思想政治理论课教师座谈会上的重要讲话精神，对高职思政课问题式专题化教学模式中的诸多问题做了思考和回答，比如对涉及高职思政课教学内容取舍方面，以问题为核心的观点；在教学方法上坚持以学生为主体、以案例为导引的观点；课堂教学与社会实践、日常思想政治教育、网络思政多元全程全方位综合考核相联系的教学做合一、知行统一的观点；以服务为宗旨，以促进高质量就业为导向，以能力为本的观点；整体构建高职"大思政课"育人途径体系视域下的高职思政课问题式专题化教学改革的观点；等等。

高职院校党建和思想政治工作是一项理论性和实践性很强的工作，需要全体高职院校党建和思想政治工作一线的同志们紧紧围绕立德树人根本任务，从"培养什么人，怎样培养人，为谁培养人"的高度，从推动高等职业教育内涵式发展的视角，紧密结合高等职业教育自身特点和规律，将经验上升为理论，把理论升华为科学，提升高职党建和思想政治工作科学化水平，大力促进高职学生德智体美劳全面发展，成为中国特色社会主义合格建设者和可靠接班人，为实现中华民族伟大复兴的中国梦贡献力量。

在不断重温习近平总书记"3·18"重要讲话的过程中，历经两年的持续修改完善，本书终于完稿。在本书稿撰写和出版过程中，得到了教育部高校思想政治理论课教学指导委员会"高职高专思想政治理论课"分教指委、高等教育出版社和新疆农业职业技术学院党委的鼎力支持；得到了北京师范大学思想政治工作研究院院长、教育部思政司原司长冯刚教授，原《思想理论教育导刊》编审、中国人民大学教授任大奎先生，清华大学马克思主义学院吴潜涛教授，西南大学马克思主义学院院长白显良教授，云南师范大学马克思主义学院宋锡辉教授，新疆师范大学马克思主义学院副院长梁玉春教授，高等教育出版社副总编辑贾瑞武编审、高职事业部主任叶波编审的指导和帮助。新疆农业职业技术学院马克思主义学院谭琼琼副教授，巴音职业技术学院马克思主义学院魏凯副教授，新疆师范高等专科学校马克思主义学院杨文娟教授，新疆农业职业技术学院马克思主义学院王萌哲、贾元丽，新疆农业职业技术学院宏品牌设计工作室领衔人党宏平等老师提供了问题式专题化教学实验成果、教学设计案例等帮助。同时，在研究过程中学习借鉴了全国高校思政课同仁的研究成果，得到了同志们的鼓励，在此一并表示衷心的感谢！

王学利

2022 年 9 月

读者意见反馈

为收集对教材的意见建议，进一步完善教材编写并做好服务工作，读者可将对本教材的意见建议通过如下渠道反馈至我社。

咨询电话 400-810-0598

反馈邮箱 gjdzfwb@pub.hep.cn

通信地址 北京市朝阳区惠新东街4号富盛大厦1座 高等教育出版社总编辑办公室

邮政编码 100029